義大利文化史

朱龍華◎著

自　序

　　義大利文化在歐洲文化史乃至西方文明史上皆有其無與倫比的重要意義，因為在西方文明發展的三個關鍵時期，亦即古代的希臘羅馬古典文明時期，中世紀的基督教文明時期以及近代開始的文藝復興時期，義大利都起著核心與領先作用。在古代，希臘爲西方文明的古典傳統開其端緒並取得光輝成就，而承先啓後發揚光大者則是羅馬。羅馬，作爲一城一市自古至今始終是義大利的首都；而作爲一個共和國以及後來發展爲地跨歐、亞、非三大洲的古代大帝國的羅馬，則始終以義大利爲其心臟，這種關係不僅使古羅馬文明在義大利文化史上成爲光彩照人的開篇，也使日後各時期的義大利文化莫不深深留著羅馬的烙印。更有甚者，羅馬帝國使西歐各地連爲一體，共享其古典傳統的遺產，日後的歐洲文明亦莫不深受羅馬的影響。所以我們常說，沒有羅馬帝國奠定的基礎，也就沒有現代的歐洲。可是，歐洲的歷史（包括義大利的歷史）卻不像我們中華文明那樣一脈相傳、龍的傳人四千年自古及今，而是一波三折，起伏變化很大，古代至中世紀是一大變，中世紀至近現代雖有較多聯繫，也是變動多端。尤以古代至中世紀的大變，不僅宗教信仰完全不同，人種血緣、語言文字乃至生活習性皆非同儔，眞有兩個世界判若鴻溝之別。在這種情況下，義大利卻發揮了它獨特的橋梁作用，憑其地緣優勢而在古典與基督教的鴻溝上連結起文明的紐帶，遂使古典帝國的羅馬成爲基督教的神聖的羅馬和教皇的駐地、教會的中心，同時也是所有西方教徒朝聖

最重要的目的地。到文藝復興時期，教會的精神統治受到批判，古典文化卻備受重視，被新時代尊為良師益友，佛羅倫斯自居為羅馬的女兒，當然這又是另一個「十年河東、十年河西」的大變革了。然而，總觀西方文明兩千年來的正、反、合的歷程，文藝復興之批教會和揚古典，實質上不外是為了近代社會的需要而促成兩者的綜合，創建新的近代文明。因此，我們今天若統觀西方文明，儘管民族眾多，各有特色，卻莫不以古典和基督教的綜合為其發展的基礎。而義大利在其中所起的關鍵作用也就顯而易見了。所以，義大利文化也可當作西方文明史的一面鏡子看，知前者之來龍去脈也就瞭然於後者之發展大勢，我們說瞭解西方最好從義大利開始，也就是這個意思了。

可能受到前述一波三折、起伏甚大的歷史演變的影響，西方學術界談論義大利文化史的書比較著重其各時代割裂、對立的一面，喜歡分別論述而輕其統一聯繫，各自研究羅馬文化、義大利中世紀、文藝復興和近現代的書較多，把它們合為一書而統名之為義大利文化史的卻不多見。近年以來，隨著史學界新的綜合呼聲漸高，歐洲統一與歐盟發展的趨勢日強，對義大利文化史的看法也有了變化，強調其多樣統一與正、反、合的發展，並由此而概見歐洲歷史由合而分並由分而合的大勢。以前寫義大利文化史的書，最早也只從中世紀開始，羅馬被排除在外；甚至有從文藝復興開始的，那麼中世紀也是微弱的前奏了，雖是見仁見智，各有其理，但充分的研究卻表明它們皆有違於歷史的實際。

本書就是根據上述新見解而寫的，它把從古及今在義大利土地出現的繽紛多彩的文化發展作為一個整體來考察，將古羅馬、中世紀、文藝復興、近現代作為義大利文化發展的各階

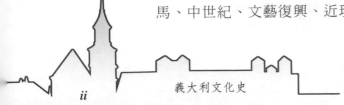

段，評介其獨特的創造時亦重視歷史的聯繫。但由於作者個人學識有限，書中謬誤、不足之處必有不少，各章偏於具體史實的鋪陳而對全局大勢著墨不多的缺點也在所難免，希望讀者見諒並多提意見，以待來日補充修改。

最後，謹向力促作者寫成本書的龍協濤先生和大力支持本書出版的閻富萍女士深致謝意。

朱龍華

癸未初冬於南寧桃源樺廬

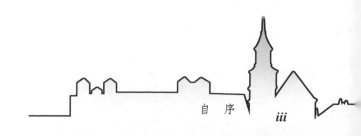

目　錄

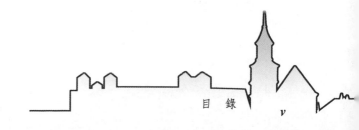

第一章

義大利的地理環境和古代民族

在歐洲和西方，能和我們中國並稱爲文明古國的只有希臘和義大利，但希臘只在古典文明中貢獻輝煌，在中世紀和近現代則不甚突出，而義大利則自古迄今常執西方文明之牛耳，雖有民族變移、陵谷換遷之大變，總的說來都在西方文明發展的諸階段中有非常的成績，有時且是新文明的首倡。它在古典時代是羅馬文明和羅馬帝國的中心，中世紀時基督教會以羅馬教皇爲首，因此它又是基督教世界的中心；文藝復興時期義大利更是新文化的發源地，在其後的巴洛克時代仍始終居領先地位。十八世紀以來，法、英、德、美逐漸後來居上，但義大利在近現代西方文明中亦有其獨特的創樹。因此，從世界文明和西方文明發展的全局看，義大利文化史無疑有著極其豐富的內容，它在古代（古典）、中世紀、文藝復興、巴洛克、近現代五大階段皆有卓越的貢獻，而其他歐洲大國如英法德等最多不過在兩、三個階段中表現突出。美國雖在二十世紀居西方世界之首，但其立國僅兩百餘年，文化史上僅有近現代一段，相比之下，就可見義大利在西方文化史乃至世界文化史的重要地位了。有趣的是，義大利作爲羅馬古國，是中國人最早接觸到的西方國家，我們的祖先似乎對其泱泱大國的風範頗有好感，得出「有類中國」的結論而稱之爲「大秦」。這種說法首先見於《後漢書‧西域傳》，此書在提到它「地方數千里，有四百餘城」等等之後，便說「其人民皆長大平正，有類中國，故謂之大秦」。後來《魏書‧西戎傳》還有進一步的評論，認爲「其人端正長大，衣服車旗，擬儀中國，故外域謂之大秦」。那就不僅是中國人稱它爲大秦，外域各國也照樣稱呼，都把羅馬比喻爲西方神州了。這些贊詞是否意味著東西方文明互爲呼應的歷史感

受，可能各家看法不一，但它卻多少能為我們對義大利史的考察帶來一些親切感，就以此作為本書的開場白吧！

義大利的地理環境從羅馬時代以來直到今天並無多大變化，它的範圍以大家熟知的皮靴形的義大利半島為主，北接阿爾卑斯雪山，東、西與南面皆為海環繞，另外還有西西里（Sicily）、薩丁尼亞（Sardinia）兩個大島。義大利半島由北而向東南伸入地中海，亞平寧（Apennines）山脈若脊柱般縱貫半島全境，所以又有亞平寧半島之稱。它三面皆為地中海的海域包圍，這些小海又自有其名稱，半島之東為亞得里亞（Adriatic）海，西為第勒尼安（Tyrrhenian）海，東南接愛奧尼亞（Ionian）海。靴形的半島自必狹長，加以亞平寧山脈縱貫中央，沿海平原便難有廣闊之勢了。但在半島北部，地勢呈扇形展開，波（Po）河由西而東暢流八百公里，造就義大利唯一的大平原──

波河平原，河川密布，湖泊相連，使北義有魚米之鄉的美譽。相比之下，中義、南義雖有不少河流和平原，卻都是小規模的了，其中值得一提的只有中義的亞諾（Arno）河和台伯（Tiber）河，前者的流域是文化名城佛羅倫斯（Florence）之所在，後者則是羅馬所濱臨的河流。羅馬位於台伯河的下游，距入海口約八十公里，而台伯河本身已位於義大利半島的中央，羅馬更有聯通南北東西的樞紐優勢，以它為中心建立古代大帝國當非偶然，因此自然也是今日義大利的首都。除了羅馬和佛羅倫斯而外，義大利的歷史名城還有北義的威尼斯（Venice）、米蘭（Milan）和杜林（Turin），南義則有那不勒斯（Naples）。

　　一般而言，義大利氣候溫和，雨水充沛，河川眾多，土地肥沃，擁有發展農業生產的條件，山區草地也適於畜牧。南義氣候更為溫暖宜人，且有火山灰層可充肥源，尤以豐饒見稱，因此在古代和中世紀的農業社會中，義大利不失為膏沃之鄉。阿爾卑斯山以北的西歐各國都喜歡把義大利形容為陽光和煦、物產豐富、人文昌盛之邦，卻也並非過譽。但義大利的地理優勢不僅在於其土地，也在於位置與交通。義大利處於西歐大陸的南端，它在陸地上與西歐連接的國家北有奧地利和瑞士，西有法國（東面還有一隔之地連接斯洛文尼亞），但在這些地方都橫亙著高大的、頂峰長年積雪的阿爾卑斯山，可謂隔離各地的天然屏障，不過各地仍有一些山口、溪谷可供通行，南北交往從未斷絕；更有甚者，由於山南山北風光各異，反差強烈，山北各族南下的慾望更為迫切，所以這些山口在歷史上又成為不斷由北而南作民族遷移和人員往來的路徑，構成義大利文化演變的一大特色。然而，比起這些陸路聯繫來，義大利在海運方面的便利就大得多了，它的靴形半島長驅直入地中海中，而且

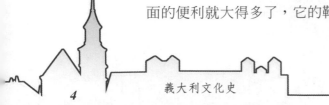

正好處於地中海的中央，以它爲界分地中海爲東、西兩部分，占據控制整個地中海區域的戰略地位。它的海運往東可達希臘，再往東則達小亞細亞（今土耳其）、敘利亞和巴勒斯坦，往東南可達埃及，這一片都是古代東方文明發達的地區；它航海而西可達法國與西班牙，再往西出直布羅陀海峽則可北上英國、比利時與荷蘭，亦可南下非洲。總之，以海運而四通八達，這是義大利自古以來經濟與文化得到大發展的一個重要渠道，憑著占據地中海中央的戰略地位，它得以建成羅馬帝國囊括東西地中海而地跨歐、亞、非三洲的大版圖；也靠著它聯絡東西方的樞紐地位，它在中世紀和文藝復興時代總攬西歐和東方各國的貿易，城市經濟繁榮領先於歐洲各國。從世界歷史的全局看，在近現代之前，義大利這種地位無疑會使東方人士把它看作歐洲的代表，而我們中國人早在兩千年前就把它美稱爲大秦也就不難理解了。

　　世界各文明古國文化史的開端，都有一個由原始社會到創建文明的遠古階段，義大利自不例外，這個階段的內容主要通過考古發掘才爲我們所知，其資料不免零碎、有限且不連貫，而義大利的遠古階段更因其文化變動頻繁，民族關係複雜而顯得很有特色。在幾十萬年前到一萬年前的舊石器時代，義大利已有較豐富的古人類和文化的遺存。一般相信人類起源於非洲，然後由非洲分布於歐、亞大陸，按此路線，古人類在歐洲的分布是由南歐及於北歐，希臘、義大利和法國皆屬歐洲大陸最早有人類居留的國度，古人類化石多有發現，舊石器文化遺址爲數不少。例如，最近（1980）在義大利羅馬附近的伊塞尼亞（Isernia），發現了一個有豐富石器遺存的地點，經科學的鉀—鈣元素測定法確定其年代爲七十三萬年前，可說是迄今已知

歐洲最早有人類文化遺存之地了。這時的原始人已能利用義大利當地特產的石灰石製作大量石器，從遺址中大象、野牛遺骨甚多看，當時人已有獵獲這些大獸的本領。按人類起源發展的階段，這個伊塞尼亞遺址上的最早的歐洲人是和我們北京周口店的北京人同屬一個階段，即直立人階段，它是人類發展的第二階段[1]；其文化發展階段則屬於舊石器時代的早期。此後經歷早期智人、晚期智人階段，義大利也續有遠古文化的發現。例如近年在義大利西海岸的塞爾西奧山（Monte Circeo）一岩洞發現的早期智人頭骨，年代約在十萬到五萬年前，突出的是這個頭骨是當時人作祖先崇拜之用而放在石堆祭台上的（此洞日後被崩塌山石封閉，故遺跡得以完整保存至今），說明那時人類的思想活動已較複雜，有了死後觀念和墓葬、祭祖等儀典，下一步就是藝術創作和科學知識的萌芽了。在晚期智人，亦即完全進化為現代人的階段，我們便可看到這些文化活動的最早濫觴。義大利最著名的晚期智人化石可舉早在一九〇二年便已發現的格里馬迪（Grimaldi）人，年代約在三萬年前，已是墓葬中的遺骨，其男性腦容量達一千五百八十毫升，高於現代人的平均值；更值得注意的是其頭骨類型已和人類學上的地中海人種接近，可認為是歷史上的地中海本地民族的祖先。這時在文化上已屬舊石器時代的晚期，人類的藝術活動漸趨活躍，在舊石器的最後階段，即距今二萬至一萬年間，西歐以法國為中心的洞穴壁畫創作達於高峰，義大利在近年也有一些洞穴壁畫和線刻畫佳作的發現。

在舊石器時代之後，新石器時代迎來了農業革命，既有農作物的種植，也有家畜的馴養，定居村落遍布於義大利的河谷、平川之間，可謂一派田園風光。這時義大利半島上的居民

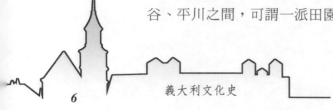

主要是原來的地中海本地民族，但是，約從四千年前，亦即公元前兩千年左右開始，新的民族出現於義大利，也帶來了新的文化。從考古材料上看，在公元前兩千年到一千年間，進入義大利的主要是從北面南下的印歐語族，他們在長達千年的時間分批分族南遷，終於分布於義大利全境。最早的幾批族系已不清楚，較後來者則包括日後歷史上的羅馬人、拉丁人以及說印歐語的義大利各族，例如翁布雷亞人（Umbrians）、埃魁人（Aequii）、薩賓人（Sabines）、伏爾西人（Volcii）、薩木奈人（Samnites）、高盧人（Gauls）等等。原來的本地民族則被排擠、消滅或同化，有的以小族散居於印歐語各族之間，日後獲得利古里亞人（Ligorians）、西庫勒人（Sicules）等名稱。

印歐語族（Indo-Europeans）是西方學術界在十九世紀通過比較語言學和有關古史研究而建立起來的概念，人們發現印度的雅利安人的語言（亦即今天的印地語）和歐洲各族語言有相同之處，表明他們在語言上有一個共同的祖先，在歷史上則是由其先祖發源之處向四方傳播。一般認爲這個發源地在今東歐匈牙利、羅馬尼亞到烏克蘭一帶，由此西及西歐，南下義大利、希臘，東過歐亞大草原而入伊朗、中亞，最遠可達印度，因此歐亞大陸許多地方在公元前兩千到一千年間出現的新民族都與這個印歐語族有關。就義大利而言，印歐語族的南下除了從羅馬人、拉丁人以及各義大利部族的語言屬印歐語而得到確證外，從考古材料上也可得到充分的證明。義大利各地在公元前兩千年已從新石器進入銅器或青銅時代，但在此後數百年間，義大利的青銅文化可明顯看出南北兩系，南系稱亞平寧文化，直接從當地新石器文化發展而來，是本地各族亦即地中海族的文化，墓葬用土葬形式；北系稱泰拉馬拉（Terramare）文

化，行火葬，與東歐多瑙河一帶的青銅文化相似，顯然是從北面進入義大利的新文化，亦即印歐語族所帶來的文化。「泰拉馬拉」在義大利語中有「黑土」或「肥土」之意，因為這類文化遺址上常有較厚的黑土堆積，被當地農民用作肥料，考古發現時即以之為名，故又譯為肥土堆文化。從黑土堆積之厚可以想見這類文化遺址是世代相承、規模較大的農村，發掘材料亦證明當時已知犁耕，農業生產力較高，牲畜則有馬、牛、羊、豬、狗之類，其中馬尤為印歐語族特有的牲畜。一般而言，古代地中海一帶，包括埃及、巴比倫等文明古國，都不知用馬，大牲畜中只有牛、驢，這些地方從公元前兩千年才逐漸有馬，皆係印歐語族帶入，所以馬和火葬幾乎成為印歐語族到來的標誌。泰拉馬拉文化以馬為役畜已較普遍，且由用馬而發展為馬車，更有利於長途遷徙。從地域上看，泰拉馬拉文化主要在波河流域一帶，尚未涉足中義與南義，也說明它代表著印歐語族由北而南逐漸分布於義大利的早期階段。此後的發展趨勢是北面的泰拉馬拉文化與南面的亞平寧文化逐漸融合，但以北系為主，反映著印歐語族逐漸南下並終於取代本地各族的過程。與此同時，外來的印歐語族也在義大利立足生根，變成歷史上的義大利人和羅馬人了。

公元前一千年以後，義大利進入鐵器時代，典型的考古文化稱為微蘭諾微（Villanovan）文化，以最早發現於中義波隆那（Bologna）附近的微蘭諾微村而得名。這是以印歐語族為主的文化，是在泰拉馬拉文化（以及亞平寧文化）的基礎上發展而來。它盛行火葬，且火葬儀式與中歐地區同時或較早的骨灰甕墓園（Urnfield）文化相近，說明泰拉馬拉文化之後仍不斷有新的印歐語族分批進入義大利。微蘭諾微文化除了農業發達、村

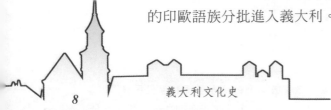

義大利文化史

落興旺而外，還有較高的冶鐵技術，有些村舍已發展爲專營鐵工生產，較大的村落且有成爲市鎮的趨勢，按社會發展水平看，已接近於建立城市、創造文明的階段。不過，這時義大利的民族關係又出現了更爲複雜的變化，從東方渡海而來幾批文化水平更高的新民族，於是在義大利土地上最早出現的國家，就不是由微蘭諾微的義大利人或羅馬人建立，而是出自這些新來者之手。

新來者也有屬於印歐語族的，那就是和羅馬人在語言和血緣上都比較接近的希臘人。希臘人大約在公元前八百年前後在希臘本土上建立了眾多城邦，每個城邦都是以一城爲中心的獨立小國。這些希臘城邦人口增加、需要向外擴展之時，便組織海外移民，建立新的移民城邦（亦稱殖民城邦）。希臘向外移民的最佳去處，便是與它們僅一水之隔的南部義大利和西西里島，到公元前七〇〇到六五〇年間，這一帶沿海的希臘移民城邦已多達數十個，現今南義最大城市那不勒斯最初就是一個希臘移民城邦，西西里島的歷史名城敘拉古也是希臘移民所建。希臘的海外移民也有遠達法國和西班牙的，例如法國第二大城馬賽就是其中之一。向北面，希臘人還進入黑海，在黑海沿岸建立了多達百餘的移民城邦。但希臘移民最重要也最發達的地區仍是南義和西西里島，這一帶甚至有「大希臘」之稱，經濟和文化的昌盛都不下於希臘本土。這些希臘移民城邦在義大利土地上的開發，不僅對希臘文化的發展意義重大，在義大利文化史上也有同樣重大的意義。它們把已先發展的希臘文明帶入義大利，既帶來了字母文字、航海技術和希臘的工商技術，尤爲重要的是帶來了希臘的城邦公民政治體制，到後期還有以雅典爲首的民主政治。日後羅馬共和國能走上比較民主的發展道

路，使平民與貴族的鬥爭取得節節勝利，就和這些影響有很大關係。

　　另外兩股由東而西的移民卻比希臘來得更早，也來自更遠的東方——古老的東方文明之鄉。其中一股來歷比較清楚，他們是立國於敘利亞、黎巴嫩沿海一帶的腓尼基的移民。腓尼基在東方古國中有特殊地位，它是一個商業民族，且主要經營國際貿易，和埃及、巴比倫、敘利亞、小亞都有頻繁的商業聯繫，交易所及還遠至希臘、義大利、北非和西班牙，也在各地設一些商站和移民點，其中最大的一個——迦太基（Carthage），正好位於義大利南面的北非海岸（今突尼斯）。當希臘人移民於南義和西西里島時，迦太基已是西部地中海的大國，占有北非和西班牙的廣大地區，在義大利土地上，西西里島西部和薩丁尼亞島也歸其所有。只是迦太基尚未立足於義大利半島之上，對羅馬的影響還比較間接，但迦太基國勢強盛卻有增無減，終於成為羅馬在西部地中海的最大對手，羅馬要建立自己的帝國，首先必須和迦太基決一死戰。迦太基文化作為腓尼基文化的一個支派，基本上屬於古代東方文明的範疇，可在有關著述中知其大概，我們在此就不多說了。但另一股來自東方的移民——伊特拉斯坎人（Etruscans），卻和迦太基完全不同，他們不僅來歷不明，至今未能確知其母國在東方何處，卻能在義大利半島中部地區立足生根，占領廣大地區，建立了義大利土地上最早的國家；更有甚者，伊特拉斯坎人極盛時，不僅統治了中義的亞諾河流域及其周圍地區，還北及波河，南達台伯河，與羅馬隔河相望，早期羅馬受伊特拉斯坎影響非常之大，甚至羅馬王位也被伊特拉斯坎人占據，伊特拉斯坎文化也是羅馬早期文化的主要來源之一。因此，伊特拉斯坎文化實際

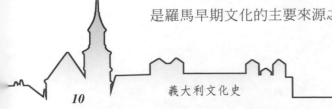

上已構成義大利古代文化的一個重要部分，我們在此就要多說幾句了。

伊特拉斯坎人究竟是從哪兒來到義大利的？這是研究伊特拉斯坎文化首先遇到的問題，也是最令人感興趣的問題，他們是從東方渡海而來是毫無疑問的，不僅希臘人和羅馬人都有這種傳統，從考古資料和古代文獻看，也可肯定他們不屬印歐語族，而當時地中海區域民族分布的大勢，已決定了作爲非印歐語的伊特拉斯坎人只能來自比希臘更遠的東方。然而究竟在東方的哪個地區，我們就茫然無所知了。現在的研究已可以把範圍縮小許多，一般相信他們最可能來自小亞細亞一帶，可是方圓數千里的小亞本來就民族複雜，小國林立，要確定是哪國哪族談何容易。這方面最大的困難是伊特拉斯坎的古史古籍全都毀佚，古器物上雖有一些銘文留存下來，我們卻至今未能讀懂他們的文字。伊特拉斯坎人當時已採用希臘字母組成他們自己的文字，但現在只能從字母得其人名、地名和器物名稱的讀音，意義仍全無所知。加上它只是一種不知其具體來源的非印歐語的語言，解讀上找不到什麼突破口，過去雖曾在小亞沿岸幾個島嶼上發現幾例與伊特拉斯坎有點接近的古代銘文，但眾說紛紜，解讀仍無進展。由於這種情況，伊特拉斯坎人的來源就同其文字一樣，是當今史學研究的一個難解之謎，也是人們關注的焦點。這一切使伊特拉斯坎文化帶有濃厚的神秘色彩，也有人形容它真正是一個名副其實的失落的文明。

既然伊特拉斯坎是從東方來的，那麼他們創建的伊特拉斯坎文化是不是一種外來的東方文明呢？這又是有關研究中遇到的另一個難題，因爲自古以來對此也有不同的說法，在希臘羅馬人中，除東來說之外，也有伊特拉斯坎文化是本土起源之

說，強調其土生土長的性質。考古發掘也表明：幾乎所有伊特拉斯坎城市皆植根於義大利本土鐵器時代的微蘭諾微文化，即由微蘭諾微的村鎮發展為伊特拉斯坎的城市，而且這些伊特拉斯坎遺址中的日用器物、居宅布局、普通墓葬也與微蘭諾微文化一脈相承，由此可見本土起源說也是有一定道理的。當然，考古資料也充分證明伊特拉斯坎文化帶有濃厚的東方外來色彩，諸如城市建築布局、水利灌溉設施、貴族豪華墓葬和高超的工藝技術等等，都說明從國家體制到風俗儀典皆從東方文明學來。這些旗鼓相當的矛盾現象使近年來的研究傾向於綜合說，即本土與東來因素互相綜合而組成伊特拉斯坎文化。從古代條件看，渡海而遠從東來的伊特拉斯坎人不可能很多，他們來到義大利後要和本地的微蘭諾微居民混合同化而組成國家，但東來者可能是統治階級的主體，因此其語言服飾、社會體制皆以東來為主，下層群眾則保持原來的微蘭諾微傳統，所以我們可說伊特拉斯坎文化是以本地傳統為底基而帶有東方移入因素的綜合文化。

伊特拉斯坎人何時來到義大利，目前也有多種說法。有人認為他們最早可在公元前十二世紀便已來到，因為當時地中海各地都曾受到一個神秘的「海上民族」的騷擾，埃及、腓尼基、以色列、敘利亞的西台等國都有史料記載這類事件，那麼海上民族的一支作為伊特拉斯坎人渡海西航而至義大利也是有可能的。不過此說並未得到考古材料的證實。從前述伊特拉斯坎城市奠基於微蘭諾微村鎮的情況看，伊特拉斯坎來到中部義大利之時應在公元前九到八世紀，他們在義大利建立國家要比希臘移民城邦早一兩百年，公元前七到五世紀則是伊特拉斯坎文化的鼎盛期。這時伊特拉斯坎的勢力範圍可從波河直到台伯

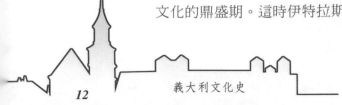

河，亞諾河流域一帶則是其中心地區，這兒至今仍稱爲托斯堪尼（Tuscany）或托斯卡納（Tuscana），便是由伊特拉斯坎一詞轉化而來。不過，即使在其鼎盛之時，伊特拉斯坎始終未統一起來，而是分成許多獨立之邦，以一城爲首府，也可以稱爲城邦，但它們和希臘城邦不同，均由國王統治，貴族階級擁有很大勢力，實際上類似東方的王國，僅規模較小而已，其中重要的有塔奎尼亞（Tarquinia）、凱列（Caere）〔今名塞維切里（Cerveteri）〕、克魯西昂（Clusium）、武爾西（Vulci）、維愛（Veii）等十二個較大之邦，據說組成了十二邦同盟，彼此之間聯繫較密切，但各國分立依然如故，這也是它們日後易於爲羅馬各個擊破而終被完全征服的一個原因。

伊特拉斯坎雖以農立國，工商業卻很發達，在其鼎盛之時，它和希臘、迦太基都有頻繁的貿易交往，它對拉丁人、羅馬人和中部義大利各部族的貿易更有壟斷控制之勢，還和阿爾卑斯山以北的凱爾特（Celts）人作買賣。從某種意義上說，伊特拉斯坎是希臘、迦太基乃至腓尼基、敘利亞、埃及等文明地區和中義、北義以及西歐各地貿易交流的中轉站，它把這些文明地區的工藝品輸入仍未建立國家的印歐語族地區，同時交換各地的礦產、土特產，既獲利豐厚，還可提高自己的工藝技術，進一步發展伊特拉斯坎的工商業。在農業和工商業都較發達的基礎上，伊特拉斯坎的城市建設也頗有規模，它們或靠海濱或據山巔，皆有較好的地形，然後築城建寨，宮室民居作坊店鋪安排井然，尤善於開發水利，除了農業灌溉用水之外，也注意爲城市用水，有專設溝渠和引水道從城外遠處引來山上清泉，類似於今日的自來水，這種設施在當時的義大利可謂獨一無二，連較先進的希臘城邦也自嘆弗如。後來這種引水工程也

傳入羅馬，成爲羅馬城市公共設施的一個重要項目。在工業生產方面，伊特拉斯坎的冶金工藝比較發達，善於冶鑄金銀銅鐵，所製首飾、銅鏡、金銀細工器物暢銷各地，尤爲北方的凱爾特人喜愛。到公元前六世紀時，伊特拉斯坎的一些金銀工藝品已有超過希臘和東方精品的水平。他們特別發明了一種名叫微型顆粒加工的金銀細工技藝，成爲伊特拉斯坎匠師稱雄古代世界的絕技，因爲其他民族都未能掌握其中奧妙。這種技術是在黃金首飾和器皿上以微型純金顆粒覆蓋表面，堅固圓潤，尤有突出的聚光、反光作用，使這些金器流光溢彩，更爲受人喜愛。這種絕技到羅馬時期便逐漸失傳，到中世紀時已無人能知。據說西方近代的金銀匠師經過長期探索才把它恢復過來，但所製產品仍沒有古代伊特拉斯坎遺物那般精美，可見其工藝技術之高。伊特拉斯坎高水平的手工業技藝、建築工程技術以及工農業生產經驗，對周圍正處於創建文明階段的印歐語族很有影響。羅馬人尤其以其緊鄰伊特拉斯坎的大邦維愛，早期王朝中還有延請伊特拉斯坎人爲王的事例，它受伊特拉斯坎的影響就更爲直接。可以說，在大多數的技術文化領域內，羅馬人首先是以伊特拉斯坎人爲師，不僅最初的羅馬城是用伊特拉斯坎的工藝構築起來的，連羅馬共和國初期工農業技術中較高層次的項目，也都以伊特拉斯坎工藝爲基礎甚或以伊特拉斯坎匠師爲主力。雖然總的說來，羅馬人在義大利各民族並不以技術高超知名，他們卻從伊特拉斯坎文化中吸取並繼承了一種比較重視技藝的傳統，是促使羅馬人形成其質樸務實的民族精神的因素之一。例如，羅馬人對工程務求堅固實用，美觀尚在其次；城市設施也把實用放在重要地位，比較注意引水工程與公共建築，軍事設施則強調營寨的牢實與道路的通達等等，這些

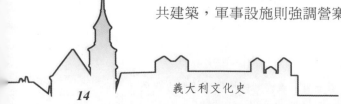

特色在一定程度上都可追溯於伊特拉斯坎的有益影響。

　　在精神文化、宗教信仰、建築與繪畫藝術等等方面，伊特拉斯坎也是很有特點的，並且同樣對羅馬文化和古代義大利文化有強烈影響。這些特點既是本土因素與東方因素融合而成，也有伊特拉斯坎學習希臘文化的成果，例如伊特拉斯坎的文字便採用了希臘字母（希臘字母又是從腓尼基字母學習而來）。在伊特拉斯坎的盛期，希臘古典文明也達於高峰，彼此的文化交流相當密切，伊特拉斯坎人不僅和義大利南部的希臘移民城邦頻繁來往，還親赴希臘本土，到達雅典、科林斯等地，雅典、科林斯的人士來到伊特拉斯坎並受重用的事例也曾見於記載。希臘的工藝品、藝術品都得到伊特拉斯坎人的喜愛，他們尤其熱中於收藏雅典的彩繪陶器，據說雅典陶器作坊已有專門生產向伊特拉斯坎出口陶器的廠家，每年運往伊特拉斯坎的彩繪陶瓶達到驚人的數目。由於這些希臘陶器在近代美術考古研究中，最初主要從伊特拉斯坎貴族墓葬中出土，歐洲人還把它們誤認爲伊特拉斯坎產品或稱之爲伊特拉斯坎風格，直到十九世紀隨著研究的深入，才知道它們實際上都是希臘和雅典陶藝的傑作。由於伊特拉斯坎重視希臘文化，它的影響所及，也起著傳播希臘文化的作用，例如羅馬人在接受伊特拉斯坎文化影響的同時，又從其中吸取了不少它從希臘文化移植過來的東西，這些方面往往是有積極教益意義的。即以文字而論，羅馬人的拉丁字母肯定也是從希臘字母演化而來，但羅馬人最初學希臘字母卻不是直接從希臘人學，而是從伊特拉斯坎文字學得。當然，以後羅馬人和希臘人直接來往更多，也進一步改進了自己的拉丁字母和文字。在學術著述方面，伊特拉斯坎人也像希臘人那樣，有各種用紙草紙或羊皮抄寫的書卷，其中既有伊特拉

斯坎自己的學術著作、史書之類，也有介紹希臘學術文化的。可惜這些書卷全都被毀滅了，甚至連片言隻語都無留存，但從羅馬人的記述中我們知道伊特拉斯坎人是有這些圖書的。直到羅馬共和國中期，伊特拉斯坎人作羅馬人的教師，以及閱讀、研究伊特拉斯坎書籍的情況還很常見，雖然這時伊特拉斯坎作爲國家早就被羅馬完全征服了。

在宗教信仰方面，伊特拉斯坎人有比較濃厚的迷信色彩，凡事都要占卜求神，祭典也很繁瑣耗費，這可能是他們從東方帶來的習俗。但是他們對天神的信仰卻由於接受了希臘宗教的影響，而有了一些變化，例如，伊特拉斯坎人最初從東方傳來的信仰主要有對天帝、天后和天女三神的崇拜，以一位男性爲天地主宰，兩女神分別爲其妻女，當然還有其他男女眾神，但這一家三口主神最爲重要，有關他們的神話和形象可能也帶有濃厚的東方色彩。後來伊特拉斯坎受希臘影響，把自己的神與希臘諸神融合，天帝就等於希臘的宙斯（Zeus）神，天后是希臘的赫拉（Hera）神，天女則是希臘的雅典娜（Athena）神，不僅神名變了，有關的神話和形象也帶希臘風味了。我們知道，希臘神話是比較有人情味的，希臘神像的塑造則講究人體之美與形態之眞，因此隨著宗教信仰的變化，與宗教關係密切的建築、雕刻、繪畫和文學等等也莫不隨之而變，成爲伊特拉斯坎熱心學習希臘的一大動力。在文化史上，伊特拉斯坎宗教信仰的這些變化不僅對其本身意義重大，尤有深遠影響於羅馬乃至整個義大利的古代文化。例如，羅馬人自己最初也有三位主神的崇拜，卻都是男性神，互無聯繫，其中相當於天帝的是雷電之神朱彼特（Jupiter），還有羅馬人的部落神、戰神馬爾斯（Mars），以及和羅馬結盟的薩賓人的部落神奎里努斯

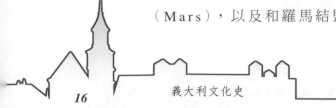

（Quirinus），接受伊特拉斯坎影響，尤其是伊特拉斯坎人占據羅馬王位之後，伊特拉斯坎的天帝、天后、天女三主神便代替了原來的三主神，不過羅馬人又有自己的創造，即把伊特拉斯坎受希臘影響而改變神名、神形的事例變通運用，把伊特拉斯坎已接受的希臘神變成自己的拉丁神和羅馬神，所以羅馬人的天帝不叫宙斯而仍稱為朱彼特，天后赫拉則成為羅馬的朱諾（Juno）女神，雅典娜也變成米涅瓦（Minerva）女神，同時奉朱諾為家庭和婚姻之神，米涅瓦則為工藝與智慧之神。此例既開，以後羅馬人更直接吸收希臘的宗教神話，幾乎把所有的希臘神靈都納入羅馬宗教信仰之中，同時又把希臘神名都變成相應的羅馬神名，兩者合一，表現了羅馬文化與希臘文化的融合。因此伊特拉斯坎的宗教信仰在促使羅馬人對宗教採取比較開放態度上倒起了良好作用。我們知道，古代社會的精神生活受宗教支配甚重，羅馬人在宗教上兼容並蓄的比較開放的態度，也使他們在吸收外來文化方面是比較開放、甚至是開明的。隨著他們大量吸收伊特拉斯坎和希臘宗教，羅馬人遂在建立自己文化方面有了豐富的取材之源。

　　在建築方面，伊特拉斯坎也像希臘那樣最重視神廟建築。伊特拉斯坎神廟建築的特色是有較高的台基，廟前設階梯登臨（其他三方則不能登臨），由於主要廟宇都供奉天帝、天后、天女三神，廟內並列三座神堂，平面布置顯得寬闊而近乎方形，柱廊也只設於廟堂前面而不是圍繞全廟，結構多用木材，屋頂、檐部和其他裝飾多以彩色陶瓦和陶像雕刻為主，這些都是它和希臘神廟大異其趣之處。但是，就神廟基本結構和門面形式而言，它和希臘神廟又是大同小異，基本上都採取單間廳堂、柱廊加山牆的形式，顯示了伊特拉斯坎自身傳統與希臘影

響的結合。在義大利文化史上，這些特點逐漸使羅馬建築形成了有別於希臘的某些設計思想，例如側重方正形式、突出前面部位、強調中軸線效果等，使古代義大利建築有莊重嚴整的特色。即使日後羅馬建築接受希臘風格更爲徹底和全面，這些特色卻使它始終保持自己民族的傳統，讓羅馬和義大利的神廟有一條從正面中央台階通過前門柱廊而達於中央主神堂的中軸線，這在希臘神廟中是難以找到的，日後更進一步發展爲中軸線突出的建築群和城市廣場的設計，更使義大利和羅馬的城市較之希臘有青出於藍而勝於藍的發展了。

在雕刻、繪畫方面，伊特拉斯坎在保持從東方傳來的固有風格形式的同時，也充分吸收了希臘的優秀成果，狀物寫實皆有較高的成就。伊特拉斯坎有厚葬的風俗，而且不像印歐語族之盛行火葬而盛行土葬，王族、貴族的陵墓、墳墓鑿岩爲室，上覆圓形土塚，墓室相當豪華，宛如地下宮殿，形制仿效王宮和貴族的邸宅，都有墓道、前室、大廳、墓室（等於臥室）之類結構。墓內廳堂按日常宴飲聚會之狀安排，有很多雕刻、繪畫裝飾，一般都在牆上畫五彩壁畫，方柱、台基、坑沿處刻浮雕，死者的陶棺上也刻有夫婦舉杯歡飲之狀，表明他們對死後有濃厚的迷信想法，東方色彩很明顯。希臘、羅馬人都以火葬爲主，墳墓一般都只是埋骨灰甕的小坑，上豎墓碑或紀念雕像，因此他們始終沒有像伊特拉斯坎這樣的地下宮殿般的豪華墓葬。但這些伊特拉斯坎的王族和貴族墓卻有豐富的壁畫、雕刻作品的遺存，其中塔奎尼亞、凱列的墓葬尤爲精美豪華。這些墓葬中的壁畫和陶棺上的陶像成爲我們瞭解伊特拉斯坎文化和藝術的重要資料。伊特拉斯坎豪華墓葬中的壁畫由於喜作歡歌宴飲圖之類表現日常生活情景的圖畫，它對人物形象、生活

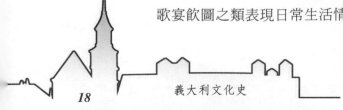

環境乃至動作、情緒等等就有寫實的要求，希望圖畫生動確切，合乎伊特拉斯坎人生活的實際。既然厚葬習俗是伊特拉斯坎人從東方帶來的，那麼這些墳墓壁畫和其他裝飾最初也是東方風格的。按當時東方藝術發展的情況，例如埃及壁畫已有很高水平，敘利亞、腓尼基、小亞一帶藝術文物也很豐富等等來看，伊特拉斯坎人這種植根於東方的早期傳統仍有利於它寫實功力的提高，以至於著重寫實乃至肖像般的寫實後來竟成為伊特拉斯坎藝術的一大特色，與希臘古典藝術之強調理想化加工不同。因此，伊特拉斯坎壁畫自有一種天真坦誠的情趣，畫人物古樸之中有其生活氣息，畫風景則在山林草木之間有情景交融的質樸，而且總的說來，伊特拉斯坎在描繪林泉景致、草木鳥獸方面要比希臘藝術為多，不像希臘那樣傾全力於人體結構的表現，這實際上就是它植根於東方藝術傳統的本色。這些特點在早期的伊特拉斯坎壁畫（公元前七到六世紀）中已表現得很清楚，其中佳作可舉凱列的「巫師墓」和塔奎尼亞的「母獅墓」、「漁獵墓」的壁畫。「巫師墓」畫穿戴伊特拉斯坎民族服裝的貴族、巫師以及青年男女或站或行、或奔或舞地穿插於花草林木之間，這樣的布局在希臘藝術中是很少見的；「母獅墓」中有一幅表現男女青年高歌狂舞的壁畫尤為美妙，它遵循東方藝術畫男子膚色用深棕色、女子用白色的傳統（例如埃及壁畫就一直是這樣畫的），把男女歌舞的形態表現得自由奔放，女子著薄而透明的白紗衣衫，描繪相當出色；「漁獵墓」中以很大篇幅表現伊特拉斯坎人的狩獵打魚活動，因而得名，這種題材顯然也取自東方藝術，埃及壁畫和亞述浮雕中都常有這類貴族遊獵之圖，但伊特拉斯坎這些漁獵圖卻比較注意表現漁獵活動所在的環境背景，例如其中海邊打魚之圖就畫了許多海鳥與成

群嬉戲的海豚，在古代藝術中是比較罕見的。

到公元前六世紀末，希臘陶瓶大量輸入伊特拉斯坎，而此時希臘陶瓶繪畫（通稱瓶畫）也有了很大的進步，它們對伊特拉斯坎繪畫產生很大影響，伊特拉斯坎墓葬中的壁畫便越來越明顯地表現出希臘影響與東方傳統互相結合的特色，而且希臘影響有漸居首位之勢。這時希臘瓶畫已從黑像式技法轉向紅像式技法，除技藝尤見精細而外，更重要的是在刻畫人物形象和空間構圖上已有了較科學的基礎，例如人體結構已接近於解剖學的精確，空間構圖已掌握一定的透視縮形，由於在寫實方面力求貫徹，畫法上就敢於突破各種程式和慣例，把自古以來的種種條條框框拋諸腦後。這些先進的手法，在希臘本土也只形成於公元前六世紀末至五世紀初，但伊特拉斯坎對它們的學習與吸收卻相當積極，大約在公元前五世紀後期，不少伊特拉斯坎壁畫已把它們納入其中，成爲世界文化史上學習希臘最快、效果最好的例子。在這些先進畫法中，我們不妨舉一個最小的特點：人的眼睛畫法。當時希臘瓶畫和伊特拉斯坎壁畫的人物形象的臉部都喜歡畫側面形式，畫正面的極少。側面臉部的眼睛，若嚴格按實際所見，亦即科學的透視縮形來畫，應是眼球靠鼻子一邊，眼角則呈三角形以其尖端伸向耳朵一邊，俗稱「三角眼畫法」。但這種眞實的側面眼睛形狀卻和人們意識中正常的眼睛，亦即從正面看到的眼睛很不一樣，正面所見之眼是眼球在中央，兩邊眼角略呈杏仁狀，俗稱杏仁眼。自遠古以來，人們都習慣於想像人的眼睛是這種杏仁眼的形狀，以致把它作爲標準的、唯一的形狀，於是所有古代民族在畫側面人像時，都一律採用杏仁眼而避開眞實的三角眼，甚至成爲一種不准改動的程式，即使藝術家知其謬誤也不准改。在這方面最突

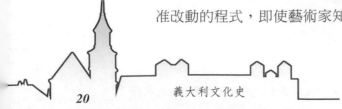

出的例子是埃及藝術，在它長達三千年的古代埃及文明史上，竟始終嚴格遵守這一程式，畫人物面容在必須以側面表現的同時，眼睛又必須以正面的杏仁眼表現，數千年來絲毫不爽。其他東方文明的藝術也大體如此，即使按繪畫水平最高的中國藝術說，正規的人像畫法也始終以杏仁眼貫徹一切場面，無論正面側面人像都一律以杏仁眼表現，畫三角眼之例極其罕見（據筆者所知，中國畫中唯一例外是敦煌壁畫第二十五窟中的《法華經變・觀音普門品》，其中群眾人物有幾個是側面而畫三角眼，但同一畫中也有一些是側面而畫杏仁眼的，可見新法並非徹底，而且壁畫多為民間畫師之作，難登大雅之堂，士大夫正規的人物畫仍堅守一律畫杏仁眼之制，到清末才有改變）。但在希臘藝術中，這個被所有古代民族奉為金科玉律的程式卻被大膽突破了。希臘藝術最初是從學習埃及藝術起家，因此它原來也是一律畫杏仁眼的，在希臘瓶畫中，遠的不說，公元前六世紀的所有黑像式瓶畫便莫不如是；但在六世紀末出現黑像式向紅像式的轉變和改進以來，希臘藝術家卻逐漸發現這種側面人像也一律畫杏仁眼的不合理，反映在瓶畫創作上，起初是儘量把眼睛畫得靠近鼻子一邊，後來便大膽地廢棄傳統的杏仁眼，而破天荒第一次畫出側面人像上的三角眼。從現存實物看，希臘瓶畫實現這一突破大約在公元前四九〇到四八〇年間，此後新畫法便處於絕對統治地位，畫側面人像必須用三角眼．它雖是一個很小的細部上的改動，卻有「一葉知秋」的代表性，表明當時希臘藝術寫實之徹底已達前無古人的深度。這個成果也被伊特拉斯坎藝術家很快吸收，佳例之一就是塔奎尼亞的「奧爾庫斯（Orcus）墓」中的維尼亞（Velia）女像頭部殘片，它約作於公元前四五〇到四〇〇年間，這位名叫維尼亞的伊特拉斯

坎貴族婦女頭戴花冠側面而坐，以三角眼新畫法勾出的眼睛炯炯有神，極富光彩，其生動迷人之貌不下於希臘古典藝術的同類佳作。此外，約在公元前四五○年完成的塔奎尼亞「豹子墓」中所畫宴飲席上的幾位戴花冠的青年，其側面像上的眼睛也開始採用三角眼的畫法，只是不如其後的奧爾庫斯墓的維尼亞像那樣精彩。由此可見，這種新畫法從在雅典誕生到傳入伊特拉斯坎不過三、四十年，這在古代文化史上已是有聞風而動般迅速的程度了。從這個小特點，也可「一葉知秋」地看到伊特拉斯坎藝術家學習希臘先進成果是多麼熱烈和投入，正因為這樣，伊特拉斯坎文化在義大利文化史上起著不同凡響的作用，對羅馬人尤有良好影響。

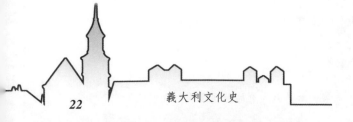

註釋

1 現今通常把人類發展分爲四個階段：(1)能人（約二百五十萬到一百萬年前）；(2)直立人（約一百萬到三十萬年前）；(3)早期智人（約三十萬到五萬年前）；(4)晚期智人（五萬年前至今）。

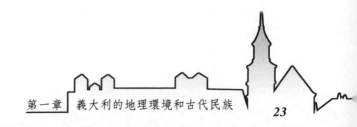

第二章

羅馬的興起與早期共和國的文化

羅馬的興起揭開了義大利文化史上重要的一章。因為有了羅馬，義大利在西方文化中那種鶴立雞群的地位才如日中天，為世所公認。千百年來，羅馬對於西方人來說始終是一個光彩奪目的名字，它既指一座名城，一個古國；也代表著一種文明，一套傳統，而且無論城國民族，也無論文明傳統，羅馬都有其可作楷模的「第一流」、「最上乘」之意，因此我們通稱之為「古典文明」或「古典傳統」（西方語文中「古典」一詞源於拉丁文 classicus，原意即指一流上乘之品級）。我們都知道，羅馬是今天義大利的首都，同時也是義大利最大的城市，而在義大利文化史上，羅馬自古至今始終是義大利文化的中心。可是，羅馬在世界文化史上的重要，卻又遠遠超過義大利本身，從某種意義上說，羅馬作為西方文明中心的歷史斷斷續續竟有兩千年之久，在古代尤為輝煌，那時它是地跨歐、亞、非三洲的羅馬大帝國的中心，亞洲的敘利亞、巴勒斯坦，非洲的埃及、摩洛哥，歐洲的希臘、奧地利、法國、西班牙都是羅馬的行省。古典文化形成於希臘，卻發揚光大於羅馬。無怪乎人們若瀏覽一下世界文明的全局，他獲得的一個最基本最鮮明的印象將是：東方有中國，西方則有羅馬！

然而，羅馬的榮耀卻來之不易。誰會想到，當這個古代世界的超級大國第一次在歷史上露面之時，竟只是台伯河邊亂草叢中一隻母狼的棲身之地。直到今天，羅馬市民對遠古洪荒之際為他們家園帶來第一縷歷史之光的這隻母狼，仍深懷感激之情，他們把這個母狼的形象刻在羅馬的城徽之上，永遠尊奉它是羅馬城的標誌，在羅馬市中心的市政廳廣場（卡彼托林廣場）旁邊一塊草地之上，還特別保存一座自古以來就放在那裏的獸

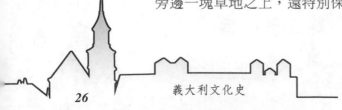

籠，其中長年不斷要飼養一隻活的母狼，以作爲市民感恩的永遠紀念。說到這裏，人們不難想到母狼和羅馬建城立國的歷史傳說，因爲羅馬城的建立者羅慕路斯（Romulus）正是靠母狼的哺乳才免於一死！儘管傳說有眞有假，這隻母狼的形象卻爲我們點明了羅馬草創之時的原始背景，而從狼穴到帝國之都的強烈反差中，我們便不難看出羅馬由蕞爾小邦發展到超級大國歷程的漫長與艱巨。

從考古材料看，台伯河沿岸山丘在公元前二十世紀中葉便有人居住，建立了屬於亞平寧文化的青銅時代村落，這時的居民只是本地原有的幾個地中海族部落的混合，尚無印歐語族的蹤跡。一般認爲，羅馬人所屬的拉丁族，作爲印歐語族的一支，來到義大利台伯河一帶約在公元前二十世紀代之末和十世紀之初，那時拉丁人在台伯河以南的廣大地區建立村落，已進入鐵器時代，其文化屬於微蘭諾微文化的範疇。這一片廣袤達百餘里的平野，因拉丁人的定居便得名爲拉丁姆（Latium）地區，今天的義大利語稱之爲拉齊奧（Lazio），但眞正在台伯河岸邊安營紮寨的卻不是拉丁人，而是印歐語族的另一支——薩賓人，所以對於居住在拉丁姆平原的拉丁人來說，台伯河邊已是邊遠荒僻之地。既然這樣，他們怎麼會來到台伯河畔建立羅馬城呢？於是引出了母狼乳哺嬰兒羅慕路斯的故事。

據說，拉丁姆的亞爾巴·龍加（Alba Longa）城的國王努米托（Numitor）被他的弟弟阿穆略（Amulius）篡奪了王位，他的兒子被殺，只剩下一個名叫西爾維亞（Silvia）的女兒。阿穆略害怕他會被西爾維亞的子嗣報仇推翻，遂強迫西爾維亞充任終身不得婚配的女祭司，並將她囚於孤塔之中，不准外人尤其男子接近。可是天神卻插手其間，戰神馬爾斯來到塔中與西爾

維亞相愛，使她懷孕生下羅慕路斯和他的孿生弟弟勒摩（Remu）。阿穆略知道後，除繼續迫害西爾維亞外，還將兩個孿生嬰兒投入台伯河中。結果戰神馬爾斯設法救出西爾維亞，投在水中的雙嬰也得以漂流到岸邊，由一隻母狼餵乳養活（羅馬人認為狼是戰神的寵物），而母狼之窩就在今天羅馬城中的帕拉丁（Palatine）山下靠近台伯河之處。後來，雙嬰又被一牧人收養，直至長大成人。他倆果然智勇雙全，殺死阿穆略，使外祖父努米托重登王位。但他們不願在亞爾巴·龍加生活，遂來到台伯河畔母狼哺育他們的地方建一座新城，以羅慕路斯之名而稱之為羅馬。這段美麗動人的神話傳說，自古以來就被義大利人看作羅馬建城由來的正史，羅慕路斯就是羅馬的第一位國王，日後的羅馬史家還通過考證，確定他建城的時間是公元前七五三年。

這段故事讓戰神馬爾斯出台並扮演一個關鍵角色，顯然並非真實的歷史。我們今天通過考古發掘和民俗學的研究，倒可印證這段神話故事自有其一定的真實歷史內容的內核。從考古發掘看，在帕拉丁山及附近幾座羅馬古城的山丘之上，確實從公元前八世紀左右開始出現一些拉丁姆地區的典型文物，如茅屋形骨灰甕之類，表明這時確有一些拉丁人來此定居。而且，從當時義大利中部地區總的發展情況看，拉丁人之選中台伯河畔帕拉丁山下這麼一個有利地點移民定居，也是完全可以理解的。原來，這時在台伯河北岸的廣大地區已建立好幾個伊特拉斯坎人的城邦國家，他們善於發展經商貿易活動，和拉丁人、薩賓人皆有貿易聯繫，形成一些南來北往的商路，其中重要的一條穿羅馬諸山而過，帕拉丁山下的台伯河畔就是它的渡口所在，南來北往的商旅都要在此渡過台伯河（此處河中正好有一

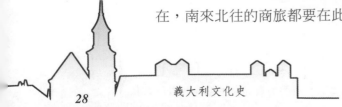

小島可爲遠古船渡提供方便，後來便在此向兩岸搭建簡易木橋，此島至今猶存）。拉丁人爲了控制這個渡口，便派人長住於此。但這個地區原來是薩賓人的勢力範圍，拉丁人恐怕師出無名，便編造了母狼在帕拉丁山下的台伯河畔哺育羅慕路斯的故事，於是在此安營紮寨就多少有點名正言順了。從文化史的角度看，拉丁人這次移民帶有濃厚的軍事色彩，雖然它的目的是爲了開展和保護與伊特拉斯坎人的貿易，其具體任務卻是軍事駐防控制渡口，我們也可把這些移民形容爲一個擔負駐防任務的拉丁人小分隊。由於其軍事性質，所以故事裏請來戰神馬爾斯，讓小分隊的頭領羅慕路斯變成戰神之子，又吮吸狼乳而長大，更顯出他的勇武精神與堅忍氣質。正由於它是軍事小分隊，成員都屬男性壯丁，所以羅慕路斯建立的羅馬城中有男而無女，於是又有羅慕路斯及其部屬搶劫薩賓婦女組成家庭的故事。據說他爲此而故意在羅馬召開競技大會，邀請鄰族薩賓婦女踴躍參觀，暗地裏卻讓手下武士都埋伏在會場四周，待他一聲令下，便把這些婦女擄爲妻室。這次背信棄義的搶劫雖然可以解決羅馬小分隊生活上的難題，卻招致薩賓人深惡痛絕，他們經過長期準備，終於掀起一場報仇雪恨的大戰，要把被擄去的妻女再奪回來。但這時薩賓婦女們已和羅馬人成家，生兒育女，於是這場薩賓與羅馬之戰出現了意外的結果：薩賓婦女們奮不顧身衝進戰場，以自己的血肉之軀隔開羅馬人和薩賓人的刀槍，懇求雙方停戰言和，因爲這時無論哪一方都是她們的親人：羅馬人是丈夫和兒女之父，薩賓人又是自己的父兄和兒女的姥爺舅舅。由於她們的勇敢干預，薩賓人和羅馬人才由仇敵變成親家，兩族共同組成最早的羅馬人民的主體，日後有薩賓人被推舉爲羅馬國王。羅馬人的氏族和薩賓人的氏族共融於更

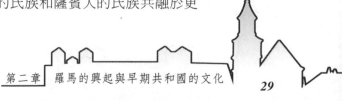

大範圍的胞族、部落組織之中，構成羅馬公民社會的基礎。我們也可以說，日後的羅馬國家是按這種拉丁人小分隊和薩賓人混合組成的聯盟而發展起來的，所以這個薩賓婦女化敵為友的故事在羅馬世代傳誦不絕。

羅馬自古以來就有「七丘城」之說，認為它是由台伯河畔的七座山丘組成，除前面已提到的帕拉丁山、卡彼托林山而外，尚有阿芬丁（Aventine）、凱里安（Caelian）、厄斯奎林（Esquiline）、維米納爾（Viminal）和奎里納爾（Quirinal）山包括在內，山雖不高，坡地卻相連成片，方圓亦達數里，如果羅慕路斯建城之時就把這七座山丘都包納在內，那麼羅馬城一開始就是很有規模的了。但考古發掘卻推翻了這種樂觀的看法，因為發掘表明當拉丁人來到帕拉丁山的公元前八世紀時，他們只建立了茅屋數間的小村落，範圍絕不會超出帕拉丁一丘之外，可見傳統所說上述七丘是數百年以後的情況。羅慕路斯當時立足之地只是小村落而非城市，那麼傳說所謂建城立國和擔任第一位羅馬國王也是附會之詞了。由於遠古傳說提到羅慕路斯之時有「七丘節」之設，容易使人認為後來的七丘已被包括在內，但實際上「七丘節」所指的只是帕拉丁山上的七個小山頭，方圓不出一里，從而符合考古發掘反映的情況。因此，總的說來，羅慕路斯小分隊建立的據點雖然是羅馬的最早起源，但當時還談不到建城立國。整個拉丁人的社會當時仍處於原始社會的末期，羅馬自不例外，而羅慕路斯作為小分隊的頭領也不是什麼國王，至多不過是軍事民主制中的一個軍事領袖而已。但羅馬濱臨台伯河畔，與伊特拉斯坎僅一水之隔的特殊地位，和它是一支專門派出的有組織的軍事小分隊的緣起，卻使它具有一些別的拉丁村落所沒有的特點，使它日後能出人頭地

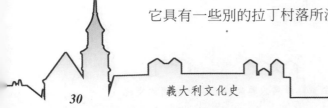

迅速發展起來。

　　首先，以「小分隊」形式組成的羅馬小社會，一開始就有較嚴密的組織，和一般氏族社會憑血緣族系自發形成有點不同。當時羅馬的軍事民主制組織仍以氏族爲基礎，但經薩賓婦女化敵爲友之後，羅馬薩賓兩族融而爲一，古老的氏族血緣關係已逐漸爲地緣關係，即羅馬城的居住權所確定的族籍關係所代替。在此基礎上，羅馬的胞族、部落組織也井然有序，十氏族組成一胞族〔庫里亞（Curia）〕，十胞族組成一部落〔特里布（Tribu）〕，全羅馬共有三百氏族，三十胞族，三部落，其成員總稱爲「羅馬人民」。因此，從數目完整和兩族融合等情況看，羅馬的氏族部落組織已帶有較多人爲安排的因素。這種人爲的組織性，既緣起於羅馬小分隊的軍事性質，日後又是促成羅馬國家崇尚武力，重視組織紀律性，軍事實力較強的一個原因。至於羅馬鄰近伊特拉斯坎，與伊特拉斯坎接觸密切的特點，則與它建立國家直接有關。前已提到，伊特拉斯坎是最早在義大利建立國家的民族，他們當時的經濟實力和文化水平都較羅馬人爲高，作爲台伯河渡口一小村落的羅馬受其影響而走向文明是自然的事。當時不僅有一些伊特拉斯坎人來羅馬經商居留，羅馬人在政治鬥爭和軍事作戰中甚至請求伊特拉斯坎人的幫助，例如，據傳在那次由於搶劫薩賓婦女而引起的戰爭中，就有一位名叫凱里烏斯（Caelius）的伊特拉斯坎將軍率領一支人馬，前來幫助羅慕路斯，日後的凱里安山即以他爲名。既然關係如此密切，伊特拉斯坎人又如此強大，以後羅馬王位也由伊特拉斯坎人據有也就不足爲奇了。據說，由羅慕路斯開頭，羅馬先後有七位國王統治，史稱「王政時代」，按傳統紀年約從公元前七五三年到前五○九（或五一○）年，歷時兩百餘年。七王中

最後三王就屬伊特拉斯坎人，首先是塔克文‧普里斯庫斯（Tarquinius Priscus）憑其實力智謀取得羅馬元老信任，自薦而登王位；然後是塞維‧圖利烏斯（Servius Tullius），他是老塔克文的女婿，雖不是伊特拉斯坎人，卻屬他們一系；最後是塔克文‧蘇佩布（Tarquinius Superbu），他是老塔克文的孫子，一個典型的暴君惡徒，最後被人民推翻，牽其家小滾出羅馬。現在考古材料也證實，大約在塔克文‧普里斯庫斯登上王位的同時（公元前七世紀末六世紀初），羅馬才從一個村落向城市轉化，帕拉丁山下和卡彼托林、厄斯奎林諸山連接的一片低地，以前只是荒涼的墓園墳場，現在已不再有墓葬，形成為供公民作經濟、政治活動的廣場，也就是日後著名的「羅馬廣場」的前身。這兒的路面鋪了礫石，沼澤被排乾，修了排水道，出現了市集、房屋和神廟之類建築。從日後羅馬嚴禁城市內置墓一事看，可見這一片荒地現在已納入城區之內。原來帕拉丁山上的村落有了較大的擴展，而排水鋪路、建築房屋等較大的工程也表明這兒開始建立真正的城市。從考古遺物看，排水工程、建築風格、陶器樣式等有明顯的伊特拉斯坎影響，而古史傳說也提到塔克文‧普里斯庫斯登基後曾興修水渠、排乾沼澤、大建神廟等等，可見正是伊特拉斯坎人在羅馬為王之時才建立了真正的國家，以前的羅慕路斯等四位國王不過是軍事民主制的頭領，而這位伊特拉斯坎國王建立的羅馬城和羅馬國家，在文化傳統上看也有著濃厚的伊特拉斯坎色彩。

當然，塔克文‧普里斯庫斯在羅馬為王並不意味著從軍事上征服了羅馬，因為他還是按羅馬王位繼承制度合法登位的，他來到羅馬後，千方百計取得當時在位的羅馬王安庫斯（Ancus）和貴族元老的信任，安庫斯死後他又籠絡人心，讓元老院推選

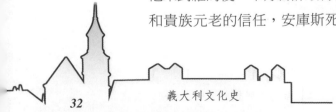

他繼任為王，所以雖是外人，按法統他仍是羅馬的國王而非伊特拉斯坎王。有一個故事說塔克文原以顯貴身分來到羅馬，扈從甚眾，當他的車駕臨近羅馬城時，突然一隻老鷹從天而降叼走了他的帽子，在空中盤旋一周之後，又把帽子戴回他的頭上，家人遂以此為將踐大位之兆。這就說明他來到羅馬時就帶有一批人馬，並且進城之前就有作國王的野心，當時羅馬在羅慕路斯之後已歷一百多年，經濟的發展和人口的增長都有建立國家的條件，所以塔克文比較容易地就把伊特拉斯坎那套政治經濟制度引入羅馬，使其國家機構、王權禮儀漸趨完備，並進行城牆的修築、廣場的開闢、神廟的興建、水利的開發等等，國家初建就能給人民一個好印象的「大事」。因此他雖有玩弄權術之嫌，國家的建立仍推動了經濟的發展，尤其是工商業的發展。此外，塔克文的身世也有一個非同尋常的特點，原來他的母親是伊特拉斯坎人，父親卻是希臘人──來自科林斯的德馬拉圖斯（Demoratus），他以母親的貴族世系而成為伊特拉斯坎的貴族，可是父親是希臘人這個特點卻使他的見識和眼界大為開闊。科林斯是當時希臘最大的工商業城市，而且當時各希臘城邦都普遍取消王權而實行共和體制。科林斯在公元前七世紀還出現過著名的僭主統治，稱為僭主的個人獨裁者依靠平民支持反對氏族貴族，發展了工商業。如果總觀塔克文的作為，便多少有點這種科林斯僭主的影子。所以總的說來，塔克文的統治不僅引入伊特拉斯坎體制，也帶來有關希臘政治的訊息。在他的女婿，第六位羅馬王塞維統治下，這後一個特點就更為明顯了。塞維身居王位，卻對希臘的民主改革甚為景仰，當時雅典已實行了著名的梭倫改革，塞維有意仿效梭倫而在羅馬搞了一個「塞維改革」，按財產多寡而不是按出身分社會等級，並且

按新等級組成羅馬的軍事團隊——百人隊和百人隊會議。儘管我們現在對塞維改革的內容仍不甚清楚，爭論頗多，但它按財產劃分公民等級、按等級組織百人隊這個基本原則，卻奠定了羅馬政治發展的方向——走希臘式的公民政治的道路。塞維之後，暴君小塔克文的倒行逆施當然只能激起羅馬朝野上下一致的反抗，加速了王政的滅亡。因此，當國王統治被推翻後，羅馬人就決定從根本上廢除君主制，建立共和國。當時領導起義並被選為第一任共和國執政官的布魯圖斯（Brutus），在此前討論政府形式時力主共和制，他提出的理由之一便是「要像雅典人所作的那樣」。也就是說，走雅典民主政治的道路。雖然這條路在布魯圖斯之時還只邁出第一步，羅馬共和國還有很長時期處於貴族控制之下，平民鬥爭的道路還很漫長，它卻決定了羅馬歷史和文化此後發展的一個主要特點：走希臘和雅典的道路！由此而開始的羅馬共和國長達五百年的歷史，自然就和伊特拉斯坎那樣的王權貴族統治的東方國家大不相同，一個類似希臘但又擁有自身特色的古典城邦，便在義大利土地上逐漸成長壯大起來。

公元前五○九年建立的羅馬共和國，雖然只是一個很小的城邦，四周強鄰圍繞，但由於選擇了希臘式的發展道路，可謂得風氣之先，以後又發揮了它位於義大利中央的地理優勢和羅馬民族質樸務實英勇頑強的精神，便能從蕞爾小邦發展為泱泱大國，後來甚至是歷史上空前的大帝國。從文化史的角度看，從它的興起到建立共和國的這段時間，它由於歷史的機遇而能採取的這條學習希臘的道路，至少在社會和文化方面形成了三個重要的傳統，影響到整個共和時期羅馬文化的發展。這三大傳統中的第一個是以塞維改革和建立共和為表徵的推崇民主改

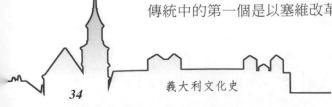

革、強調適時應變的傳統，日後羅馬共和國在社會內部的激烈鬥爭中（例如貴族與平民的鬥爭），常能以一系列改革擺脫危機而促進民主的發展，雖然原因眾多，這個傳統卻也起了不小的作用。第二個則是以暴君小塔克文被趕下台為反面教員的憎惡專制獨裁、反對暴君霸主的傳統，在共和國存在的數百年間，王權一直是帶有嚴重貶義的字眼，任何政治提案若與之靠邊便會一敗塗地，任何政治家若被扣上「想作國王」的罪名，更會立即粉身碎骨，甚至到共和末年，建立帝制已是大勢所趨的時候，這個傳統仍足以使蓋世英豪凱撒（Caesar, B. C. 100-B. C. 44）為之付出生命，它實際上也影響了日後終於建成的羅馬帝國體制和帝國文化帶有某種共和色彩。第三個傳統則是對羅馬文化影響最大的，這就是羅馬人由此形成的對希臘文化的親切感與認同感，對希臘文化學習吸收不遺餘力。它首先表現為要在歷史上和希臘人攀親帶故，要把羅馬人的先祖形容為希臘遠古歷史傳說中的英雄，於是編造出著名的特洛伊英雄伊尼阿斯（Aeneas）的故事。大家知道，希臘的荷馬史詩說的就是希臘群雄攻打特洛伊的戰爭，但特洛伊人並非異族，雙方英豪有不少都是希臘眾神的親生子女，伊尼阿斯便是特洛伊英雄中突出的一位，他是愛神與美神維納斯所生，智勇雙全。當希臘與特洛伊大戰十年，最後靠木馬計攻破特洛伊城時，只有伊尼阿斯對此有所覺察，城破時得以背負老父攜帶妻兒出逃。羅馬人便在伊尼阿斯出逃這一點上大作文章，說他幾經風險才渡海而達義大利，其時父、妻皆已亡故，他便娶義大利王拉丁努斯（Latinus）之女拉維尼亞（Lavinia），建拉維尼亞城，這就是拉丁族的起源。伊尼阿斯死後，其子阿斯卡尼亞斯〔Ascanius，又名尤利烏斯（Julius）〕在拉丁姆建亞爾巴·龍加城，歷經數

代而傳至努米托，努米托生女西爾維亞，西爾維亞生羅慕路斯，又產生了我們前述的母狼哺乳等等故事，所以亞爾巴‧龍加更是羅馬人在拉丁族中的直系，尤利烏斯的後代不僅有羅慕路斯，日後還衍生爲羅馬最重要也最著名的一個氏族，凱撒便是此族成員。在古代社會條件下，把自己民族和天上神仙、神話中的英雄聯繫起來，被當作一種神聖的歷史傳統，羅馬人通過伊尼阿斯這條線，可以把他們的開國元勳羅慕路斯和美神維納斯聯結起來，也和希臘人有平起平坐的親緣關係，從而成爲他們上述那種對希臘文化認同感的一種最好表達方式。因此這一傳說日後被奉爲羅馬正式歷史的開篇，羅馬最偉大的詩人維吉爾（參看下面 125-128 頁）傾畢生心血寫成的巨作，便是以它爲內容的《伊尼阿特》——歌頌伊尼阿斯的史詩。遠古攀親之後，下一步就是宣揚羅馬歷史古往今來的發展趨勢是「希臘有過的，我們也會有」。雅典出現梭倫改革，羅馬便應之以塞維改革，如此類推，其他民主立法也莫不如是，甚至雙方歷史大事和傑出人物也可以對比配套，從而強調羅馬雖追隨希臘又有平起平坐的彼此平等的地位，甚至日後羅馬日益強大，不僅兼併義大利土地上的所有希臘城邦，還統治希臘本土，羅馬雖在政治上可傲視於希臘，在文化上仍承認它是希臘的追隨者。這就使這種認同感歸結到最後一個最重要的傳統——羅馬對希臘文化的全盤接受和傾心吸收，用羅馬人自己的話說，即是「征服者被征服了」，征服了希臘的羅馬人卻在文化上被希臘征服了，因此在文化史上，人們常把希臘羅馬看作一脈相承的西方古典文化。當然，在全盤吸收之餘，羅馬人也有自己的創造，而且由於這種吸收立足於社會體大致相同的基礎，其積極意義要比其他民族（例如伊特拉斯坎人）之吸收希臘文化強烈許

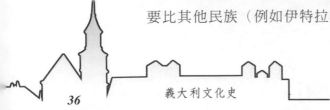

多，因此羅馬絕非簡單的蕭規曹隨、機械照搬，而是在古典文化的發展上起著承先啓後、發揚光大的作用。

羅馬人建立共和國之後，它所確定的走希臘城邦的道路固然極具關鍵意義，但羅馬之所以強大起來，卻不僅僅是由於這一點，否則羅馬就難以成爲希臘的征服者和地中海的霸主，在政治和軍事上取得遠遠超出希臘城邦的成就了。羅馬人雖然服膺於「征服者被征服」的文化認同，但另一方面卻也很爲自己是前無古人的征服者和世界霸主而自豪，他們甚至認爲征服世界和統轄天下萬民才是自己民族的歷史使命和天才所在。在詩人維吉爾的《伊尼阿特》中，就有一段著名詩句宣揚了這種思想，因而成爲整部史詩中最得羅馬朝野上下一致推崇的名句：

> 毫無疑問，別人
> 會把青銅鑄造得精美無比，
> 會把大理石刻得栩栩如生，
> 在法庭訴訟上說得頭頭是道，
> 會用規尺計量天體的運行，
> 會預告星辰的升起。
> 但你們，羅馬人啊，
> 卻要牢記以威力統轄天下萬民。
> 這正是你的天才所在——
> 在世界推行和平之道，
> 對順服者寬宏大量，
> 對桀驁者嚴懲不貸。[1]

在這裏，維吉爾所說的「別人」，那些善於鑄造青銅、雕刻石像，精於修辭、能言會辯，而且在天文曆算等科技方面領先

的人，自然是指希臘人，可是他在承認希臘文藝科技皆優於羅馬的同時，卻指出了羅馬人有著更偉大的軍事與政治天才。在《伊尼阿特》完稿之時，羅馬確實已建立了統轄天下萬民的大帝國，維吉爾把羅馬人的成就籠統歸之於「天才」，固然不免古人思路的俗套，卻也在一定程度上指出了羅馬人有別於希臘人的精神特質。從文化史的角度看，這些特質才是羅馬人政治生活和文化生活中更深層次的、也更經常起作用的東西。

前已提到，羅馬以「小分隊」的形式起家，較強的組織性是其優秀傳統。歷經王政到共和初年的風風雨雨，這個優秀傳統不僅沒有喪失反而續有發揚，重要的原因仍不得不從其社會組織上找。這時，遠古的氏族部落血緣關係已漸趨鬆弛，但家族（或家庭）卻在羅馬社會中起著非同小可的作用，並且在共和體制內續有加強，從而和希臘社會以及一般古代社會的家族判然有別。它在繼續培育和維護羅馬人的組織性方面有極其重要的影響，以至於我們可以說，如果要瞭解維吉爾所讚頌的羅馬人的「天才」，首先就得從他們的家族著眼。

羅馬人的家庭一般以男主人（家長）、他的妻子和未婚嫁的子女組成，除赤貧者外，通常還有家奴若干人（貴族家庭的子侄、親眷和家丁、侍從等人數眾多，奴隸的數目更數以百計，但基本上仍保持以家長為首的個體家庭的性質）。我們這裏所說的家庭結構是大多數羅馬公民都生活在其中的基本社會細胞，這一點是和希臘公民的家庭相似的，所不同的是羅馬家庭所起的作用更為突出，而且深入到各階層、各階級（除奴隸而外）之中，影響及於整個社會。雖然在典型意義上，貴族或統治階級的家庭更有代表性，家法更嚴，影響更大，但作為羅馬公民社會的特點，家庭的作用正是體現在它不分貴賤一律要求，尤

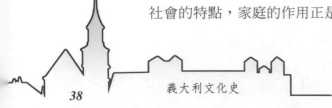

其對作爲公民基本群眾的羅馬農民、市民、平民皆有同樣意義這一點上。羅馬家庭的作用，主要通過家長法權、家庭宗教和家庭教育三方面表現出來。

家長法權（patriapotestas），主要是指羅馬人的家長始終對家產和家人（包括妻子兒女）有至高無上的支配權和統治權。它源於古老的父家長制的絕對權力，但在共和國時期也獲得國家法律的認可和社會輿論的支持，從而保證家庭在公民社會生活中的核心地位。在這種情況下，家長至高無上的權力由於得到法律認可生效，同時也意味著家長亦須依法行事，因爲羅馬作爲古代第一個強調法制的社會，要求所有公民都無條件地服從法律，這樣一來，對家長法權的強調會使家長避免成爲專制暴君，而更像一個執法公正鐵面無私的審判官。例如，家長對兒女的至高無上之權可使家長有權處死子女，但只有在兒女犯有叛國之類大逆不道之罪才能被社會認可。羅馬歷史上不乏這類大義滅親、家長處死兒女的事例，直到共和國末期，還有一位名叫富爾維烏斯（Fulvius）的貴族因其子參加叛亂陰謀而將他處死。從羅馬是奴隸社會的角度看，家長作爲一家之主就像奴隸主那樣，可把全家老小都看作自己的奴隸，可握生殺予奪之權，既然家人都等於奴僕，眞正的奴隸就更爲卑賤，實際上是與犬馬爲伍，羅馬人稱之爲會說話的牲口，統治更爲殘酷。因此，從階級統治的意義上看，家長法權對於強化奴隸主的統治極爲有利；但更妙的是，通過對家長法權的強調，羅馬人找到了加強公民組織性與紀律性的一個很好的途徑。對家長的尊重與服從，也就意味著對祖先、傳統、法制和秩序的尊重與服從，由此引導出羅馬人崇拜祖先、維護傳統和遵紀守法的風氣習俗，並在他們的內外鬥爭中發揮作用。因此人們喜歡說家長

法權是羅馬人常用不衰的一個法寶，也是羅馬國家常能轉危為安、越戰越強的一個法寶，因為它首先保證了羅馬民族生存發展必不可少的紀律性。這種說法使我們想起羅馬人的經驗有點像我們儒家宣傳的那套「齊家治國」的理論，而羅馬人的家庭觀念在西方各國中可說也是最接近我們中華民族的。

羅馬人的家庭宗教則是發揮家庭在公民社會生活中核心作用的另一個重要方面。家庭宗教在羅馬人的宗教信仰中所起的非常特殊的作用，也是在希臘和其他古代民族比較少見的。一般而言，羅馬人的宗教崇拜可分為公共的和家庭的兩個層次，公共的是指由國家或地方當局主持的各類儀典所崇奉的天地諸神，家庭的則是指公民在自家住宅內設壇祭奠的祖先神靈和家宅土地諸神，包括灶神（Vesta）、門神（Janus）、倉神（Penates）、家神（Lares）、花木五穀之神（Flora）等等。羅馬人的宗教活動只涉及這些祭典，沒有禮拜聽道、神學討論的內容，也不搞神秘複雜的儀式，尤其是家庭祭奠只為了孝敬祖先、祈神求福，形式非常簡單，意義卻相當隆重。如果說，公共的宗教活動因歸國家和各級地方當局主持，和公民個人關係不是太大的話，那麼家庭的宗教活動是由家長負責，所有家人（奴隸除外）參加，直接供奉著先祖和家宅諸神，和家長以及家裏每個人的關係都密切、重大得多了。因此家庭宗教使羅馬人給自己的家宅鄉土地緣族籍帶上宗教神聖之光，尤其是對祖先神靈的崇拜，使羅馬人把自己對家庭的責任提高到神聖委託的地步，宗教情感遂與公民的義務感互相融合。由於家庭宗教活動經常、直接而且責無旁貸，羅馬人習慣於以認真執著的態度對待自己的宗教信念，就像他們之遵紀守法、強調紀律性那樣。羅馬宗教的神學內容雖然異常簡單，它對羅馬社會產生的

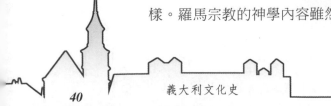

精神力量卻異常強烈，尤其對羅馬人執著堅定的民族精神薰陶有功，其奧妙就在於此。希臘著名的歷史學家波利比烏（Polybius, B.C.205-B.C.123）曾親眼目睹羅馬征服世界那種風捲殘雲的氣勢，並對這種歷史巨變驚詫不已，後來他到羅馬居留多年，和羅馬顯貴名流交往甚深。而他對羅馬軍威和國家凝聚力如此之盛所作考察獲得的答案，就是羅馬家庭宗教的作用。他把它們推崇到決定羅馬霸業成功的重要程度。

　　我認為，羅馬共和國最明顯與眾不同的特點是羅馬人對宗教的信仰。我相信，正是這種執著認真近於迷信的信仰──它在其他民族可能被譏為一種羞辱──保持了羅馬國家的凝聚力。這種信仰在羅馬人的公私生活中都採取極為隆重的形式，而且已達到沒有什麼東西能超過它們的程度。許多人對此疑惑不解，但至少我個人認為，羅馬人這樣作有其政治原因。如果一個國家都由智人組成，這種作法可能並不需要，但民眾往往是感情多變，充滿著放縱的慾望、無理智的衝動和暴烈的憤怒，他們就必須用敬畏神明這種精神力量加以箝制。由於這個原因，我認為古人在公眾中引進對神明的信仰和對陰間的恐懼是有所考慮的，而我們希臘人卻極為輕率愚蠢地拋棄了這種信仰，結果是世風日下，不可收拾。其他事情不說，僅就政府官員而言，只要小有才幹會耍手腕，那麼即使有十個官吏，同樣多的印章和雙倍的證人層層設防，也不能保證忠誠。可是羅馬管理大量金銀財物的官員卻能夠保持廉正之風，正是因為他們信守對神明的誓言，因而始終忠於職守。在其他國家，要找到不侵吞公共財物的人絕非易事，相比之下，

羅馬人的有關文獻記載卻清楚表明，在他們中要找一個犯這類錯誤的人相當困難。[2]

波利比烏所說廉正之風和忠於職守等等，總的說來都可以包括在我們指出的羅馬人富於紀律性和組織性的民族特點中，相比於世風日下，紀律鬆弛，腐化盛行的希臘化各國，忠誠勇敢而又質樸堅定的羅馬人確實有不小的優點，因而他們在打敗、征服希臘化各國時，能如摧枯拉朽般無往而不勝。善於觀察的波利比烏正是注意到這一點，一針見血地明了羅馬人的宗教信仰所起的政治作用，他在古代史家中可謂眼光銳敏了。

羅馬人的家庭宗教信仰還通過家庭教育而影響整個民族的精神性格，在這方面家庭教育作用之大，較宗教尤有過之。一般而言，羅馬宗教有公共和家庭兩個層次之分，而在共和國早期，羅馬尚無公共學校之設，所以可說家庭包攬了整個對青少年的教育任務。羅馬家庭教育的主要內容不在於文化學習而是強調品德培養。家長的訓誡、宗教的約束以及一些簡單的格言、典範的事例，再加上家長法權的威嚴和公民社會生活的實踐，便成爲引導羅馬青年發展爲國家有用之材的教育手段。按羅馬社會的需要，這些手段雖然簡單卻很有效，因爲羅馬共和國在它興起的這幾百年間最需要的公民，按一般標準而言，就是波利比烏上面所說的忠於職守；按更高標準而言，就是那些能在軍政方面有所建樹，如維吉爾詩中所讚譽的「以威力統轄天下萬民」的人。有意義的是，作爲質樸務實的羅馬人，他們對自己的要求無論一般還是更高，都委之於上述那種簡單的家庭教育。爲了達到這一目的，他們把家庭教育的任務集中於品德的培養。在羅馬人看來，「品德」（virtus）一詞的原意，就是

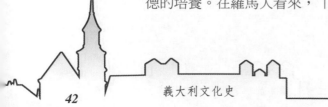

男子漢、大丈夫的氣質（它出自 vir 一詞，意即男子），因此羅馬人認爲英勇爲品德之首，勇赴沙場、視死如歸是對每一個公民最基本的要求，勇敢和尙武精神成爲羅馬民族最重要的氣質，神話中因此也把他們的開國始祖羅慕路斯形容爲戰神馬爾斯之親子。但是，如果只有英勇善戰一種本領，一個赳赳武夫是難以全面承擔齊家治國的重任的，何況武德作爲品德唯一的內蘊，也太過於簡單而不能適應文明社會的需要了。因此羅馬人在長期探索中，又總結出品德教育要培養的三大羅馬民族最爲欣賞的品格，即嚴肅（gravitas）、虔敬（pietas）、質樸（simplicitas），與英勇相配，就能造就羅馬統治階級理想的軍政兼通的全材。這三大品格很有羅馬特色，從文化史的角度看，可以說是羅馬人在精神文化和品德教育上的特殊貢獻。按羅馬人的理解，嚴肅既指端莊穩重，還要處事審愼，考慮周到，力戒浮誇虛榮，尤其反對玩世不恭；虔敬既意味著敬神守法，還特別強調尊重傳統，模範地執行紀律，勝不驕而敗不餒；質樸則在簡單樸素之餘還要清靜坦誠，表裏如一，講求實效，腳踏實地。當然，這些理想品德顯然是不可能完全實現的，人非聖賢，何況羅馬作爲奴隸社會，它要求的軍政全材實際上不過是奴隸主階級的頭領和代表人物而已，他們的事業功勳歸根結底無非是建立奴隸主階級的血腥統治，又有什麼美德可言。所以，在義大利文化史上，我們介紹羅馬人的這些理想目標，倒不在於表示羅馬人如何高尚，而在於揭示他們深義層次的文化精神的某些特質。它們不僅促成了羅馬民族在軍事政治方面的成功，也影響羅馬文明的發展方向和主要貢獻。

按齊家治國之理，我們可以想見，羅馬人在家庭教育上強調的品格也會使他們在國家體制的建樹方面體現同樣的精神。

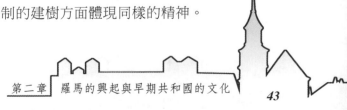

在共和國建立之初，只是設兩位一年一任的執政官以代替國王，其他體制依然照舊。可是，設兩位完全平起平坐、共同協議辦事的執政官（執政官的原文 consul 就含協商之意），而不按常規設一位國家元首，就顯示了羅馬人審時度勢、質樸務實的特點。按羅馬人的想法，兩位平權的執政官，也就是兩位國家元首，可以互相牽制從而避免一人獨裁，這種想法簡單得有點可笑，但羅馬人實行起來卻非常認真，而且從歷史上看也很有效，這就不能不說是羅馬人政治智慧的表現。後來執政官的選任完全被貴族壟斷，羅馬平民掀起了反對貴族的鬥爭，這既是其內部形勢使然，也有仿效希臘、走民主政治道路的意思。但羅馬人仍是從自己實際出發，按公民政治的模式探索自己的道路，隨著平民的勝利而建立新官制、新法令和新的公民會議，逐步限制、取消貴族的特權，卻不推翻貴族階級，而是使貴族與平民上層組成新的統治階級，所以平民與貴族鬥爭的實質是改革、改善國家體制，以適應軍事政治發展的需要，在這方面一再顯示羅馬民族適時應變的能力和政治措置的智慧。平民取得的第一次重大勝利是有權自選保民官[3]，這個保民官又是一大發明，他雖位於執政官之下，卻有否決權（這也是羅馬人首先想出來的一個政治概念），而且平民由於選舉保民官而有了自己的組織——平民會議，它按部落（特里布）分區選舉，又名為特里布會議。平民會議不僅選舉保民官，還可通過平民決議、保護平民利益。貴族縱然專橫，但為保持國內穩定，爭取平民支持以應付對外鬥爭，也不得不在平民頑強抗鬥面前作一些讓步。於是接著又有成文法典的制定（《十二銅表法》，B.C.451-B.C.450），允許平民與貴族通婚（B.C.445），以及經歷連續十年激烈鬥爭而取得的平民擔任執政官，即每年兩個執政

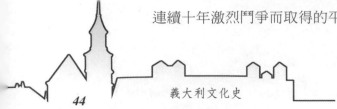

官必有一個由平民擔任的勝利，由於當過執政官以後就可進入元老院，也爲平民進入元老院開了綠燈（B.C.367），其後又明令禁止公民因欠債爲奴，使羅馬公民永遠擺脫債務奴隸的壓迫，被平民歡呼爲一次偉大的解放（B.C.326），最後，到公元前二八七年，當共和國建立已有兩百多年，而羅馬統一義大利的偉業也即將馬到功成之時，平民又取得了使平民大會成爲最高立法機構的勝利，其決議全體羅馬公民皆須遵守，元老院亦得服從，表明平民和貴族在政治上或理論上已完全平等，這一勝利便被當作平民與貴族鬥爭完滿結束的標誌。經過兩百多年的鬥爭，羅馬確實變成了一個近似希臘的比較民主的城邦，平民不再爲奴，也擁有與貴族同樣的政治權利，當然實際上能上升爲統治階級也就是大奴隸主階級的只是平民上層，他們作了執政官和進入元老院之後，身分地位就和以前的貴族差不多了，而貴族雖無特權，卻始終保留著元老院這個最重要的政治堡壘，而且他們按財產算始終是第一等級，在百人隊和百人隊會議中居多數，所以羅馬作爲民主城邦就遠不如希臘的雅典那樣徹底。共和國還有相當濃厚的貴族色彩，平民上層和原有的貴族組成了新的統治階級——元老階級，這才是羅馬國家權力的核心。這種平民貴族聯合執政的體制在保持政治穩定、軍事強大方面卻很有實效，從而顯示羅馬人在政治措置上變通務實的特色，前面提到的那位很有眼光的希臘史家波利比烏，對這一點也是讚不絕口的。他認爲羅馬體制比較符合希臘哲學家自亞理斯多德以來就推崇備至的民主、王權、貴族三者合一的混合政體的理想，三者互爲牽制又有所合作，而且皆能揚長避短，保持政局的穩定和國家的太平。波利比烏在其《歷史》一書中，就熱烈稱頌羅馬這種三合一政體的合理與完美說：

它在運用這三種成分制定憲法和隨後的行政管理等等方面如此恰當合拍，甚至連羅馬人自己也難以肯定這一套制度究竟是貴族政體、民主政體還是君主政體。這種說法確實有其充分理由，因為如果注意到執政官的權力，它似乎是君主或王權政體；如果注意到元老院的權力，它似乎又是貴族政體；若再注意到民眾的權力，它似乎又是很明顯的民主政體。[4]

　　波利比烏最佩服的是羅馬這種體制可使國家在驚濤駭浪中安全航行，足以應付一切緊急事變，因此對比於希臘化各國在羅馬征服面前分崩離析、不堪一擊之況，這位希臘史家甚至發出不可能找到比羅馬更好的政治制度的感嘆[5]。他這些話可能有點讚美過度，但從文化史研究的角度看，卻反映了羅馬文明的貢獻首先是在軍政建樹方面這個基本事實，如果我們把人類的文明創樹主要分爲制度文明、精神文明和物質文明三個方面，那麼羅馬在共和國早期的兩百多年間主要貢獻是在制度文明方面。

　　從政治及於軍事，我們同樣可以看到這種羅馬精神的發揚。羅馬人的軍事行動素以穩紮穩打、沉著應戰、處變不驚、頑強堅定著稱。早期的軍事單位百人隊後來發展爲數千人的軍團，重裝步兵的骨幹，以方陣密集隊形摧堅攻擊或憑險固守皆能奏效，同時也善用縱隊靈活陣形作突襲或猛攻，所有行軍活動都特別講究安營紮寨、布哨置崗，因而軍陣井然有序，軍紀亦甚嚴格。在軍事指揮方面，帶兵出征的執政官必兩人協議，若遇非常緊急情況則由兩執政官中選一人爲獨裁官，由他個人作主，但獨裁官任期最多不過半年。而在一般軍事將領之間，

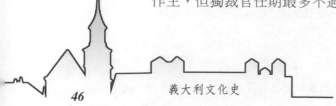

強調的也是協同配合，主要戰略決策往往經過元老院討論，著重軍事外交雙管齊下，體現了羅馬統治階級集體智囊的作用。因此，在羅馬軍事史上，我們可以看到一個其他民族很少見到的現象，在經歷數百年、大小千百次的戰鬥中，儘管不缺值得一提的將才，但真正叱吒風雲、雄絕當代的軍事天才或英明統帥卻很少見。可以說，憑靠基本的軍事素質和集體協作，而不是依賴個別將帥的軍事天才和卓絕指揮，是羅馬人常勝不敗的關鍵，甚至羅馬將領的主要優點也是沉著堅毅、善於審時度勢，謀略周詳縝密，以穩取勝。這些特點，與羅馬國力隨平民與貴族鬥爭之發展和內部之調整而逐漸加強相配合，逐使羅馬對外鬥爭取得一個又一個的勝利。在共和國建立之初，羅馬對外作戰還主要是出於自衛求存，因為共和國還處於四周強鄰包圍之中，尤其是北面的伊特拉斯坎諸邦，他們不僅以其強大的經濟政治實力控制著羅馬所在的整個中部義大利，還有原來在羅馬為王的塔克文家族這類已被逐出羅馬卻夢想復辟的勢力在興風作浪，因此與羅馬的關係一直形同水火，勢不兩立；羅馬除了要對付伊特拉斯坎人之外，它周圍的印歐語族的埃魁人、伏爾西人、翁布雷亞人等等也是虎視眈眈，時有侵擾；甚至與羅馬同族的拉丁人，也不免常起挑釁，時有征戰。由此可見羅馬初起之際鬥爭形勢不容樂觀，甚至可說對外抗敵保國的任務還相當艱巨，弄不好就有國亡家破，受人奴役的危險。因此羅馬人時刻不忘以征戰求生存的基本國策，後來情況較好，才繼之以武力求擴張，而立足於兵強馬壯、能征善戰的勇武之道就始終是其國家發展的基調。在這方面，羅馬的對外鬥爭始終與內部的平民反對貴族的鬥爭互為聯繫，甚至互為促進，使貴族迫於對外鬥爭的需要而作一些讓步和妥協，平民在鬥爭中取得

的進展又加強了國內團結和公民軍隊的實力。因此，在共和國建立後的兩百多年間，隨平民鬥爭的勝利而羅馬的對外擴張也逐漸發展，雖然其間也有一些挫折，但總的說來是能始終保持不敗，以致最後統一了義大利半島，使羅馬和義大利成為地中海最有威力的強國。大致而言，從建立共和國到公元前四世紀中葉，是羅馬逐漸擊敗近鄰各族而稱雄於中部義大利的階段，它以公元前三五一年羅馬攻克伊特拉斯坎最大之邦塔奎尼亞為標誌，從此羅馬得以統治伊特拉斯坎全境，埃魁人、伏爾西人、翁布雷亞人和拉丁人也次第降服；下一步，就是統一義大利的征戰，這時的頑敵是盤據義大利南部山區的薩木奈人，羅馬連續發動三次薩木奈戰爭（第一次，公元前三四三到前三四一年；第二次，公元前三二七到前三○四年；第三次，公元前二九八到前二九○年），才將薩木奈人徹底打敗。此敵既降，羅馬人對南義的統治便無多大障礙，散處南義的各個希臘城邦已處於「唇亡齒寒」的困境，紛紛為羅馬收降或承認羅馬的霸權，因此在平民鬥爭結束的公元前二八七年左右，可說義大利半島已全歸羅馬統治。從文化史上看，我們也可以說義大利這時才第一次統一在一個政權之下，一個以羅馬為中心的義大利本土的文化才告形成。

從公元前五○九年到前二八七年這兩百多年間，羅馬雖然已由一蕞爾小邦發展為統一義大利的大國，但具體的文化創樹仍比較有限。建築與藝術有少量作品流傳至今，文學、哲學之類作品則無一留存，實際上也可說這方面的活動尚未展開。相比之下，這時的雅典卻已處於古典文化的頂點，文學、藝術、哲學、史學的登峰造極之作繁花似錦，美不勝收，更反襯出羅馬文化起步之際與同時的希臘相比差距之大，所以羅馬人在文

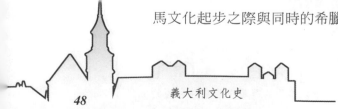

化上要經歷一個「征服者被征服」的以希臘為師，吸收希臘文化然後創建自己文化的過程。這個過程在這兩百多年間又可大致分為兩階段，頭一階段從共和建立後到完全征服伊特拉斯坎為止，羅馬之學希臘最初還主要通過伊特拉斯坎的中介，也可說是在伊特拉斯坎和希臘的共同影響下開始自己的文化史；後一階段從公元前四世紀初葉到前三世紀中葉的一百多年間，這是與希臘直接聯繫並開始大力吸收希臘文化的時期，同時羅馬文化自己的特點也逐漸形成。

頭一階段的文化建樹主要表現在城市建築、工藝和工程方面，文藝活動只能從一些自古相傳的宗教節慶活動中知其大略，例如「驅狼節」的賽跑、「七丘節」的集會、歌詠，「薩利節」的戰士舞，「土地節」的草人舞之類，文學創作則完全是一張白紙。這種簡樸的文化顯是和羅馬當時蕞爾小邦的地位相符合的。不過，在建國初年，也有跡象表明共和國的創建激發了羅馬人民空前高漲的建設熱情。現在我們已比較清楚地知道，在建立共和國的同一年（B.C.509），羅馬人便在城中最神聖的山丘——卡彼托林山上建造了規模空前的大廟；供奉朱彼特、朱諾和米涅瓦三神的卡彼托林大神廟，接著在公元前四九六年建農神薩多（Sarton）的神廟，次年在阿芬丁山建穀神塞勒斯（Ceres）的神廟，又建商業神麥丘利（Mercury）的神廟，公元前四八四年又建供奉拉丁農神之廟。這一系列突出的建廟活動，不能不說是日後作為羅馬文明特徵之一的宏偉建築設施的濫觴。尤其值得一提的是卡彼托林大神廟的修造。卡彼托林山位於帕拉丁山和奎里納爾山之間，地勢險峻，新石器時代此地就沒有祭壇，後來羅馬人在它山頭上挖出一個人頭骨，被認為是吉兆，預示這裏將是世界首領及最高權力的所在，遂稱之為

頭領山，拉丁文音譯便是卡彼托林（Capitolium）（源於 coput，意爲人之頭）。實際上，在羅馬最初建立村寨之時，拉丁人（羅馬人）據帕拉丁山，薩賓人據奎里納爾山，卡彼托林山恰好居兩者之間，當兩族形成聯盟之後，它便成爲兩族共用的祭祀最高天神朱彼特之處，被兩族共奉爲聖地，反而比他們自己居住的山頭更爲神聖了，加之又有挖出人頭的吉兆，卡彼托林作爲神聖之山就更爲意義隆重。此山上的朱彼特神廟在王政時代就已被看作全國神廟之首，既是舉行國家祭典之處，又因其形勢險峻、易守難攻而成爲國家金庫、軍火庫和羅馬全城的防衛中心，在一般人心目中還具有代表國家中央政權的意義，山下的羅馬廣場便是元老院和公民群眾集會之處（只有百人隊會議不在此舉行，因它是軍事性質，要在城外的馬爾斯廣場召開）。王政時代已按伊特拉斯坎形制建了奉祀朱彼特等三神的卡彼托林廟，雄據山頭，氣勢不凡，但規模仍較窄小。所以共和國建立後，羅馬人立即對之擴建增修，使它在規模宏大和雄偉壯觀方面足以當一國之首，讓驅逐了伊特拉斯坎王朝的羅馬人感到滿足和自豪（原廟據說是老塔克文所建，因此這次大修也有剔除塔克文家族影響的意義）。從後人記述看，羅馬人對這座神廟的輝煌壯麗可謂有口皆碑，但通過現代考古發掘獲得的有關資料卻很少，因爲此廟在日後仍不斷擴建增修，共和初年的原貌自必無所留存。從各種跡象看，它仍屬木石混合結構，尚無日後全用大理石的神廟那種古典的希臘式神廟的氣概，只以灰石建台基牆垣，柱梁瓦頂等則爲木構。不過，近年考古發掘在神廟原址獲得的一些陶瓦裝飾碎片，卻表明雕鏤花紋很精美而且有很純正的希臘圖案風格，可能建廟匠師中也有來自希臘的藝人（雖然大多數匠師仍是來自伊特拉斯坎或屬於伊特拉斯坎傳統

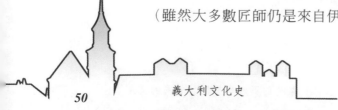

的）。總的說來，它的建造是盡可能吸取了當時技藝的精粹，因此足為一方表率。正因為這樣，這個卡彼托林大神廟的修造便在義大利文化史上留下很大的影響，以後義大利各城市在市中心建立的最大之廟都奉祀朱彼特，並都稱之為卡彼托林廟（但為區別起見，仍冠以該城之名，如龐貝的卡彼托林等等）。流風所及，卡彼托林或卡彼托（Capitol）又逐漸演變為國家和當地最高權力機關所在地的美名，例如美國首都華盛頓市中心的國會山莊和國會大廈即稱為卡彼托，後來美國各州議會或政府大廈所在亦冠以州卡彼托之名，它的影響就一直傳到今天了。

修建卡彼托林大廟之後，羅馬城市建設的重點便移於卡彼托林山下的羅馬廣場，公元前四九六年建的薩多神廟即位於此廣場的西南角。前已提到，羅馬廣場的形成，是羅馬由村落變為城市的重要標誌。它位於羅馬諸山之間，南傍帕拉丁山，西連卡彼托林山，由北及東則可通奎里納爾山、厄斯奎林山等等，是理想的集會聯絡地點，王政後期經排水鋪路建房之後，這個諸山之間的凹地已成為羅馬最早也最重要的廣場，以後羅馬城內外還續建許多廣場，它們都另有專名，唯獨這個諸廣場之母的最早的廣場始終保有「羅馬」之名，而稱為「羅馬廣場」，它擁有這一尊稱也就表明它那種鶴立雞群般的最高榮譽的地位。在義大利文化史上，這個羅馬廣場也一直保有它無與倫比的重要意義，不僅在古羅馬千餘年歷史中如此，以後在中世紀、文藝復興、巴洛克乃至近現代，它都是許多重大歷史事件演出的場所，歷代統治者也不斷在此大興土木，盛衰相繼，陵谷變遷，它卻能在數千年歷史起伏中始終成為義大利歷代文化聚焦之處，尤其在建築和美術方面，它更不愧是義大利文化的一個最大的櫥窗，我們在以後各章也要不斷提到它。在共和初

年，羅馬廣場由於薩冬神廟的興建而生色不少，表明當局已把這個廣場作為全城乃至全國政治、經濟活動的中心。薩冬是農業之神，在此神廟舉行的各種宗教祭祀都和農業生產有關，以後逐演變為羅馬國家管理農業的機構，國家金庫亦移置其中。隨著薩冬神廟的修建，羅馬廣場的經濟活動亦見加強，一般的集市買賣交換上升為貿易業務的洽談、簽約以及有關法律事務的仲裁、判決，廣場上遂有會場、法廳的建築。另一方面，廣場的政治作用也日漸加強，它南面的帕拉丁山成為貴族聚居之地，東北角與薩冬神廟遙遙相對的則是元老院開會之處，共和初年建造了一個堅固的會堂專供元老院之用，因其地最初是庫里亞會議集會之處，所以一般不稱之為元老院會堂，而沿舊制稱庫里亞堂，由於共和政權實歸元老院掌握，我們也不妨把這個堅固卻簡樸的長方形會堂稱之為羅馬的政府大廈。在廣場東面入口處，王政時代原有一排房屋，日後世代相傳都名之為「王宮」，可能是國王辦公和接見臣屬的地方（國王家族實際上住在帕拉丁山），共和國建立後，這兒成為執政官的辦公處，同時又是國家檔案館，凡執政官每年的大事記、成文法典、國際條約、政府公文、元老院決議和各項法案都庋藏於此，後來檔案日多，又在廣場對面建一更大的檔案館大廈，那已是共和國後期的事了。雖然所有這些國家檔案後來全部燬失，它的管理設施卻已表明日後成為羅馬特色的政法建設這時已見開端。在政治方面最重要的一個變化則是羅馬廣場逐漸成為公民集會的中心，尤其是平民與貴族鬥爭中平民大眾政治集會之地。最初，由於元老院在羅馬廣場之內，它是貴族的大本營，反對貴族的平民為劃清界限，遂另在阿芬丁山上的塞勒斯神廟集會，以阿芬丁山作自己的大本營。但阿芬丁山偏處西南，與市中心

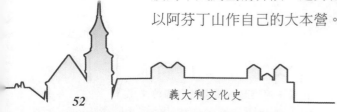

隔得較遠，最初平民大眾把它作爲避難和秘密集會處很有好處，可是後來鬥爭開展，正式的平民大會名正言順理應在羅馬廣場召開，於是他們不顧貴族阻撓，堅決把平民會議從阿芬丁山擺到羅馬廣場來，就在元老院會堂前一大片空地上堂而皇之地舉行平民的集會，這片空地遂有大會場（commitium）之名，在會場北面一帶還設演講台，讓公民自由發表演講，而且這個演講台發出的聲音對群眾也最具號召力，於是羅馬廣場又成爲政治討論、發言的代名詞，廣場（forum）一語在西方遂有「論壇」、「講壇」之義，成爲西方公民政治中延續至今的一個傳統。

除了這些建築工程而外，共和初年的文化紀念物中仍有蹤跡可尋的就相當少了。但有一件碩果僅存的文物卻可告訴我們當年羅馬文化發展的大致情況，那就是原在卡彼托林神廟中存放著的那尊母狼青銅雕像。母狼之像是爲紀念羅慕路斯，也是爲紀念這位以乳哺育他的羅馬人民的恩祖而作，據說隨卡彼托林大廟落成，它就被雕好供於其中，所以其創作年代當在公元前五百年左右。此像後來一直被羅馬人當作最重要的神祖之像，供奉於卡彼托林大廟，香火千年不衰。在羅馬帝國滅亡後，卡彼托林大廟及其各類神像都被摧毀而蕩然無存，唯獨這尊母狼像在中世紀仍被羅馬市民敬慕而倖存下來，所以我們今天還可以在卡彼托林博物館中看到它（原像肚腹下有兩個吮吸乳汁的嬰兒，是文藝復興時期藝術家的補作，因此也有人認爲共和初年的原作只是母狼形象本身）。按當時情況，製作這尊母狼像的可能仍是一位伊特拉斯坎的匠師，因此它的青銅冶鑄技術和形象的裝飾風格仍屬伊特拉斯坎傳統；但另一方面，這時的伊特拉斯坎藝術如前所述是受到希臘藝術很大影響的，母狼

形象的寫實傳神就得力於希臘雕刻的示範。更重要的是，若按這尊雕像與羅慕路斯傳說的直接聯繫以及它被供奉於羅馬最重要的神廟中的地位看，它的政治、文化含義完全是屬於羅馬的，所以我們認為它整個而言仍要看作是羅馬藝術最初的一大傑作。此像把母狼的軀幹和四肢表現得精瘦有力，僅母狼的兩串乳房略顯膨脹，暗示它與哺乳傳說的關係，前後肢的筋骨突露，且以腳爪緊扣地面，說明這隻母狼主要是在聚精會神應付某種眼前的危險。這種姿態很有生氣，並且把它的強力與緊張感傳給全像最重要的表現部位：狼的頭部及其眼神，我們但見母狼兩耳豎起，嘴唇微張半露牙尖，緊張之感躍然而出；不過狼的面目還多少令人感到它仍不脫獸類的本能。然而，在眼神的表達上，藝術界卻突破了這個界限而使它具有某種與人共通的情感。藝術家有意突出母狼圓睜的雙眼並把它們較寬地平擺於頭部兩邊，使它們彷彿具有人眼的模樣，並讓眼珠隨著頭部轉向左側而略向左上方移動，眼神不僅靈活且有深邃之感，從而使整個形象表現的精神帶有人的靈性，達到了我們常說的那種「畫龍點睛」的境界。因此，母狼的沉著、堅定、警惕、頑強實際上成了羅馬共和初年在危機四伏、強鄰壓境中奮力自強的民族精神的寫照。可能正因為它的表現如此符合羅馬人的心態，從兩千五百年前直到今天，羅馬人都把它的形象作為自己城市的象徵，選它作為羅馬的城徽。而作為義大利文化史上第一件偉大的古代藝術作品，它的重大意義甚至遠遠超過羅慕路斯傳說本身，它已預示著有自己民族特色的羅馬文化將隨著羅馬共和國的壯大而逐漸成長起來。

上文所說的第二階段，亦即從公元前四世紀初葉到前三世紀中葉的一百多年中，羅馬已從一個台伯河邊的小邦發展為統

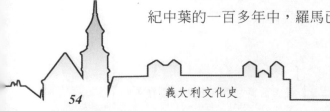

一義大利的大國，雖然這期間的文化活動我們仍然知之不多，卻可看到隨著羅馬走上強國大邦之路，它的文化建設也上升了一大台階，更有渾宏堅實之氣概了。羅馬在公元前四世紀初經歷了由大勝到大敗的劇烈起伏，大勝是它在公元前三九六年攻下了伊特拉斯坎的大城維愛，這個與它僅一水之隔並和它拚搏了百餘年之久的勁敵，終於完全被羅馬征服，是它走向強國的第一步。可是歡慶勝利不到七年，在公元前三九○年羅馬又幾乎遇到一次滅頂之災：北面的高盧人突然越過波河長驅直入，攻下羅馬，占領城市。高盧人勢如破竹的軍事威力在於其部落社會的蠻勇和強悍，但幸虧他們還處於部落社會，無意久占城池，在羅馬人及時組織反攻之後，他們索取黃金千磅就退回北義了。殘破不堪的羅馬城雖然光復，這段極為驚險的插曲卻使原來比較自滿的羅馬人開始猛醒，除了痛感自己軍事實力亟須加強，絕不能讓高盧入侵再度重演而外，他們尤其認識到必須加倍構築牢固堅實的城防工事，使羅馬城真的固若金湯，確保羅馬成為不會被敵人攻破的「永恆之城」。於是，在高盧人退兵以後不久，羅馬國力有所恢復之際，他們更大張旗鼓進行了加固和擴建羅馬城牆的工程。原來，王政時代以後羅馬城已包括帕拉丁、卡彼托林、奎里納爾諸山，但只圍以土牆，門樓碉堡等工事皆很不牢固，所以高盧人一來即可潮湧而入。現在則把原來的土牆完全換成磚石結構，同時擴大城區，按居民增多和防衛需要把城區增大數倍，將帕拉丁山、卡彼托林山、奎里納爾山、維米納爾山、厄斯奎林山、凱里安山和阿芬丁山全都包入城內。新城牆除磚石結構高大厚實而外，還在交通大道和形勢險要之處建造堅固的城門，沿城全線皆有塔樓、碉堡相望，整個工程到公元前三七八年完成。雖然古代城市無論中外都有

城牆城防之設，但羅馬城這道城牆城防工程卻有特殊的榮譽，因為經它加固之後，羅馬確實有近千年之久未被敵軍攻克，從而不愧「永恆之城」的美名。原來王政時代在台伯河上建造的橋都是木橋，甚至木橋與浮橋混合組成，現在也都改為石橋並加強加固有關防衛工程。從羅馬城通向四面八方的道路也開始統一用石料鋪路面，充實了配套的橋涵路溝等設施。這樣一來，城牆、橋梁和道路互相結合，組成了一套很有效果的全面防衛體系，羅馬人把他們這些經驗日後廣泛用於義大利各地乃至帝國各省區，遂使羅馬城防工程揚名於天下。

　　建造牢固的防衛體系之後，羅馬人又繼續改善城內的建築，把神廟、廣場、會堂、市集等等公共設施修建得規模漸備，街道網絡也漸趨完善。除了羅馬廣場而外，台伯河畔的牲口市場現在又新闢碼頭口岸，增建倉庫店鋪，成為僅次於羅馬廣場的第二大貿易中心。最有特色的羅馬市政設施──引水道工程，這時也隨城市用水的增加而大規模修建，公元前三一二年完成了第一條長達十六公里的地下引水道，從東郊把泉水引入羅馬城內。

　　所有這些建設工程都體現了羅馬人重實效講技術的特色，它們在藝術美觀方面可能還談不上什麼成就，在建築工程技術上卻積累了不少新經驗，並且取得了一些並不弱於希臘人的新進展，其中最重要的一項就是開始實現古代建築史上的一大突破──在石造建築中廣泛運用拱券結構。拱券或拱門原理在古代東方文明中很早就已知曉，例如埃及在古王國時期，兩河流域在蘇美時期便知用拱，但只偶爾用於地下結構，地面上的廟堂建築則絕少用之。到亞述帝國時期，王宮大門用拱和橋梁用拱之例漸多，但拱券在整個建築藝術中仍居很次要的地位。希

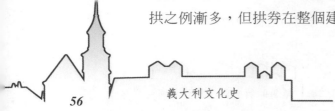

臘人雖也知拱券原理，他們在其精益求精的古典建築中卻完全排斥了拱券的應用，因此對拱券結構的瞭解程度反而不如東方。總觀羅馬以前的古代建築史，可說是雖知拱卻不知用拱，眞正廣泛運用拱券於建築技術，可說以羅馬爲開端。過去有人認爲羅馬人之用拱是從伊特拉斯坎學來，所以用拱的榮譽應首先歸之於伊人，但近年的考古發現卻表明，羅馬與伊特拉斯坎都幾乎是同時在公元前五、四世紀對用拱漸感興趣，但這時伊特拉斯坎已瀕滅亡，所以眞正把拱券廣泛用於地面建築是由羅馬開始。到公元前三至前一世紀，終於完全實現了這個古代建築史上的大突破。在前述羅馬各項建築工程中，拱券已大量用於城門、橋梁、水道、碉堡等處，羅馬人顯然已認識到，以切割成一定形狀的石料進行建築時，拱券是最經濟又最堅固的方法，他們還從長期實踐中體會到，即使是毫無修飾的半圓形拱門，當石質的渾厚、切割的規整與砌築的嚴實皆達成熟境地時，拱券形式自有一種粗壯堅強之美，如果再在建築立面上對拱券的半圓形曲線巧加處理，或大小參差，或多拱並列，都能產生豐富多彩的變化和優美靈活的氣韻。從這些情況看，他們對拱券結構所具有的無限廣闊的發展潛能的瞭解隨應用拱券的實踐而日增，下一步就要接觸到深入應用拱券的兩個關鍵問題：一是把拱券和按橫梁立柱原理組成的希臘古典柱式結合起來，使它帶上古典色彩，由於希臘絕少用拱，以拱券爲立面的建築看起來會有很特殊的非希臘風味，這和羅馬文化之極力仿效希臘就不甚合拍，但羅馬人很快找到了解決辦法，即在立面上把拱券和柱式結合起來，以古典柱子、檐部作爲框邊置於每一拱門或拱券的上下左右，拱券起承重作用，柱式則起裝飾作用，相得而益彰；另一個關鍵問題就是把拱券結構更多地用於

建築內部，由於拱的跨度從理論上說幾乎可以不受限制，即使是在古代技術條件下，它也很容易超過石質梁柱可能達到的最大跨度數倍甚至數十倍，用拱不僅可使壁面的窗開得更多更大，更重要的是，用拱建造的磚石屋頂——夯頂、交叉拱頂和穹窿圓頂可以為建築內部提供前所未有的寬闊高敞的空間，一個沒有任何支柱夾雜其中的人造大空間，從而可能把建築營造空間的重要性提到首位，這也是古代東方和希臘建築都未能達到的新境界。尤其在日後羅馬人把混凝土（天然水泥）和磚石並用之後，拱夯與圓頂的建造技術發展到古代最高的水平，建築空間的追求益臻完美，他們在建築上的貢獻便更有空前絕後之譽了。

從公元前四世紀末到三世紀中葉，羅馬對外擴張的矛頭伸向北義和南義，終於把整個義大利半島統一在羅馬旗幟之下。羅馬採取「分而治之」的政策控制義大利各地，親疏有別，寬嚴相濟，對與羅馬同族的拉丁人最為優待，給予自治權和羅馬公民權，歸順的各個希臘移民城邦則以同盟者待之，對伊特拉斯坎、薩木奈等頑敵則直接統治，但總的說來，義大利由於得到統一，各地聯繫大為加強，文化上也開始以羅馬為中心形成了漸趨一致的文化。在這方面起了積極作用的一項極具羅馬特色的工程技術，便是道路的修築。有句流傳很廣的諺語說：「條條道路通羅馬」，可見羅馬道路深入人心。這些道路首先是為軍政服務，自不待言，但從文化史的角度看，完善的道路網是促進文化交流、信息聯絡的有力工具，對義大利文化統一發展貢獻殊大。最早的一條高標準對外聯絡道路是在公元前三一二年修建的，當時羅馬正和南義的薩木奈人進行第二次薩木奈戰爭，羅馬極欲加強它與新近獲得的南義富庶之區坎佩尼亞的

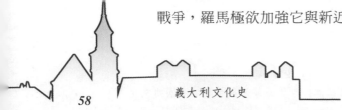

聯繫，遂修築了這條從羅馬直達坎佩尼亞首府卡普亞（Capua）的大道，以負責主持工程的羅馬監察官之名而稱之為阿庇烏斯（Appius）路。此路全長二百一十二公里，以長度而言並不足道，但它聯繫的卡普亞和坎佩尼亞對羅馬非常重要，卡普亞是當時義大利最大的工業中心，尤以青銅和鐵器生產著稱，它的陶器與工藝品也負盛名。更重要的是，以卡普亞為首邑的坎佩尼亞地區土質肥沃〔著名的維蘇威（Vesuvius）火山在其境內，火山灰是很好的天然肥料〕，農業繁榮，還有那不勒斯等海港城市與南義、西西里和希臘各地通航，貿易興盛。從文化上看，卡普亞和那不勒斯原來都是希臘移民城邦，它們自身的文化以及它們和希臘本土的文化聯繫都是羅馬迫切需要之物，所以這條阿庇烏斯路不僅對羅馬有極大戰略意義，經濟、文化上的效益更是顯著。另一方面，通過這條國家級大道的修建，羅馬人積累了豐富的經驗，並為以後的道路工程總結出一套規章制度，它的特點是非常重視工程品質，要求道路全線都達到堅固牢實，可「全天候」保證使用，無論雨雪風暴，翻山過橋都能隨時暢通。這種道路必須寬度劃一，足容數隊車騎來往通行，還要保持路線基本平直，上下坡度力求低緩，橋涵設施配套齊全。路面本身要以沙石鋪築上下四層：最下一層是墊基石，平鋪於夯牢的路基上：第二層是石塊與灰土混合鋪築，用以充實路面，保證一定高度；第三層是混凝土（或石灰），為路面提供牢實的基底；最上一層，也就是車騎踩踏其上的路面，全以鑿刻平整，接縫嚴密的石塊鋪成，而且中間略為凸起，以便雨水流向兩旁。路邊皆以石塴保護，大道兩旁還設水溝，疏排積水。這套工程技術標準以阿庇烏斯路首開其例，以後羅馬修的各條道路都嚴格貫徹，遂使羅馬道路以優質高效名揚天下。當

時阿庇烏斯路是南下的大道，在它之後，立即就修築一條北上的弗拉米尼烏斯（Flaminius）路，亦以主持官員命名，此路從羅馬直達北義亞得里亞海濱重鎮阿里米昂（Arimium），即今之雷米尼（Rimini），全長三百六十八公里。有了這兩條南下北上的主道，日後又配以許多平行的支線，並從南而達布林底西（Brindici）港，渡海可通希臘；北過波河，翻過阿爾卑斯各山口，就可和法、德、瑞士、奧地利等地相連，羅馬就不僅是義大利的文化中心，也是當時歐洲進入文明各地的文化中心了。從某種意義上說，這些道路工程正是羅馬和義大利最有特色的文化紀念物。在古代歷史上，東方帝國不乏修築驛道的事例，長度且大大超過羅馬（例如波斯帝國的「御道」由小亞的以弗所直達伊朗都城蘇撒，全程二千四百公里；著名的絲綢之路更長達數萬里，羅馬道路和它相比就太藐小了），但論工程牢實、規格劃一和使用長久論，則皆不及羅馬。若就西方而言，那麼羅馬道路之後整個歐洲的中世紀乃至近代的道路都難和它相比，所以不少西方學者認為，直至鐵路時代到來以前，羅馬道路在陸路旅行方面一直保持著快捷方便堅牢的最高紀錄。

羅馬這時的建築和工程技術既有如此進展，其他文化領域亦不會太落後。可是，相當稀少的遺物卻告訴我們，這時的羅馬整體而言仍屬於那種「質勝於文」的早期文明或實用型文明。它仍然沒有自己的文學——至少是寫下來的文學作品。當然，它運用拉丁字母而寫的政治文件、外交條約、法律法案和各類經濟文書、帳冊檔案等必然相當豐富，可是它們竟無一留存，而實用文獻之外卻無文學創作，也突出反映了這時羅馬文明質樸務實的特色。但是，從現存的某些藝術文物和有關記述看來，羅馬人在藝術上也在逐漸形成自己認真務實的特色。例

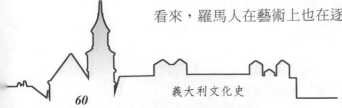

如羅馬這時流行一種凱旋式圖畫，是得勝將軍回國舉行凱旋式時展示的一些描繪戰鬥經過和立功將領的圖畫，它對狀物繪事就有較高的要求。舉行凱旋式是羅馬人從王政時代繼承下來的風俗（最初可能由伊特拉斯坎人傳入），到共和時期變得極為隆重，成為授予得勝而歸的將軍及其部屬的最高榮譽。行禮當日，將軍率隊入城，元老為其前導，群眾夾道歡迎，尾隨凱旋將軍之後的士兵隊伍則高舉戰利品和上述那些「凱旋畫」。凱旋隊伍從「聖道」穿過羅馬廣場，最後進入卡彼托林山上的朱彼特大神廟，行敬神謝恩之禮，大典才告完成，而那些「凱旋畫」還要放在卡彼托林大廟四周，讓公民群眾觀賞數天。從古史記述上看，這些圖畫都要把具體的戰鬥經過交代清楚，敵我雙方軍陣、武器，尤其是我方將領、士兵更要描繪得真實生動；按羅馬藝術當時的水平看，要完全作到這些恐怕很難，而所有這類凱旋畫都是作於木板布面，極易損壞，現今已無一留存，所以研究者很難說出個究竟。但近年考古學家在厄斯奎林山的一座公元前四世紀後期的墓葬中發現的壁畫殘片，卻為我們提供了一些寶貴信息。此墓埋葬的是一位羅馬中級指揮官，墓中壁畫有表現薩木奈戰爭的情景，按其規格形式可認為是仿效凱旋畫之作，很可能這位軍官作為某次戰役的有功人員參加了捷後舉行的凱旋式，他（也可能是他的家人）便請人把凱旋式中展示的圖畫複製於墓室之中，而且畫師可能就是製作那些凱旋畫的同一批匠師。儘管壁畫殘片已很模糊，仍可看到其中羅馬與薩木奈士兵畫得很真實，雙方裝束、武器、隊列皆有各自的特徵，動作、姿態的敘事意向也很明顯，從而反映了這時羅馬藝術在接受希臘影響之下，也形成了自己的敘事寫實的傳統。另一個例子則和羅馬人崇拜祖先的風俗有關，此時羅馬人崇拜祖

先已形成了必須保留先人容貌的習慣，但這容貌不是一般地畫個人形、寫上姓名，而是要儘可能留下死去的先人遺容，儘可能達到肖像般的真實。為此羅馬人想出用蠟拓製臉型的辦法，即在死者臉上直接拓出一個蠟模，再把它翻塑出蠟像。但蠟模雖有酷肖模樣，卻說不上生動美觀，於是他們又想出按蠟模雕刻祖先肖像的辦法，把大理石雕成的肖像供奉在廳堂最顯眼的位置。這種肖像雕刻從此成為羅馬藝術的一個重要體裁，它要求既逼真酷肖又能生意盎然，體現出羅馬藝術的特色。在公元前三世紀時，肖像雕刻還屬初創階段，不過有希臘雕刻作老師，羅馬人的進步還是比較快的，而且在進步中不忘突出自己的特點。例如，現藏於義大利佛羅倫斯考古博物館中的一尊羅馬少年肖像，是公元前三世紀初的作品，它的寫實風格便已有較明顯的進展，少年的個性或肖像特徵一看即知，但其神情姿態又有一定的自由靈動之氣，不失為一件既寫真求實又生動傳神的佳作。

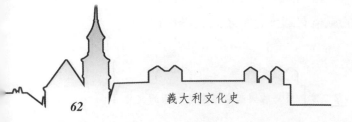

註釋

1 《伊尼阿特》，第 6 卷，847-851 行。中譯文據朱龍華，《羅馬文化與古典傳統》，浙江人民出版社，1993 年版，第 4 頁。

2 波利比烏，《歷史》，第 6 卷，第 56 章，中譯文據《羅馬文化與古典傳統》，第 27-28 頁。

3 一般認為這次鬥爭發生於公元前四九四年，距共和國建立僅十五年之久。

4 波利比烏，《歷史》，第 6 卷，第 11 章。中譯文據《羅馬文化與古典傳統》，第 31 頁。

5 同前，第 6 卷，第 18 章。

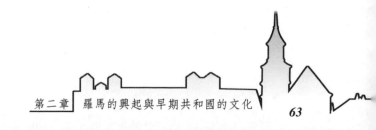

第三章

羅馬稱霸地中海與義大利文化的發展

從公元前三世紀中葉到公元前一世紀初葉的一百八十多年，是羅馬歷史上的一個重要時期，也是義大利文化史上的一個關鍵時期，因為這時羅馬以統一義大利的強國雄姿出現於地中海的歷史舞台，首先致力於打垮西部地中海的勁敵，連續發起三次布匿戰爭〔「布匿」（Punic）是羅馬人對迦太基人的稱呼，第一次布匿戰爭從公元前二六四到前二四一年；第二次，公元前二一八到前二○一年；第三次，公元前一四九到前一四六年〕，終於徹底毀滅迦太基。當第二次布匿戰爭進入尾聲，迦太基已不再是主要對手時，羅馬征服的矛頭就指向東部地中海，第一個要征服的地區自然是希臘和馬其頓，它便連續發動三次馬其頓戰爭，到公元前一六八年完全將馬其頓和希臘置於自己統治之下。希臘既得，在小亞、敘利亞和埃及的那些希臘化王朝就不是羅馬的對手了，羅馬雖也發動數次敘利亞戰爭，卻總能穩操勝券；埃及的托勒密王朝在敘利亞降服羅馬後，便不得不向羅馬稱臣納貢，實際上已受羅馬箝制，王朝的最後滅亡只是時間問題而已（埃及最後是在公元前三○年隨其著名女王克萊奧帕特拉之死而被併入羅馬）。因此，到公元前二世紀中葉，羅馬實際上已是整個地中海的主人，東、西部地中海都在其統治之下，史家喜歡把公元前一四六年的事件作為羅馬稱霸地中海的典型表現，此年在東邊有希臘諸城的叛亂，科林斯為其首；在西邊有迦太基的最後掙扎，當時羅馬必欲滅絕迦太基，迦太基全城民眾憤而自衛，浴血苦戰。但在羅馬優勢兵力鎮壓之下，科林斯和迦太基都慘遭摧毀，本來是希臘最大的工商業城市的科林斯廬舍盡墟，全城焦土，迦太基更遭到徹底毀滅，原有六十萬人口的大城經三年苦戰，城破之時只餘五萬婦孺，

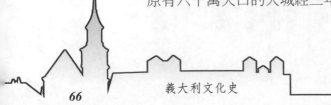

便全部賣爲奴隸，城區焚燬之餘又被犁爲耕地，永遠不准再蓋房舍，實際上是要在地球上抹掉迦太基的存在。羅馬在同年表演的兩次暴行都充分顯示了這個奴隸制大帝國的凶狠和殘酷；但在古代奴隸社會中，羅馬也是最後一個奴隸制大帝國。從年代上看，羅馬統治整個地中海之時已是我國的西漢時代（公元前一四六年爲漢景帝中元四年乙未），我國早已進入封建社會，因此羅馬作爲最後一個奴隸制大帝國，其興也極盛，其衰也極敗，它不僅版圖最大，並且在生產力和經濟發展水平上達到了古代奴隸社會的最高峰。但另一方面，這個最高峰也有最後階段的意義，高水平的生產力已和落後野蠻的奴隸制度產生不可調和的矛盾，結果羅馬帝國在它生存的最後兩三百年，就陷入極爲深重的社會危機之中，結果是農業蕭條、商業衰退、城市破敗、財源枯竭、政治混亂、內戰不斷，帝國統治陷入全面崩潰，使歐洲在黑暗時代的大動亂中進入中世紀。由此可見，羅馬以義大利爲中心建立世界上最後一個奴隸制大帝國這個基本形勢，對義大利文化史有著最大的影響，日後幾乎有八百年之久，義大利文化是隨羅馬之盛而盛、而繁榮，也隨羅馬之衰而頹敗衰退。當然，它的興盛繁榮階段是我們研究文化史的主要內容，我們將連續以三章篇幅評述之。

從文化史的角度看，羅馬成爲整個地中海的主人，在文化上的最重要結果就是羅馬完全接受了希臘文化，即羅馬人自己所說的「征服者被征服」。原來，希臘古典文化在公元前五到三世紀已經是地中海區域無可爭議的主宰，以雅典爲首的古典文化先是在公元前五、四世紀達到高峰，文學藝術、哲學科學無不有令人欣佩的成就，後來在公元前三三〇年前後，亞歷山大率領馬其頓—希臘聯軍消滅了東方的波斯帝國，希臘人占領了

小亞、敘利亞、埃及、巴比倫、波斯直到印度西北角的廣大地區，希臘文化在歐、亞、非三大洲傳播，史稱希臘化時代，這時地中海地區可說是希臘文化的中心地帶，傳播自然更爲深入，不僅東部地中海的小亞、敘利亞、埃及都成爲希臘化最爲徹底的地區，西部地中海的伊特拉斯坎、羅馬等等對希臘文化也都是全盤吸收，甚至連迦太基這個東方傳統根深柢固的大國，也受到希臘文化很大的影響。實際上，羅馬征服整個地中海地區的過程，也就是征服這些已經在文化上希臘化了的地區的過程，羅馬在文化上無須改弦更張，正好處處一仍其舊，繼續其希臘化的道路，也是順理成章的事。但比較起希臘化各國來，羅馬自身，也就是義大利的吸收希臘文化，又有很大的特點，一方面是我們在前面多次提到的，羅馬由於城邦體制與社會結構與希臘的近似，而在文化上有異乎尋常的認同感與親切感，它對希臘文化的吸收不僅順利、徹底而且形神兼備，尤能得其精髓；另一方面則是羅馬在軍政上獲得重大進展，取得征服的勝利之後，並不忘記自己能取勝是得力於固有的質樸務實民族精神的發揚，對當時的希臘化文明的某些消極方面便能採取一定的批判態度，使羅馬文明在更高水平上發展。這兩方面在一定程度上也變成了義大利文化在公元前三到一世紀的發展特點。

就前一方面，即吸收希臘文化的情況說，那麼隨著希臘本土的併入羅馬，義大利各地對希臘文化的吸收自然更爲全面和直接，希臘典籍、各類文學、哲學、史學和科技著作大量傳入，許多希臘藝術珍品源源送到羅馬，還有不少受過良好教育的希臘人被當作奴隸和人質帶到羅馬和義大利各地，爲羅馬奴隸主充任保母、教師、醫生、演員、建築師等等，還有些希臘

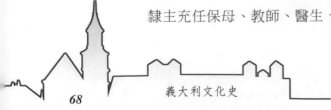

統治階級中的決策人士、智囊、精英也來到羅馬和義大利各地，他們後來甚至成為羅馬社會的知名文化人士，例如前面多次提到的著名希臘史家波利比烏便是其中之一。與此同時，羅馬人士來希臘各地參觀學習的也絡繹不絕，與日俱增，就像十八世紀的英國人、十九世紀的美國人，不到歐洲大陸上轉一圈就算不上有文化修養那樣，當時的羅馬人和義大利人若未到過希臘，未在雅典、奧林匹亞和德爾菲等地觀摩朝聖，便算不上有文化有見識的人。這樣一來，希臘文化作為羅馬文化的良師益友的重大意義，自是不言而喻了。試以宗教方面的影響為例，前已提到，羅馬人的家庭宗教是很有自己特色的，但這不妨礙羅馬人在公共宗教方面與希臘完全合流，其突出的表現便是使希臘所有重要神祇都配上拉丁名字，成為羅馬的神或與原有的羅馬神合二為一。試看下表：

神職	希臘名	羅馬名
天帝	宙斯（Zeus）	朱彼特（Jupiter）
天后	赫拉（Hera）	朱諾（Juno）
智慧之神	雅典娜（Athena）	米涅瓦（Minerva）
農業神	迪米特（Demeter）	塞勒斯（Ceres）
戰神	阿瑞斯（Ares）	馬爾斯（Mars）
美神與愛神	阿芙洛底特（Aphrodite）	維納斯（Venus）
商業之神	赫爾姆斯（Hermes）	麥丘利（Mercury）
工業神	赫伏斯托斯（Hephaestus）	伏爾甘（Vulcan）
月神與狩獵神	阿爾提彌斯（Artemis）	戴安娜（Diana）
海神	波塞東（Poseidon）	涅普東（Neptun）
酒神	迪奧尼蘇斯（Dionysus）	巴庫斯（Bacchus）

從上表可以看出，除了太陽神和文藝之神阿波羅（Appolo）希臘羅馬同用一名而外，所有諸天主神都是一神二名，實際上亦即合二爲一。在合一過程中，希臘諸神的稟性、身分與職守以及有關他們的神話故事、崇拜儀式等等，也都移植於羅馬宗教中，終於使羅馬宗教成爲希臘類型的宗教。但這「類型」的含義，主要還不是指這些外表形式的名稱、禮儀而言，最重要的是羅馬人心領神會地接受了希臘宗教的核心思想，我們稱之爲「神人同形同性論」的希臘宗教思想[1]，它是在希臘城邦公民社會的基礎上形成的，跟一般的古代宗教思想很不同。它認爲神即人之最完美體現，神與人同一形象同一性格，表面上看起來這種觀念並不很出奇，但按希臘人的邏輯推論下去，就可得出與東方宗教大相逕庭的結論。例如東方宗教強調神、人之間有天淵之隔，神性高逾九天，人性賤同草芥，只有帝王可以庶幾接近於神，凡人與神則無任何認同可言。但希臘宗教則可說是把神拉到凡人、亦即公民群衆之中，神只不過是最有智慧、最爲健美、最有力量並永保青春的人，也可說是人的理想的極致，因此神性與人性不僅沒有不可逾越的界限，並且是互爲輝映的。對人來說，完全可以用神的形象體現人的智慧和美質可能達到的最高境界，對神來說，他們的性格和作爲有時也會和凡人一樣，犯各種錯誤，留下許多笑談。這種宗教思想和公民政治顯然有魚水相得的聯繫，經它潛移默化，遂使整個希臘文化都帶有人本主義的色彩，而羅馬文化對希臘文化的充分吸收，也以接受這些精神爲前提。

　　可是，希臘古典文化發展到公元前三世紀，成爲希臘化文化之時，本身已有一些不同於古典的特色，而羅馬接觸最多、最直接的，正是這種希臘化文化。可貴的是，羅馬能根據自己

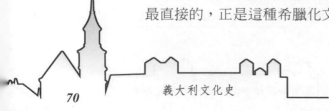

的需要作出正確的選擇。顧名思義，「希臘化」是指希臘文化傳播、「化及」東方廣大地區而言。隨亞歷山大兵鋒所至，從埃及、波斯直到印度的廣大地區都歸於馬其頓和希臘人的統治，雖然亞歷山大死後帝國即分裂，歐、亞、非廣大地區存在眾多的希臘化國家，它們卻和希臘城邦不同，都是大大小小的國王統治的君主國，原來的希臘城邦如雅典等已名存實亡，依附於馬其頓王國，公民政治和民主體制瀕臨衰敗。就這一點說，希臘化文化的社會環境與希臘古典時代又有較大區別，希臘化王國宮廷所欣賞、支持的文化，當然也有別於民主城邦的古典文化，所以希臘化文化有繼承、發展古典文化的積極一面，也有在君主統治下畸形發展的消極一面。羅馬在接觸希臘化文化時尤為可貴的便是發揚其積極面，遏制其消極面。

羅馬文化充分吸收與發揚了希臘化文化的積極方面，主要是指它繼續古典文化固有的優秀傳統而取得的新成就，如文藝中的現實主義的深入，哲學中的多種流派的哲理探討和科學技術的增進等等，也有一些是希臘化時代出現的新思潮，如對個性的強調和倫理觀念的重視，世界主義的眼光和四海為家的心態，綜合通達的學術研究和古典遺產的整理考訂等等，由於羅馬這時已走上了成為世界霸主、建立強大帝國的道路，這些新成果新思潮對它無疑也是很有用的，無論是嫻熟精巧的文藝創作，發達先進的科技成果，以及那些追求幸福的哲理，東西方文化交流的新眼光和世界公民的鼓吹與提倡等等，都能為羅馬的帝國統治服務，它只需一一拿來即可奏顯效。所以，在文化史研究中，也有把希臘化文化和羅馬帝國建立後的地中海地區的文化視為同一類型、同一階段的西方文化的，也有人把它當作希臘化文化最後的一個階段，而稱之為「希臘‧羅馬階段」。

這些提法表明羅馬文化與希臘化文化之親近。

　　但是，羅馬文化與希臘化文化關係的另一更爲重要的方面，則是它不僅吸收其積極成果，對其消極面亦有所迴避揚棄，顯示出羅馬有它自己的優勢。羅馬是新興的共和國，如日初升，生氣勃勃，我們從前引希臘史家波利比烏對羅馬讚賞的那些話語中，便可看出這位對希臘文明極有見地的希臘人對他當時的希臘化世界的腐化墮落多麼憤懣。他看到的現實是羅馬人信仰堅定、正氣昂揚，希臘人卻頹廢消極、世風日下，所以他承認當時的羅馬雖在文化的成熟方面低於希臘，卻在文化的氣質方面優於希臘。希臘化文化的這些消極面，既與當時各王國混戰不休，古典城邦處於衰敗殘破局面的惡性循環有關，也和當時奴隸制經濟的畸形發展，宮廷顯貴的豪華奢侈有關。大奴隸主階級的揮霍浪費、醉生夢死；王侯貴族的驕奢淫佚，爲所欲爲，都是以前的希臘城邦中絕難見到的，而幾個最大的希臘化王朝，如埃及的托勒密，敍利亞的塞琉古，其豪華甚至比東方帝王尤甚，一般希臘化大城市和通商口岸也都呈現出一種紙醉金迷的畸形繁榮局面，與希臘古典城邦的和諧淳厚不能相比。這些情況自然使希臘古典時代確立的對城邦政治的信心、樂觀開朗的風度一掃而光，代之而起的是對命運反覆無常的迷惘與驚嘆，逢場作戲、隨波逐流、民心渙散；那些文化後期發展階段常見的形勝於質的現象，這時更是甚囂塵上，講究技巧、追求形式、風格艷麗浮華、矯揉造作等等，在希臘化時期都有其突出的表現。但是，在把嚴肅、虔敬、質樸、忠勇當作最高品德的羅馬人面前，這些消極東西就會受到批判和排斥，例如我們下面將要談到的當時羅馬文化的一個著名代表人物加圖（Cato, 約 B.C.233-B.C.149），便以堅決抨擊這些奢侈浮華的

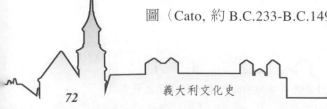

希臘風氣，要在羅馬大搞「澄清風俗」運動而蜚聲史冊。正因為這樣，所以像波利比烏等明智之士對羅馬不得不表示折服。他既然認為羅馬在政治體制上已找到符合希臘理想的「不可能更好」的形式，那麼，羅馬和義大利也就理所當然地能建設一種符合希臘古典標準的、較之當時的希臘化文化更為優越的文化。以後的羅馬和義大利文化的總體發展，可以說是符合這種合理推想的。

公元前三世紀到二世紀的這段時間，羅馬文化的一個突出發展就是有了自己的文學——羅馬文學。歷史上通常把羅馬人的語言屬於拉丁語而稱羅馬文學為拉丁文學，並把它和以後中世紀以及近現代的義大利語的義大利文學區別開。但在義大利文化史的研究中，羅馬文學和拉丁文學正是古代義大利文化的一個非常重要的組成部分，因此我們可以說它就是古代的義大利文學，不必因語言不同而有涇渭之分。前已提到，羅馬文化的起步與發展都得力於對希臘文化的學習與吸收，在文學上尤為明顯，所以第一批羅馬文學作品和羅馬作家，實際上就是用拉丁文翻譯希臘文學的作品和翻譯家。他們是第一批把「文學」用拉丁語言介紹給羅馬公眾的人，他們按出身說還都是希臘人，而且往往是被俘為奴後當羅馬人的保母、教師的人。其中知名的一位叫李維・安德羅尼庫斯（Livius Andronicus, 約B.C.284-B.C.204），他是南義希臘移民城邦塔林敦人，在戰爭中被俘為奴，後被釋放，為羅馬人當家庭教師。大概他的希臘文和拉丁文在當時都稱精通，便首次把希臘荷馬史詩《奧德賽》譯成拉丁文，在羅馬大為流行，被讚譽為羅馬第一部文學教材。因此，當公元前二四〇年羅馬政府為慶祝第一次布匿戰爭的勝利而組織慶功大賽會之時，便請他把一些希臘悲劇譯成拉

丁文在會上演出。原來，羅馬的這類慶功大賽會只搞一些角鬥、賽馬（以馬拉車之賽，與今之賽馬不同）的競技比賽，沒有文藝演出，可能是羅馬政府覺得這次慶祝要搞得更體面、更隆重一些，便仿效希臘賽會有悲劇演出之例，讓安德羅尼庫斯用拉丁文演出希臘悲劇。安德羅尼庫斯的拉丁文劇本現已全部失傳，不過，從應羅馬政府之命祝捷慶功的情況看，他可能也添加了自己創作的一些段落以適應羅馬人的需要。從此以後，羅馬和義大利各地便形成一種主要從希臘原著翻譯過來但有所修改補充的戲劇，俗稱「希臘裝戲」（Palliatae，源出 Pallium，指希臘戲裝或希臘袍）。這種「希臘裝戲」很受群眾歡迎，後來就進一步演進為雖穿希臘袍，戲名也可能取自希臘，卻具有越來越多的羅馬內容，不僅語言是拉丁語，連劇情、角色都帶羅馬特色了。而且它們主要不是悲劇而是喜劇，這種羅馬喜劇就可看作完全是羅馬人自編自演的羅馬戲劇文學作品。其中最著名的兩位羅馬喜劇作家便是普羅塔斯（Plautus, 約 B.C.254-B.C.184）和特倫斯（Terence, 約 B.C.195-B.C.159）。

　　普羅塔斯與安德羅尼庫斯不過一代之隔，但他寫的喜劇卻是相當成熟的作品，表明羅馬文學從起步的翻譯希臘到自立門戶，形成自己的風格，進步是比較快的。除了羅馬社會在這期間也變化很快，轉眼之間即成泱泱大國這個時代背景而外，羅馬人對希臘文學的吸收與學習很能得其精髓，掌握了它的現實主義與人本主義精神也是一個重要原因。普羅塔斯出生於羅馬北面的翁布雷亞山區，曾在劇場幹雜活，後經商失敗又去當建築工人，專管為工地起吊重物的踏車，這種機械以人在巨型轉輪中踏動輪軸起吊建築構件和水泥磚塊等等，在車內幹活的苦力多為奴隸和被罰作苦工的囚犯，開車的人也屬賤業，但這種

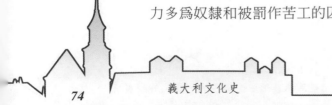

生活卻使普羅塔斯有機會接觸各色各樣的基層群眾。他雖然只在業餘時間寫劇本，卻因生活氣息濃厚、語言生動，大受群眾歡迎，生平創作竟達一百三十部之多，成為羅馬第一位喜劇大師。普羅塔斯的這些經歷告訴我們，他的喜劇成功的基礎在於他有較豐富的生活經驗，尤其是在社會下層的生活體驗，因此他筆下的普通人、勞苦大眾（其中包括奴隸）的形象都有勃勃生氣，而且聰明伶俐，令人喜愛。從文學源流看，普羅塔斯的喜劇主要學習了希臘化時代的「新喜劇」，它的代表作家是公元前四世紀末三世紀初的雅典喜劇家米南德（Menandar），它所以稱為「新」，是相對於雅典喜劇大師阿里斯多芬（Aristophanes）的「舊」喜劇而言。阿里斯多芬的古典喜劇立足於雅典城邦鼎盛期的社會環境，凡嬉笑怒罵、語氣雙關的戲謔之處皆與雅典公民政治風習有關，它既有濃厚的政治內容，也很有雅典特色，不是雅典公民的聽眾便難以充分領略其妙。新喜劇則從希臘化時代「四海一家」的心態出發，它的情節故事、人物類型都是各城各地日常生活中普遍可尋的，可以說是衝擊了城邦政治的具體環境，滑稽笑料通俗易懂，其戲劇衝突與諷刺幽默亦從一般的人情世態出發，而不像阿里斯多芬那樣包含深刻的社會內容。因此，新喜劇的水平雖有所下降，在當時卻頗受歡迎，流傳極廣，尤其為羅馬朝野上下喜愛。普羅塔斯不僅在創作上充分借鑒仿效米南德，還常在劇本的前言和台詞中公開宣稱他是亦步亦趨地追隨米南德，因為在當時人看來，這種仿效追隨並不是什麼不光彩的事，尤其學希臘大師更可為自己作品添加價碼，也更易為群眾接受。可貴的是，普羅塔斯及其他羅馬作家雖不憚於仿效甚至有一些抄襲，他們的創作實踐卻總是能推陳出新，形成自己的風格，推而廣之，可以說整個羅馬文

化形成的道路，也是在學習希臘之中同時又有創造革新而自我
成長。

　　普羅塔斯的作品現存者有《安菲特里翁》、《商人》、《凶
宅》、《吹牛長官》、《一罈金子》、《俘虜》、《攣生兄弟》等
共二十部，殘片流傳的尚有七部，雖然比起傳說他有一百三十
部劇本的龐大數目只是很小一部分，但在古代劇作家中，現存
作品之多已是獨一無二的了。也有些研究者認爲，他有一百三
十部劇作的傳說不太可信，眞正出自他筆下的劇本大概只有三
十部左右，那麼他的作品流傳於世的比例又是相當的高──無
論從哪方面看，都說明他的喜劇在羅馬和義大利各地很受歡
迎，因此流傳數百年而不衰。日後經過中世紀的浩劫仍能有數
十部存於人間，因此對文藝復興以來西方近代戲劇創作影響很
大，使許多水平更高、品味更雅的古典作家難以望其項背。從
現存作品看，其中雖不乏取材於傳統的希臘神話故事者（如
《安菲特里翁》），但多數是那些以日常題材在取笑中略帶譏諷的
「家庭喜劇」，情節無非風流趣事、爭風打鬧以及因錢財遺產引
起的糾紛爭吵等等，並多半以離奇巧合陰錯陽差而獲得大團圓
或皆大歡喜的結局。劇中人物大都是那些吝嗇貪財的父親、花
天酒地的浪子、賣弄乖巧的情婦、自作自受的小人之類，雖然
格調不是很高，卻皆屬社會中下階層的群眾，以其芸芸眾生的
通俗而具普遍代表意義，也最得群眾青睞。比較而言，普羅塔
斯的通俗淺顯既是當時羅馬文學剛剛起步的一種特點，在古典
文學寶庫中卻有其以俗取勝的優點，其中最放異彩的形象，還
要算普羅塔斯筆下那些以奴隸身分出現的家僕侍從。他們聰明
機警、正直而富於同情心，既伶俐智巧又通情達理，把奴隸群
眾描寫成這樣令人可敬可喜的典型，對於一位奴隸社會的作家

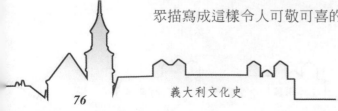

說來是相當難能可貴的了。根據自己的生活經驗，我們可以看到普羅塔斯確實對奴隸充滿同情，他總不忘在喜劇的大團圓中也給那些可憐的奴隸安排一些「出路」，讓他們逢凶化吉，即使談不上幸福，至少可減輕一些痛楚。有一次他甚至寫一個奴隸因功獲賞好酒一桶，並得以宴請其他奴隸共求一醉，在羅馬這個奴隸制統治很嚴酷的國家，讓奴隸聚會已是大逆不道，如此暢飲更是犯了大忌。因此普羅塔斯在劇中不得不讓那位作東的奴隸先向羅馬觀眾作一番解釋：「諸位切勿大驚小怪，生怕奴隸飲酒歡聚，或者覺得奴隸請朋友赴宴不可思議。要知道，在雅典我們是可以這樣作的。」由於希臘裝戲的環境可以使人覺得故事是在雅典發生，讓劇中人作這麼一種解釋倒也合乎情理，不過，聽起來總令人有「此地無銀三百兩」的諷刺意義，而且雅典對奴隸也未必如此寬容，倒不如說是劇作家本人對奴隸的同情使喜劇舞台開了綠燈。

當時羅馬和義大利的戲劇演出尚屬初創，舞台設備和劇團組織都比較簡陋。劇場只是在山坡和平地上擺幾排木凳，前面有個高台，觀眾席和舞台就算齊備了。舞台是用木材搭蓋，只以一塊畫布作固定的「布景」，上面通常在左右畫兩間房子，中間畫一個神龕，就足以供一切戲劇在它之前向觀眾演出。台上有景無幕，所以劇本也無幕次、場次之分；布景不換，道具也減少到最低限度，於是也看不出室內室外、晨昏光暗的差別。演員一般只有三、四位，最多不過五人，劇中角色當然也就只有這麼幾位，若多了幾個配角和群眾角色，就由演員兼任，一人跑龍套般扮幾個角色。當時女演員很少，劇中女角多由男演員扮演。扮裝也非常簡單，老頭掛白鬍子、婦女塗紅臉、奴隸衣衫破爛就足矣。各類角色還像希臘新喜劇那樣使用面具，因

此表情和手勢也是類型化的。但喜劇的對白全用韻文，有時還插一段唱詞，所以劇本的文學語言還是比較有水平的，而它的藝術技巧也主要表現在以修辭學的功底對喜劇衝突和角色語言、對話作藝術加工之上。新喜劇本來就以修辭見長（據說米南德就是一位著名的修辭學家），語言技巧很講究；普羅塔斯按其貧賤出身原無專門攻讀修辭學的機會，但他善於向生活學習，對米南德的範本也有很深的鑽研，終於使自己對拉丁文的運用達到得心應手的境地。英國的一位羅馬文學研究專家曾評論說：「當普羅塔斯開始寫作之際，拉丁語文仍處於原始程度。可是，在他以超人的快捷掌握它之後，拉丁語文便成為一種靈活生動、適應性很強的語言工具了——儘管比之奧古斯都時代的優雅，他還有一段距離。」[2] 正由於語言的巧妙和修辭的成功，配合著離奇的情節，滑稽的諷刺，以及種種正反錯位、禍福亂調的生活中的幽默，普羅塔斯的喜劇才獲得了羅馬和義大利各地觀眾熱烈的歡迎，並且成為羅馬文化臻於成熟的最有代表性的作品。

普羅塔斯按其出生地原非羅馬公民，按他的低賤職業也很難獲得羅馬公民的殊榮，但由於他的喜劇創作的成功，他卻作到了這一點，羅馬當局為此而特許他成為羅馬公民。從這方面看，他的喜劇確實屬於正統的羅馬文化，並得到羅馬統治階級和政府當局首肯的，在他的嬉笑怒罵之中，對羅馬社會的傳統觀念仍處處有維護宣揚之努力。例如，對羅馬人極為重視的家庭觀念，他就無絲毫抨擊觸動之意，不管他在劇中描寫父子為爭奪女奴鬧得如何不可開交，「家長法權」仍是必須維護的，兒子總是服從父親，當問題擺在桌面上時，兒子總是說父親對而自己錯，婆婆和妻子吵架時，兒子也總是說母親對而媳婦

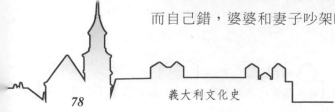

錯。同樣地，儘管家庭中的風流醜聞層出不窮，女方卻永遠是女奴、妓女或外邦人，家庭主婦尤其是貴族婦女絕不牽涉其中，她們要永遠保持羅馬人宣揚的貞潔婦道。最有趣的一個例子，就是普羅塔斯在《安菲特里翁》一劇塑造的阿爾喀梅娜的形象。按希臘神話，安菲特里翁（Amphitryon）和阿爾喀梅娜（Alcmena）都是古代著名的國王和王后，而且相愛不渝。但有次在安菲特里翁離家外出征戰之際，天帝宙斯卻化成他的模樣與阿爾喀梅娜相會，並使她懷孕生子，這位天帝之子就是希臘最著名的英雄赫拉克勒斯（Heracles）。普羅塔斯的喜劇完全襲用了希臘神話的情節，但他卻把阿爾喀梅娜描寫成那種高貴完美的羅馬顯貴的家庭主婦的典型，儘管她注定命中要爲宙斯所騙，她的上當卻完全不是她的過錯，因此在劇中她始終對家庭和丈夫抱著最崇高的信念，當安菲特里翁出征時，劇作家竟讓她高歌一曲暢抒心懷：

丈夫離我而去，
我應毫無怨言。
因為他是為英名榮譽出征，
將帶勝利凱旋而歸。
無論多少痛苦折磨，
都只會使我信心更堅。
即使日日夜夜思念，
我也能忍受。
即使考驗再多一些，
我也能迎接。
只要我能聽到他終獲勝利的凱歌，

就足以補償我忍受的一切。

他的英勇成果也將為我所有，

我又還有何求？

英勇超過一切。[3]

　　這種勸夫出征，忠貞不二，勤儉持家，堅信丈夫功績也有自己一半而任勞任怨的家庭主婦，正是羅馬統治階級和公民大眾夢寐以求的理想女性。雖然讓它出自阿爾喀梅娜之口，多少帶有一點喜劇般的譏諷，但由此也可看出普羅塔斯是多麼典型的一位羅馬作家。隨著他的喜劇在義大利各地的流行，人們也不難想見義大利文化如何按羅馬的模式而一致發展起來。

　　特倫斯是繼普羅塔斯之後並與他齊名的羅馬喜劇作家，但他在三十多歲時即去世，生平著作比普羅塔斯要少得多，今傳世者亦僅六部。特倫斯在喜劇創作的成就和對後世影響方面，可說與普羅塔斯旗鼓相當，但他倆的精神氣質和風格傾向又很不相同，從而使羅馬喜劇遺產內涵更見豐富。特倫斯的出身比普羅塔斯更低（他是北非一羅馬殖民城市中的家生奴隸），但由於他為奴之家是羅馬顯貴，主人賞識他的才華並讓他受教育，又恢復他的自由，他遂得以廁身羅馬社會上層，成為羅馬元老較開明集團的座上客。這些元老喜歡接待、庇護文化名人，像前面多次提到的希臘史家波利比烏便是其中之一，另外還有一些希臘哲學家、修辭學家等等，特倫斯跟他們在一起，更大大提高了自己的文化修養。因此，特倫斯和普羅塔斯相比，確實有雅俗之別，也可以說特倫斯的喜劇雖不失面向群眾的基本性質，卻主要是寫給文化程度較高的中上層人士看的，他的文風更顯得高雅純淨，語言卻不如普羅塔斯的通俗和生動鮮明。在

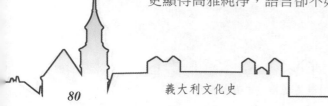

學習希臘方面，他也較普羅塔斯更爲深入、執著，尤偏重修辭的推敲和哲理的探討，人們形容他學習米南德有升堂入室之妙，凱撒甚至譽之爲「米南德的化身」。從其文風高雅和學習希臘更爲徹底看，特倫斯應代表著羅馬文化更爲成熟的階段，也是以喜劇爲首的羅馬文學和整個文化形態更能爲羅馬帝國統治服務，更具有官方正統色彩的階段。然而，對於以通俗爲主的喜劇來說，這種高雅正統的發展並不是很有利的，特倫斯之時尚能把雅與俗的問題處理得比較和諧，因此他的喜劇仍然光彩照人，但在他之後，羅馬就再也沒有產生偉大的喜劇作家了。就其創新而論，特倫斯的喜劇則是以其哲理思想的加深和心理描寫的細膩取勝，他用優雅的語言，別開生面的文筆，使劇中人物活躍於舞台之上，因此後人稱他是以藝術扣人心弦的大師。但更重要的是，無論他的人物在喜劇衝突中顯得多麼滑稽可笑，他都善於爲他們覆蓋一層「人性」的光彩。他劇中人物最著名的一句話便是：「我是一個人，凡人性所屬我都能夠理解。」這句話被當作羅馬的人本主義思想已臻成熟的標誌，可以和希臘的那句「人是萬物的尺度」的名言媲美，從而傳誦至今，口碑不絕。從當時情況看，應該說特倫斯表達的不僅僅是他個人的想法，也是當時羅馬文化人士談論最多、提倡最力的一種思想。如果說希臘人本主義強調的是人與神的共同，那麼現在羅馬人本主義則突出了人與人的共同，體現了在奴隸制帝國階段羅馬文化所追求的以人爲本而世界一體的理想。這句簡單的話甚至爲歷代哲學家讚不絕口，關鍵就在於此。

尼維阿斯（Naevius, 約 B.C.270-B.C.201）從年代上看比普羅塔斯、特倫斯都早，他雖然也寫喜劇，並因一劇觸犯羅馬元老而遭流放，但他最有影響的創作活動不是喜劇而是羅馬史

詩，因此是在另一個文學領域內有代表性的人物。用史詩來歌頌羅馬建立帝國的功勳偉業，自然是羅馬文化當務之急，所以尼維阿斯的史詩作品便名爲《布匿戰爭》，吟誦羅馬霸圭初興之際與迦太基人生死搏鬥的經歷，可惜這部最早的羅馬史詩早已失傳，只有個別詩句經後人引用才爲我們所知。史詩的創作顯然也是希臘影響無所不在的著例，因爲希臘文學最重要也最高貴的體裁就是史詩，而荷馬史詩在希臘文化中的重要地位甚至可和聖經相比。羅馬人在文學上要追慕希臘，首先想到的自然也是史詩的仿作。然而，史詩之作要達到相當水平似乎比喜劇難得多，要想趕上荷馬史詩就更不容易了，從現存殘句和時人的評論看，尼維阿斯的文采平庸，與荷馬不啻天淵之別，但他的創作卻開啓了羅馬文學的一個非常重要的傳統：即以文學形式（無論是詩歌還是散文）記述、歌頌羅馬的歷史，尤其是羅馬建立帝國統治萬民的豐功偉績。在尼維阿斯之後，繼續以寫史詩著名的還有恩尼烏斯（Ennius, 約 B.C.239-B.C.169），他寫了名爲《年代記》的史詩，歷述羅馬建國以來史事，止於公元前一七一年，據說此書有十八卷之多，今據後人摘引而傳世者僅有五百餘行，也是以敘事爲主，文采不見突出。恩尼烏斯不僅是多產作家，而且學識淵博，除史詩巨著外，也寫悲劇、喜劇和教諭詩，被後人尊爲「羅馬詩學之父」。至於眞正可和希臘的荷馬史詩相比的羅馬史詩傑作，則要在一百多年之後，在奧古斯都之世經維吉爾之手才產生出來，那就是我們前面已提到的《伊尼阿特》。

與喜劇、史詩等文學創作臻於成熟同時，羅馬散文（拉丁散文）也出現了一位偉大的作家，那就是前已提到的加圖。在加圖之前，羅馬也有一些軍政大員憑自身經歷寫下有關軍事、

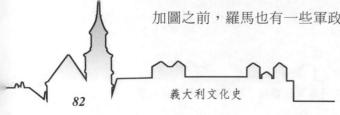

外交史事的散文著作，不過他們都用希臘文，作品都未能流傳下來。專用拉丁文而取得突出成就的首先仍推加圖。他雖是羅馬政壇領袖，卻精於修辭和演說，在他漫長的政治生涯中，演說是他運用得非常成功的一種鬥爭武器，據說他被後人奉為名篇的演詞有一百五十篇之多，今存殘片者亦有八十餘件，時人把他與希臘最著名的演說家德謨斯提尼（Demosthenes）並論，譽之為「羅馬的德謨斯提尼」。他將修辭演說的功力移之於散文寫作，生平著述豐富，據說共有七部，涉及歷史、軍事、法律、醫學、農業等等方面。但從前述羅馬文化努力方向看，軍政歷史仍是加圖散文著述的主軸。他在這方面的大作是名為《創始記》的史書，可惜此書已失傳。從後人介紹得知此書共分七卷，前三卷敘羅馬古史，四、五卷專記布匿戰爭，後兩卷談戰後事態直至他逝世之年，可見他已打破了年代記的框框，按大事組織章節，記述連貫，脈絡鮮明，文筆氣勢當與其富有感染力的演說詞不相上下。然而，具有諷刺意義的是，加圖這部立志為羅馬記功的史書大作蕩然無存，流傳至今唯一的散文專著卻是他的散文著作中最不起眼的《農業論》，此書本來是他寫給子姪作家庭教育、家政管理示範之用的，因此說的都是有關農業生產，嚴管奴隸之類農莊經營的訣竅，和史書所述的經國大略不可同日而語。因此，這部傳世之作的文風平易得多，所談無非一個老者的治家經驗，很少加圖著名演說詞中的高談闊論，豪言警句，不過，我們反而可從其中更直接地看到羅馬貴族治家的嚴謹精明和他們民族質樸務實的特色。在這本《農業論》中，加圖以治家格言式的經驗之談介紹了羅馬奴隸主對奴隸剝削之刻薄慳吝、冷酷無情，他一再強調要強迫奴隸們永無休止地幹活，若有反抗必予嚴懲直至處死。但是，作為羅馬人

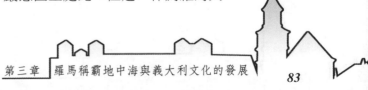

治家務農的特點，加圖也處處強調要按規程辦事，有法必依、理財必嚴，他不厭其煩地列舉各項農活的注意要點和管家用工的具體職責與關照事項，而關鍵中的關鍵仍是要約束奴隸嚴而有方。這些細則雖屬老生常談，卻也體現了羅馬文化重視技術性細節的傳統，因此他這部書也包括一些農業科技的內容，是羅馬這類科技著述的濫觴，尤其它出自這麼一位德高望重的政壇領袖筆下，就更有其代表性了。

加圖在義大利文化史上另一很有影響的舉措，便是他在監察官任期內，為恪盡整飭風紀的職責而掀起的反對奢侈腐化的鬥爭。他於公元前一八四年被選為任期五年的監察官，此時他已是元老院中眾望所歸的領袖，並且早在十一年前已擔任過作為國家元首的執政官，因此在羅馬官場上，可以說沒有任何人說話能比他更有分量了。加圖作執政官時就以反對奢華、為官清廉著名，在進入元老院後（元老為終身職），也不斷抨擊官場腐敗和顯貴劣跡，加以他本人剛正不阿，自奉極儉，因而素孚眾望。就任監察官後，更把他一貫堅持的反腐敗鬥爭發展到白熱化的程度，使「監察官加圖」成為羅馬歷史上反腐化鬥爭的典型。他制訂了對奢侈品課以重稅的法律，不許元老家內擺設金銀餐具，貴族婦女不得穿華麗衣衫，有位元老僅因當著女兒的面與妻子親吻即被革職，並被取消競選執政官的資格，至於對貪污受賄、墮落腐化分子的處置就更嚴厲了（但從前引波利比烏的話看來，這類壞分子在羅馬倒不多見）。在加圖嚴格監督下，羅馬社會風氣大有改進，一度冒頭的奢侈放蕩行為和受希臘影響而漸增加的浮華腐化之風，立即被清除不少。據說羅馬公民特為此而給他立像紀念，這是一個政治家的殊榮，紀念像上不談他的一般軍政業績，專門歌頌他澄清風俗的大功大德，

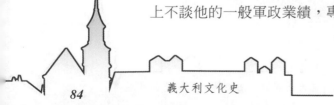

可見這種鬥爭極得人心。從文化史的角度看，加圖這樣作也是要防止希臘化文化傳入羅馬以後所產生的消極影響，因為社會上的奢侈浮華風氣多半由希臘化各國傳入，所以加圖的演說中也常有把羅馬風氣敗壞歸之於希臘影響的言論。可貴的是，以加圖為首的羅馬當局對希臘文化影響採取了一分為二的開明態度，一方面大量吸收希臘先進的文化，另一方面也對其消極影響予以警惕和排斥，使羅馬文化在成長過程中能保持「門窗洞開、蚊蠅少見」的局面。加圖本人一生作為可說是這種開明態度的典範，他對羅馬受希臘影響而走向腐化之說雖然鼓吹甚力，但他對希臘文化精華的學習卻從來不落人後，就其修辭演說和散文寫作成就之高說，他不愧為學習希臘的高手，否則就不會有「羅馬的德謨斯提尼」之譽了。加圖這種既深入學習希臘又重視羅馬自身建設的態度，可以說為日後羅馬文化的健康發展樹立了典範。

公元前三世紀到一世紀初葉，羅馬文化發展的另一重要方面，仍是在建築藝術、工程技術和雕刻繪畫等等有較多實物流傳的領域上。在建築和工程技術上，隨著帝國統治的建立和奴隸制經濟的發展，更可見到前所未有的興旺局面，不僅羅馬特色日趨顯明、成熟，還在許多方面超過了希臘建築，因此可以說它在當時的羅馬文化中是成就最為輝煌的一個領域。一般而言，在藝術風格、裝飾題材方面，羅馬建築仍唯希臘馬首是瞻，但在整體規劃的集中、開闊，結構的複雜、多變，用途的廣泛、類型的眾多方面，羅馬建築卻取得了許多青勝於藍的發展。更有甚者，羅馬建築由於廣泛使用拱券和水泥，而取得的技術上的突破和建築空間效果的追求等等，更是希臘建築所未曾見的。當然，羅馬建築作為古典建築，它的風格形式的基礎

仍然是希臘的古典柱式,所以在外人看來,希臘羅馬建築面貌都差不多,最多不過大同小異,羅馬遵從希臘柱式始終是它的根本。這種看法雖有一定道理,卻忽略了這個小異正是羅馬特色之所在,而且從文化史的角度看,正是羅馬建築對西方古典建築作出的重大貢獻。即使在柱式體系上,羅馬對這個希臘建築的精華固然是蕭規曹隨,卻也根據自己的實踐而有新的體會、新的改進,甚至在原來的三種柱式上新增兩種,構成五大柱式體系,可見這些所謂「小異」若細加考察,內容又是相當豐富的。

到公元前二世紀初,羅馬人對希臘建築的瞭解和對柱式體系的掌握,可以說都達到精深透徹之境,以至於某些重大希臘建築工程竟請羅馬建築師主持其事,其中最著名的例子便是公元前一七五年雅典的奧林匹克宙斯廟重修擴建之時,選來擔此重任的卻是羅馬建築家科蘇提俄斯(Kossutios)。此廟在公元前六世紀便已奠基,但因規模甚大,遲遲未能立柱建殿,成為雅典名勝中的一大遺憾。這時由希臘化的敘利亞國王出資重建,並且要進一步擴大規模,被當時希臘建築界目為規格最高的「世紀工程」,結果竟由羅馬建築師奪標,自然被雙方建築高手都目為建築史上的大事。出於這一事件標誌著羅馬人在掌握希臘藝術上已無比精深,所以日後的羅馬建築理論家維特魯威(Vitruvius, 約 B.C.65-B.C.15)極為此事自豪。維特魯威在他的《建築十書》中寫道:「科蘇提俄斯以異常的技巧和高深的學識光榮地主持了這項工程,設置了宏大的正殿和圍繞全廟的雙層列柱,並且適應均衡配置了額緣及其裝飾。這座建築物不僅在一般人看來而且在專家間也以其宏偉著名。」[4] 這座神廟兩百多年後又由羅馬皇帝哈德良(Hadrianus)加以擴建增修,竟可以

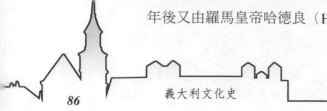

說是羅馬人在雅典建造的一座最宏偉的紀念碑，雖然今日只存廢墟，但殘留的部分雙排列柱看起來既規格嚴整又氣勢不凡，確實是令人難忘的古典建築傑作（它使用的是科林斯柱式）。如果說這件事反映了羅馬人對希臘建築和古典柱式掌握的精深，那麼日後百餘年間羅馬人對古典柱式的發展就更為令人矚目了。這些發展既表現在現存的建築遺跡上，也反映在維特魯威那本古代唯一傳世的建築理論著作中。我們可先從希臘古典時期已形成的多利亞（Doric）、愛奧尼亞（Ionic）和科林斯（Corinthian）三大柱式，看看羅馬人有何新發展與創新。例如，希臘的多利亞柱式素以粗壯牢實，富於陽剛之美著稱，這一點羅馬建築界也很賞識和心領神會，因此維特魯威說它「在建築物上開始顯出男子身體比例的剛勁和優美」，它體現的是「沒有裝飾的赤裸裸的男性姿態」[5]。這種體會使羅馬人常把多利亞柱式用在建築物最需牢固強勁之處，例如底層、基層或寨堡壁壘之間，後來羅馬在多層建築上採用層疊柱式，即把幾種柱式從下到上按樓層安排，多利亞柱式便順理成章地放在最下層或基層，其上依次是愛奧尼亞和科林斯柱式，多利亞柱式以其雄強牢實，為建築物的穩定、堅固形象提供了很好的表現因素。此外，他們也注意到多利亞柱式有些細部結構，是講究技術性的規整和實用的羅馬人覺得不便的，就大膽予以改動。例如多利亞式的柱子必有柱身曲線，即柱身在一定高度便逐漸膨大而最後又向柱頂逐漸收縮的曲線，我國俗稱「減殺」，這個曲線雖有氣韻之美，在大規模施工中卻很難恰到好處，羅馬人從實用出發，就乾脆把它取消。再如多利亞柱式的檐壁（亦稱額緣）要嚴格地按三隴板和間板交叉排列，而且位於柱子上的必須是一塊三隴板，此板的中軸線必須對齊柱子的中軸線，這種安排在

中間各列柱子是沒有問題的，但在四邊轉角處卻很不好辦，因為三隴板的寬度要比柱子小，兩者中軸線對齊，三隴板在邊角處就留下一段空白，既不能再放一個間板，又不能讓它空著，這在希臘的建築理論上成為多利亞柱式的一大難題或硬傷，想出多種辦法都難以讓人完全滿意。在羅馬人手上，處理方法就大不相同，他們以一貫的乾脆實用態度快刀斬亂麻般把它解決了：或者堅持中軸線對齊的原則，讓轉角柱子上的三隴板旁邊留一空白，不再想什麼小招兒作彌補；或者乾脆把三隴板、間板插花安排這套規矩完全拋棄，讓檐壁用其他方法裝飾起來。羅馬人這樣大膽改動柱式體系，在希臘人看來真有「釜底抽薪」的徹底性，卻多少有損於柱式本身的完美，可是重實用的羅馬人強調美觀應服從於功效，他們不僅改動現存的柱式，還由此想到可以組建新的柱式。於是他們逐漸形成一種新的多利亞柱式的變體，稱為羅馬—多利亞式或托斯堪（Tuscan）式，保持多利亞式的粗壯結實，檐壁取消三隴板、間板的插花安排，又為沒有柱礎的多利亞式加上一個柱礎，柱身採取下粗上細的直線而非曲線，從而構成一種新的柱式。

對其他兩種希臘柱式：愛奧尼亞式和科林斯式，羅馬人也根據自己的需要作了改造。按希臘人的看法，這兩種柱式皆體現女性的秀美，正好和多利亞柱式的男性的雄強相對應，但羅馬人更重視它們以其秀美華麗而產生的豐富的裝飾效果，而且由於它們沒有多利亞柱式檐壁安排的麻煩，便使用得更多。愛奧尼亞柱式的最大特色是有一對很大的渦卷紋飾置於柱頂，柱身又較頎長，看起來相當秀麗靈巧，正如維特魯威所說，這種柱式具有「窈窕而有裝飾的均衡的女性姿態」[6]。羅馬人在大量使用這種柱式之時，也注意到希臘人偏愛的美觀手法多有不

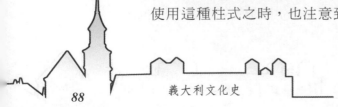

義大利文化史

便，例如希臘人喜歡在兩個渦卷之間連以一道優美的曲線，羅馬人則乾脆把它拉成一道直線；希臘人必在柱身刻凹槽以增加光影效果，羅馬則喜歡去掉這些凹槽，讓柱身的大理石光板一塊，更顯其原有的光滑圓潤的質感。對於科林斯柱式，羅馬人尤其欣賞它的豪華富麗，認爲它可以體現帝國一統天下的雍容華貴的氣派，因此用得最多，他們對科林斯柱式的偏愛還表現在維特魯威記述的有關它的發明的一個美麗傳說上：

　　　　相傳這種式樣的柱式的最初發明是按下所述演成的。即科林斯市民中的一名少女已瀕臨婚期卻因病死亡。在她既葬之後，乳母把少女生前醉心鍾愛的東西聚攏起來，塞在籃子中拿到墓碑那裏，放在它的頂上，爲了它在露天裏盡可能地耐久，便用一塊石瓦作了蓋子。這只籃子偶然放在莨菪草根上，被重量壓住的莨菪草根到了春季就從當中蔓伸出來莖葉。它的莖沿著籃子的側邊成長起來，由於重力被瓦角壓住，所以在端部不得已作成了渦卷形的曲線。恰好這時那位因製作出優美精細的大理石雕刻而被授予大師稱號的卡里瑪庫斯路過此地，注意到這只籃子及其附近生長的茂密葉子的柔和，喜愛這一新穎的樣子和形式，因此就以它作爲模式，在科林斯人之間建造了一些柱子，規定了它們的均衡。從此開始，在建築物的工程上就新增了科林斯柱式。[7]

這個故事雖然美麗，卻只是出於後人的遐想，因爲據現代考古研究，我們可以斷定科林斯柱式的設計是在卡里瑪庫斯之前，而且不是首先在科林斯卻是在雅典使用起來的。但卡里瑪庫斯確實以雕刻精美著稱，科林斯柱式的特色就是其柱頂莨菪

草葉紋樣的自由舒展和渦紋卷曲，因此人們把雕刻大師的技藝和科林斯柱頂的華美聯繫起來，才有了上述傳說。羅馬人不僅相信這個故事，還由於他們認定科林斯柱式體現了少女的窈窕，「要是用作裝飾，就會得到更優美的效果」[8]。所以他們更強調這種柱式的裝飾作用，把它的柱頂莨苕渦卷葉紋雕飾得極爲窈窕多姿，從而實現了他們認爲科林斯柱式適於體現帝國氣派的構想。在共和國後期，當羅馬已成爲地中海霸主的時候，他們對科林斯柱式的喜愛已使它有凌駕其他柱式之勢，以後更變本加厲，廣泛用於各種紀念性建築中。由於希臘古典建築極少使用科林斯柱式，它的比較常見是在希臘化時期，但也不太突出，因此廣泛使用科林斯柱式也是羅馬建築區別於希臘古典建築的一大特點。更有甚者，出於他們對愛奧尼亞柱式和科林斯柱式的厚愛，羅馬人還把兩者合而爲一，組成新的集合柱式，即在科林斯式的莨苕葉紋柱頂上再加一對愛奧尼亞式的大渦卷，成爲羅馬人發明並最爲他們喜愛的新柱式。這樣一來，經羅馬人的發展，古典柱式就不是三種而是五種了，即多利亞、托斯堪、愛奧尼亞、科林斯和集合柱式五種，成爲西方古典建築體系最重要的五種風格形式，它們共同組成西方建築傳統的主軸，對後世影響極大。就義大利而言，這五種柱式以羅馬爲中心擴散於義大利各地，主宰城市建築達五六百年，中世紀雖一度減弱，但在文藝復興時代也被重新奉爲義大利建築的圭臬，影響一直貫徹到二十世紀。

　　從上面看有關柱式體系的分析中，我們已可看到羅馬雖繼承希臘卻也有不少創意，兩者雖說是大同小異，但這些小異卻內涵豐富。由柱式而及於具體的建築物，我們也可看到同樣的情況。在希臘建築中，神廟是最重要的門類，一部希臘建築史

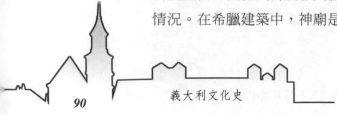

幾乎可說就是希臘神廟的建築史,羅馬也不例外,神廟始終是
其主要建築類型,而且在神廟形制上依從希臘一如柱式。可是
羅馬神廟也很有自己的特色,正如前面談到伊特拉斯坎文化時
所說,羅馬從伊特拉斯坎建築承襲了神廟設計基座高,只在前
面設台階,廟身無環柱而只設前廊後牆等特點,這些特點在日
後全盤吸收希臘神廟制式時,有的被放棄了(如無環柱因與希
臘制式衝突太大而予以放棄),但大多數略加改造又被融於新的
羅馬神廟設計之中,因此羅馬神廟與希臘神廟相比,也是大同
小異,羅馬也很有自己的特色。在現存的公元前二世紀和一世
紀的羅馬神廟建築遺跡中,我們選了三個最有代表性的例子:
一是羅馬城中牲口市場上的命運神廟,另兩例則在羅馬附近,
可視爲義大利古典建築的佳作,它們分別是羅馬東南面拉丁姆
地區的科里(Cori)城的赫拉克勒斯神廟和羅馬東面避暑勝地蒂
沃里(Tivoli)的西比爾女祭司廟。從柱式看,赫拉克勒斯廟是
多利亞式,命運神廟是愛奧尼亞式,西比爾女祭司廟是科林斯
式,建廟年代除赫拉克勒斯廟是公元前二世紀末外,另兩廟皆
爲公元一世紀初。從形式上看,三廟中女祭師廟是圓形的,其
他皆爲長方形,符合希臘神廟的總體設計。但羅馬人按希臘長
方形環柱式神廟的標準形式布置自己的建築時,也加上自己的
新創和改動。首先是保留高台基,同時又對環柱形式加以變
通,例如命運神廟,由於規模尙小,若在廳堂邊再排以柱廊,
廳堂就很狹窄,這和羅馬人一貫重視內廳空間寬敞不符,他們
從伊特拉斯坎承襲下來的傳統是廳堂牆外無柱廊,因此廳堂之
牆就是神廟的外牆,但爲了和希臘環柱式的要求相符合(或者
顯得更具有濃厚的古典色彩),他們又在牆面上砌出或在砌牆的
石料上雕出柱子的一半,好像另一半已嵌入牆內那樣,人稱

「假環柱式」，作了一個以假亂眞的妥協，外觀上有環柱之形，內部則保持了廳堂的寬敞，可謂一舉兩得。命運神廟就是用這種「假環柱式」的佳例，因此它的規模雖然不大，卻顯得富麗雅致。由於羅馬神廟保存了高台基，只從前面登臨，它就有一個突出的中軸線，即從中央台階經前廊中央雙柱和中央大門達於內廳中央的中軸線，使神廟的整體布局更爲井然有序，予人以廟堂威臨於前的強烈印象。命運神廟已把這一特點表現得很突出，科里的赫拉克勒斯神廟還在廟前配置一高踞於山坡之上的廣場，以其中軸線貫徹始終，更有引人之勝、門面赫然聳立，廟堂威嚴無比的效果。圓形的蒂沃里女祭司廟也是在高基座上用科林斯式的美麗柱廊環繞一周，顯得朗爽靈秀、深圓通透。圓形神廟在希臘也有，但不多見，羅馬人喜歡它恐怕更多來自古老的傳統，因爲羅馬帕拉丁山上最早的茅棚神廟就是圓形的；另一方面，羅馬人現在愛用圓形還與他們使用水泥的新技法有關，這座女祭司廟的圓形內牆就用水泥和磚石構築，既方便牢固又很美觀，顯示了水泥結構的無窮潛力。

羅馬建築在神廟以外的其他建築類型的開發上，尤爲成就突出，也大大超出希臘建築的局限。除了城牆、道路、橋梁、寨堡、引水道等等技術性較強的實用工程而外，羅馬此時還開始發展爲帝國政權和城市公衆服務的帶紀念意義的宏偉建築，如凱旋門、大會堂、劇場、浴場等等。這些建築類型，有的是希臘已有（如劇場）而羅馬大加改進了的，但大都是羅馬的新創，它們都在用途和空間效果上爲希臘建築所未嘗見，它們使用古典柱式的廣泛與靈活多變，把柱式作爲裝飾手段的新妙用等，也是前所未有的。例如凱旋門，原爲木構棚架，隨用隨拆，這時已發展爲磚石結構的永久性建築，以後又發展爲全用

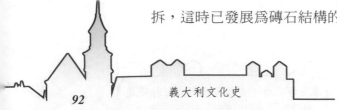

▲ 龐貝浴場柱廊（圖片提供：李銘輝）

大理石，立於主要廣場和通衢大道之上，意義隆重，形式輝煌。大會堂羅馬人稱之爲巴西利卡（Basilica），原從帶走廊的木構敞廳發展而來，現在則在廳內以古典柱式支撐屋頂，用高側窗取光，寬闊明亮，成爲市民群眾經商談判和司法審判的最佳場所。劇場經羅馬人的改進已發展爲半圓形的專供戲劇演出，和圓形、橢圓形的專供角鬥競技表演的兩種基本形制，前者類似今天的劇院，後者則是現代體育場的前驅。它們都是多層結構，規模很大（觀眾往往多達萬人甚至數萬人），因此完全用水泥拱券砌築，在設計和施工技術方面皆屬羅馬新創。至於浴場，則更是最有羅馬特色的建築，古今中外都無其同儔，所以譯之爲「浴場」而不稱「浴室」，也是著眼於它的規模極大，廳堂眾多、場地廣闊，也有人形容它是集游泳池、浴室、健身房、俱樂部、圖書館爲一體的大建築群。它的核心是分成好幾個冷熱水浴室的龐大廳堂，有點像現代的火車站或航空港，也完全用水泥拱券結構。由此可見，這些羅馬新創的巨大建築門類使城市面貌和公共設施大爲改觀，爲羅馬的城市建設超越古

代各民族打下基礎。在共和後期，這些建築已陸續取得開創性的成果，當然它們的充分發展是在以後的帝國時期。從現存遺物看，由於日後城市擴建時，都將這些初創性的老結構拆除或改建，它們留存極少。但有個唯一的例外，那就是公元七九年被火山掩埋的龐貝（Pompei）古城，自十八世紀中葉以來，龐貝古城經多次發掘而得以重見天日，城中建築雖屬殘跡卻全部保存至今，其中還有壁畫之類極難留存的古代文物，成為我們研究義大利古代文化和藝術的最重要遺址。龐貝城的建築自然主要是火山爆發時，亦即公元一世紀時的結構，但也有不少較老的建築是屬於公元前二到前一世紀的，也就是本章所說的時期，從其中可以看到上述凱旋門、大會堂、劇場、浴場等皆已有一定規模，水泥的運用甚至尤為先進，因為這時的水泥主要以火山灰合成，龐貝正以鄰近火山而有近山樓台先得土的優勢。考古專家們在龐貝老浴場的建築上，不僅發現了早期的水泥結構的佳例，還發現了最早的一些水泥結構的穹窿圓頂，為研究這些新建築形式和建造技術的發展提供了極寶貴的資料。

在有關建築群的整體設計方面，近年來發現的帕萊斯特里納〔Palestrina，今名普里恩斯特（Praeneste）〕的命運女神聖所，為我們提供了最佳的範例。此地位於羅馬東面約百里之遠，原來就有一座供奉命運女神的祭台，但那只是山頂上的一個小建築。公元前一世紀初，有一批羅馬老兵解甲歸田在此建一集中居住地，他們為謝命運之神保佑沒有戰死沙場，特集巨資要在此建一座規模空前的命運女神聖所，準備把整個山坡建成異常宏偉的包括祭壇、聖殿和觀禮台等等許多附屬房舍在內的建築群，並用多層梯道將遊客從山腳直送山頂。這樣的規模不僅在義大利各地聞所未聞，甚至超過首都羅馬的一些大工

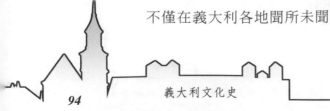

程。聖所遺跡後來屢遭破壞，至近代已被普里恩斯特城的民居街道覆蓋，直到二次大戰期間此城遭轟炸，許多民房被毀，遺跡才暴露出來。經過發掘整理，現在學術界已公認這個聖所建築群是羅馬共和後期最大的一個建築傑作。它依山而建，層層台階、廊廡、樓閣可說已把整個山丘作了徹底改造，可見其工程的浩大。它從山腳起就以對列的兩梯長廊導向第一平台，這一對長廊是封閉性的，兩旁不開窗戶，使登臨者從隧道式的長廊走出來頓感豁然開朗；然後依次通過中央台階而上達第二、第三、第四各層平台，氣勢渾宏之餘，中軸線也非常明顯。但各層平台的設計又是爭奇鬥艷、變化豐富的，第一平台的立面以有較高檐部的柱廊組成，平台地面較窄，於是在左右兩邊柱廊的中央特闢一半圓形的凹廳，使柱廊平面既顯開闊又有曲折起伏的氣韻；第二平台地面亦較窄，但卻不用柱廊而代之以有很深壁龕的牆面，兩邊各列五龕，以拱為頂，組成柱式與拱門的完美結合（這是羅馬建築的一大新創）；第三平台的地面卻非常寬闊，便用兩端有山牆的柱廊環繞左右兩邊及後邊，圍成一個長方形的廣場，前面完全敞開，由此可俯視山谷亦可遠眺整個原野；第四平台已接近山頂，其形式又由方變圓，把它設計為類似劇場那樣的半圓形梯狀坡面，坡頂蓋半圓形柱廊，由此直上山頂，上建一圓形小廟，那才是命運女神的祭台，因此聖所其餘絕大部分建築，包括各層平台、廊屋、梯道等等，都主要為遊人香客聚會觀賞服務之用。最妙的是，第四層平台的半圓形坡面既處於整個建築中央最高處，也是像劇場觀眾席那樣為遊客觀賞風景而設，他們在此可看到從眼前延伸於天邊的無限美妙的景致：建築層層開闊迎展於下，遠處山川則拱衛於前。據說它的兩邊柱廊的檐角正好和天邊兩座山峰的尖頂相

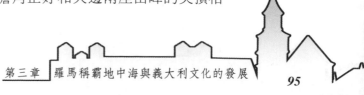

接，益見其設計的周到。這樣中軸突出而又配合豐富的整體設計，在古代世界堪稱獨步。

帕萊斯特里納的聖所建築群的設計還表明：這時義大利各地的建築水平也有了很大的提高，建築傑作並非僅見於羅馬首都一地。而且這個建築群的成功經驗對羅馬的城市規劃還產生很大影響，據說它完工後許多羅馬政界顯要都絡繹不絕來此參觀，建築家慕名來學習的就更多了。自此以後，義大利新建城市學它這樣強調中軸對稱布局的已成慣例，首都羅馬城的改建也開始注意規劃布局的問題。當時抓的重點是市中心的羅馬廣場，首先在廣場西邊最高處建了一座三層樓的龐大檔案館，全用水泥結構，三層拱廊巍然而立，正好對廣場西端比較雜亂的建築起整頓總括之效。以後凱撒和奧古斯都之時又繼續改建整個羅馬廣場並設計新的廣場，遂使羅馬城市建設進入一個新的階段。

在建築方面最後要提到的一點便是水泥的應用。義大利各地當時開始廣泛使用天然水泥，它是以火山灰和以沙土而製成。由於火山爆發時產生的高溫高壓，使火山灰經歷了類似人工混凝土那樣的物理化學反應，用它拌和的灰漿乾凝後就和現代水泥一模一樣，故稱天然水泥。義大利建築界在羅馬共和後期發現了火山灰的妙用，特別是維蘇威火山一帶的灰石質輕而乾凝後又非常堅硬，以此製成的水泥就有無比的優越性。因此，從共和後期開始，水泥便大量用於各項公私建築，舉凡神廟聖所、浴場大廳、檔案樓館、倉庫碼頭等，都以水泥建構為主。使用水泥方法簡易而費用經濟，最適合於羅馬這種擁有大量奴隸勞力的國家；而水泥所具有的較強的可塑性尤能適應曲線結構，對羅馬建築愛用的拱券、穹窿圓頂、半圓凹頂、耳室

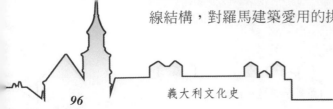

圓殿等等，都有相得益彰的配合效果，更使羅馬建築如虎添翼，爲其達到古代世界最高水平提供了物質與技術基礎。

這時期的雕刻、繪畫，雖不如建築之成就輝煌，也取得了不少的進展。羅馬的雕刻藝術一方面在繼續肖像雕刻的傳統，在寫實求眞上逐步深入，同時又仿效羅馬土生土長的「凱旋畫」傳統，發展了敘事浮雕，即以浮雕形象表現情節故事。在共和後期，羅馬雕刻界對希臘古典雕刻技藝的吸收也更爲徹底、全面，羅馬雕刻家的隊伍也大有擴充，除了羅馬和義大利各地的藝術匠師而外，還包括了許多被羅馬政府或私人僱用而長期在義大利工作的希臘雕刻家，他們有不少此後終身都在義大利工作，有的還取得羅馬公民的身分，他們的作品已帶有羅馬和義大利的特質。總的說來，本地和外來的藝術家共同組成了羅馬雕刻界的龐大隊伍，由於這時帝國發展迅速，建築工程眾多，建築裝飾對雕刻品的需求量很大，更需各種雕像作公私觀賞之用，所以這支隊伍人數雖多，卻仍有供不應求之感，從而形成羅馬雕刻藝術的繁榮。

在敘事浮雕方面，羅馬雕刻界在吸收希臘先進技藝的同時，仍繼續保持了羅馬固有的民族和地方特色，鋪陳具體，細節確實，人物的神情氣勢不失羅馬人的質樸與認眞。這方面的一個典型作品可舉多密圖斯‧阿亨諾巴爾布斯（Domitus Ahennobarbus）的祭台浮雕，此物現藏巴黎羅浮宮博物館，約在公元前二世紀末刻製。它表現的是羅馬公民應徵入伍的情況，每一細節皆交代清楚，絲絲入扣，從社區戶籍審查、宣布名額、應徵登記、複核資格、身體檢查、入伍編隊、領取裝備一直到祭神謝恩、奔赴疆場，事事皆無遺漏，人物較多卻層次分明，從而代表著羅馬敘事浮雕在當時已達到的相當高的水

平，足以和希臘的類似作品媲美。這類敘事浮雕以後在祭台、講壇、神廟、凱旋門、城市廣場等紀念建築中應用非常廣泛，成爲最能體現羅馬特色的藝術體裁之一。

羅馬的肖像雕刻在共和後期也有很大進展，有些佳作甚至爲希臘肖像雕刻所難及，這時的肖像雕刻已能在酷肖逼眞之餘，還有一定的氣韻，達到寫眞傳神兼備。從各種跡象看，共和後期的肖像雕刻相當發達，這時已成霸主的羅馬國家，無論顯貴世家乃至一般殷實公民，都不惜巨資請人作祖先肖像和他們自己的肖像，陳列於家宅主廳之中，捧舉於宗教遊行之前，因此現存的羅馬肖像雕刻相對而言可謂豐富。今天，只要在羅馬、佛羅倫斯、巴黎、倫敦、維也納乃至哥本哈根的博物館中略作瀏覽，我們便不難發現一些羅馬共和後期的肖像佳作。例如，在羅馬托爾隆尼亞（Torlonia）宮收藏的一尊羅馬老人肖像上，我們既可看到一位飽經風霜、皺紋滿面、粗鼻大耳的具體的羅馬老人面容，又可從他的寬額深頰、眼眉嘴角之間看到一種堅定強韌的精神。因此，在這個逼眞得有點醜陋的老人臉孔上，仍能體會到典型的羅馬人那種質樸堅定的精神面貌。它約作於公元前八〇年，是標誌羅馬肖像雕刻步入爐火純青之際的作品。

在繪畫方面，同樣也體現出這種學習希臘又發揮羅馬特色的進展。由於古代繪畫保存極爲不易，我們有關這時期羅馬和義大利繪畫的信息幾乎完全來自龐貝古城留下的壁畫。按照目前學術界公認的分期法，龐貝壁畫從公元前二世紀到公元七九年的兩百年間一共經歷了四種風格變遷，它們基本上是先後繼起，有時也見交叉，所以每一風格所代表的時期不太固定，大致說來第一、第二種風格屬於共和後期，第三、第四種風格則

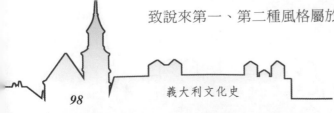

在奧古斯都建立帝制之後直到維蘇威火山爆發。有趣的是，第一、第二種風格轉變之際正好在公元前八〇年左右，我們可從此轉變看到羅馬和義大利發展的特點。原來龐貝壁畫的第一種風格嚴格地講，算不上是繪畫藝術而只是彩繪牆面裝飾，它是學希臘化時期的彩繪大理石貼面技法，在牆壁上畫出有如大理石般的紋理，故又稱貼面風格。這種風格對於喜歡「凱旋畫」的敘事寫景的羅馬人當然是不夠味的，因此就新創第二種風格，以古典柱廊結構作畫框而不是大理石紋樣分割牆面，再在框內空白處作廳堂樓閣等建築物和城郭風景的圖畫，因為畫中以建築為主，所以又稱建築風格，這種建築風格的壁畫在樓閣景物和人物造型方面吸取了希臘繪畫的優點，但其中畫人物群體活動和表現宗教喜慶儀典的畫面，則是從羅馬傳統的「凱旋畫」和敘事浮雕學來，尤其是表現風景具有羅馬特色，符合當時羅馬人熱中於追求「牆上開窗、遠眺風光」的美學風習。維特魯威在《建築十書》中也曾談到當時盛行的這類壁畫創作說：

> 後來，開始模繪建築物的外貌，柱子、人字頂的有凹凸的東西。在像談話室那樣空敞的地方，因為牆面開闊，所以就把舞台面畫成悲劇似的、喜劇似的或諷刺劇似的。如果是散步廊，因為有較長的空間，所以就應用在畫中表現某地方特徵的各種風景畫來裝飾。或者畫出港口、半島、海岸、河流、泉水、海峽、神廟、森林、山岳、家畜、牧人；還在一些地方畫出顯示神像的，或分別說明故事的；此外還畫出特洛伊戰爭和奧德賽（尤利西斯）在各地流浪的故事，以及其他與此形式相同而能從自然中得到

的事物。[9]

　　維特魯威所述各類畫題，在龐貝的第二種風格壁畫遺跡中都可見其端倪，有的還表現得相當出色。例如，在紐約大都會博物館按原物展出的一個龐貝附近別墅廳堂的壁畫，就有很傑出的樓閣風景的描繪，一般在前景上畫矮牆和門廊，中景及遠景則可見樓宇參差、亭閣凌空之景，其中遠近高低俯仰角度所見之線已開始按透視原理斜狀排列，但還很不徹底，有點像我國工筆畫中的樓閣風景圖。在西方古代繪畫中，它們已代表著很高的水平，比日後歐洲中世紀的圖畫還高出一截。此外，像維特魯威所說的描寫奧德賽故事的圖畫，也曾在羅馬厄斯奎林山有殘片出土，其描繪風景之妙，可以和龐貝的第二種風格壁畫相比。

註釋

1 朱龍華，《世界歷史：上古部分》，北京大學出版社，1991 年版，第 393-394 頁。

2 米海爾・格蘭特（Michael Grant），《羅馬文學》，1954 年英文版，第 21 頁。中譯文據《羅馬文化與古典傳統》，第 67 頁。

3 普羅塔斯，《安菲特里翁》，中譯文據《羅馬文化與古典傳統》，第 73-74 頁。

4 《建築十書》，第 7 卷，序言第 15 節。中譯文據高履泰譯本，中國建築工業出版社，1986 年版，第 155 頁，略有改動。

5 《建築十書》，第 4 卷，第 1 章，第 6、7 節。中譯本第 83 頁。

6 《建築十書》，第 4 卷，第 1 章，第 7 節。中譯本第 83 頁。

7 《建築十書》，第 4 卷，第 1 章，第 9、10 節。中譯本第 83-84 頁。

8 維特魯威語。見《建築十書》，第 4 卷，第 1 章，第 8 節。中譯本第 83 頁。

9 《建築十書》，第 7 卷，第 5 章，第 2 節。中譯本第 164 頁。

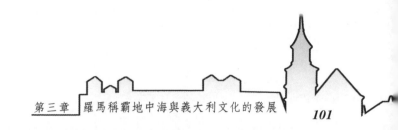

第四章

群星璀璨的時代
——凱撒與奧古斯都之世的義大利文化

公元前七三年，在義大利爆發了斯巴達克奴隸起義，這是古代歷史上最偉大的一次奴隸起義。這時羅馬奴隸制帝國在東西部地中海地區的擴張已告一段落，奴隸制經濟達於最大規模，奴隸的反抗鬥爭也越演越烈。從一定意義上說，當時義大利各地奴隸起義之頻繁、聲勢之大與水平之高，都反映了羅馬奴隸制度已達顛峰的情況，在整個古代世界無出其右。先是有第一次西西里奴隸大起義（B.C.138-B.C.132）；三十年後，又爆發第二次西西里奴隸大起義（B.C.104-B.C.101）；其後再歷三十年，就爆發了斯巴達克奴隸起義。當時，義大利各地從生產領域到家務勞動，用奴之多都已超過古代東方和希臘各國，而在南義和西西里島上尤甚，奴隸制大莊園比比皆是，對奴隸壓榨之苛酷也居古代前列。尤其令人髮指的是，羅馬奴隸主還以奴隸的生命取樂，逼迫他們接受角鬥訓練，然後驅上競技場分批對陣血戰，或與野獸搏鬥，總之是要他們血染競技場，以奴隸的慘死供奴隸主的玩樂，因此每年都有成千上萬的奴隸、並且是最健壯的奴隸死在角鬥場的沙台上。對羅馬奴隸主階級說來，具有很大諷刺意義的歷史報復，就是偉大的斯巴達克和他的主要戰友、骨幹隊伍，都是在角鬥奴隸訓練班裏「鍛煉」出來的。他們的家鄉都不在義大利本土，天南海北，皆在羅馬擴張戰爭或殘暴統治被俘、被迫爲奴，以體格健壯或者有反抗行爲而被送到這種訓練班來，實際上等於判了死刑，因爲作爲角鬥士，他們逃得了初一逃不過十五，最後總要死於刀槍或野獸爪牙之下。因此，角鬥訓練班的奴隸對奴隸制度最爲仇恨，在斯巴達克組織下，他們用與奴隸統治者不共戴天的深仇大恨團結起來，懷著「不自由、毋寧死」的決心，首先在南義卡普亞

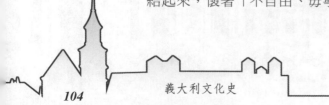

義大利文化史

高舉義旗。斯巴達克帶著隊伍上了維蘇威火山，多次把羅馬官兵打敗，使起義烽火遍及南義廣大地區，隊伍最多時達到十二萬人，創了西方古代奴隸起義的最高紀錄。後來他又揮師北上，從南義一直打到北義的波河流域，接著又扭轉兵鋒，再回到南義廝殺。他雖未進攻羅馬城，卻使羅馬城內的統治階級嚇得魂飛魄散，以致沒有人願出頭競選執政官，以免帶兵出城和斯巴達克交鋒。當然在起義進行的三年中（B.C.73-B.C.71），奴隸大軍南北馳騁，所向無敵，對義大利各地震撼最大，對其統治核心元老奴隸主集團打擊也最重。實際上，這次起義已動搖了奴隸社會的根基，表明這個最野蠻的剝削制度即將為歷史所否定。就對羅馬和義大利歷史的具體影響而言，它鋒芒直接所指、打擊得最沉重的元老奴隸主，在當時是社會上最頑固保守的勢力，因而有助於社會其他階層的反元老鬥爭，羅馬新的政治領袖凱撒，就是在斯巴達克起義後，趁元老派被起義弄得六神無主，灰頭土臉之時逐漸活躍起來的。當時反元老的公民自居為民主派或平民派，凱撒雖出身元老名門（據說他的家族——尤利烏斯族的血統可上溯於維納斯女神身上），家道卻已中落，而且他的姑父和岳父都是民主派的著名頭領，在元老勢盛而民主派一度遭鎮壓時，凱撒斷然拒絕離婚以表示對民主派的支持，並為他的姑母之死公然舉行隆重葬禮，很得人心。但凱撒是一個既有政治眼光也很有政治野心的人，他志在稱雄天下，利用民主派的旗幟只不過為了爭取群眾，只要時機成熟，他就要推翻已成為元老工具的過時的共和體制，建立個人獨裁，作真正的羅馬帝國的皇帝。表面看來，推翻共和而建立皇帝專制無論如何是一種歷史的倒退，但當時的具體情況卻決定了這種由共和制轉為帝制的歷史進程，是符合古代社會發展要

求的。因爲在古代奴隸制條件下，帝國統治仍以皇帝專制的形式最爲合適，也最爲常見，古代東方各國和我們中國的歷史都可以作證。因此古代社會以形成帝國或達到帝國那種「廣土眾民」的統治爲繁榮階段，東西方無一例外。希臘雖實行小國寡民的城邦制，而且達到了古典文明的高峰，但古代奴隸制經濟發展的需要仍是建立大國和帝國，因此城邦出現危機之後，便是亞歷山大建立帝國和形成各個希臘化王國。羅馬以共和制而東征西討，最後建立了統治整個地中海的廣土眾民的大帝國，但在體制上它仍是共和制。這樣就遇到了很大的矛盾：在成爲帝國之後，羅國的共和制已變成維護元老特權的工具，它無法兼顧統治階級中更廣泛階層的利益，這些階層包括羅馬自身的騎士階層以及義大利和各行省的奴隸主，還有相當一部分中小奴隸主階層。另一方面，共和制作爲國家統治機器已有頭重腳輕、效率不高的弊病，它不能迅速鎮壓斯巴達克起義和各地的叛亂，也使得奴隸主階級希望出現更有力的統治，也就是軍事獨裁的統治。由此可見，在帝制之下，這些矛盾和不足可以得到一些調整和彌補，所以我們說共和變爲帝制是歷史的必然，是義大利社會進一步發展的要求。凱撒以及在他之後作了第一個羅馬皇帝的奧古斯都（Augustus）的歷史意義便在於此，而新建立的帝制的羅馬帝國確實也使經濟文化達到了更高的繁榮。不過，我們今天看得比較清楚的道理，當時的羅馬人和義大利人卻不能對之有自覺的認識，因此改制鬥爭阻力極大，不僅盤據共和政體一切要職的元老貴族絕不讓權而拚死力爭，最後掙扎；那些投入反元老鬥爭因而成爲改制動力的各階層也只從自己利益出發，互有牽制，情況複雜，因此演變爲共和晚期長達幾十年的內爭與內戰，延續日久，流血極多。但這幾十年也是

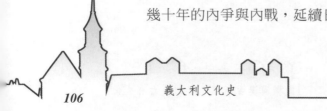

羅馬和義大利歷史上高潮迭起、風雲匯聚、矛盾最爲錯綜、雄強人物出現最爲頻繁的時期，而羅馬和義大利的文化也在這場複雜鬥爭中顯得璀璨奪目。

斯巴達克起義被鎮壓後，凱撒便和當時的實力派人物克拉蘇（Crassus, 約 B.C.115-B.C.53）、龐培（Pompey, B.C.106-B.C.48）聯合起來，組成三頭政治聯盟，史稱前三頭（因爲以後奧古斯都也搞了一個三頭聯盟，史稱後三頭），約定克拉蘇、龐培幫助他出任公元前五九年的執政官，他在任期內則設法通過他倆提出的一些法案。凱撒的打算更爲深遠，執政官固然可以使他在一年之內享有國家元首的榮譽，但他的眞正目標卻是執政官任期屆滿後出任高盧總督的肥缺（這也是三頭聯盟的一個重要內容，答應他在高盧任期五年，後來又再續五年）。在就任高盧總督的十年之間，凱撒獲得征伐擄掠的全權，並且作得非常成功，他爲自己建立了一支強大的軍隊，不僅勇敢善戰而且絕對服從他的指揮，同時他掠得大量奴隸和財富，擁有了日後稱雄爭霸的實力和資本。三頭同盟和其主宰政局已表明羅馬的共和政治名存實亡。除了兵多財足而外，凱撒還在宣傳方面大造聲勢，他親自寫文章介紹自己南征北戰的功績，他的手下也在羅馬積極活動，收攬人心，贏得朝野上下口碑甚衆。這時元老派才警覺起來，他們也以共和制爲虎皮大造輿論，同時盡力破壞三頭同盟，由於克拉蘇已早死，他們便把龐培拉過來。於是接著出現的便是凱撒與龐培的火併，龐培終於在公元前四八年被擊潰，逃至埃及而死。凱撒遂成爲羅馬帝國唯一的統治者。

在這段鬥爭中，元老派也出現一位叱咤風雲的人物，他就是著名的演說家和修辭學家，有「羅馬散文泰斗」之稱的西塞

羅（Cicero, B.C.106-B.C.43）。雖然他手下無一兵一卒，按實力而論，對政局應無太大影響，但他的演說和文章卻極有動人心弦的號召力，尤其是他把元老派死死抱住共和制度解釋為對共和傳統的尊重和對自由民主精神的熱愛，極力使羅馬公眾對共和國油然而生一種惜別與依戀之情，共和制度在許多人心目中由於西塞羅的鼓吹而又重新鍍上一層夕陽餘暉般的金光，他們對凱撒的勝利和獨裁也由歡呼而轉向懷疑甚至反對。但凱撒本人對這些變化卻估計不足，擊敗龐培之後，他允許四散逃亡的元老殘餘回到首都，其中也包括曾為元老派喉舌的西塞羅。正當凱撒認為大局已定，躊躇滿志之時，他卻不知道身邊親近、甚至他視為義子的人都在醞釀反對他的陰謀，而他到埃及時與埃及女王克萊奧帕特拉大談戀愛，更使他在羅馬大失人心。原來羅馬人早把包括埃及在內的希臘化王國當作腐朽專制政權的代表，埃及的法老專制尤有污名，而且這些國家都已降服於羅馬，對羅馬公眾說來它們只該俯首聽命。可是現在凱撒與埃及女王的關係卻有可能使事情顛倒過來，他與克萊奧帕特拉已生下一子，取名凱撒里昂，於是各種謠傳把羅馬弄得沸沸揚揚，有說他要與她共治天下的，也有說他要立凱撒里昂為羅馬未來的君主，甚至說首都也將遷到埃及，這些傳說顯然最能刺痛羅馬人的自尊，是他們萬萬不能容忍的。因此，當凱撒紫袍加身，被宣布為終身獨裁官，並擁有祖國之父、統帥和大教長等最高榮銜之時，他的群眾威望已在迅速下降，他身邊的陰謀集團已訂好刺殺他的計畫。公元前四四年三月十五日，凱撒便被刺死。

凱撒已集一切軍政大權和至尊榮譽於一身，實際上已是萬乘之君，所以日後西方各國喜歡用凱撒之名作為帝王的美稱，

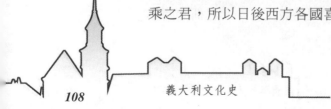

因此德國皇帝不稱帝而稱凱撒，我國熟悉的俄國沙皇之名，其中的「沙」也是凱撒一詞演變而來。但凱撒被刺死也說明共和制雖已過時，它的傳統影響與習慣勢力卻不可輕視，因此羅馬帝制要想成功，還不得不披上一點共和制的外衣。這些工作主要是由凱撒的繼承人奧古斯都完成。他原名屋大維（Octavius），奧古斯都是他作羅馬皇帝獲得的尊稱，有至聖至貴之意。他的生卒年是公元前六三到公元一四年，在位年代則是公元前二七到公元一四年。奧古斯都的母親是凱撒的姐姐尤利婭的女兒，所以按親屬關係說他是凱撒的甥孫，但凱撒在死前不久已立他為養子，指定他作家業的繼承人。在凱撒遇刺而死時，奧古斯都只有十九歲，尚無任何政治實權，但他卻善於審時度勢，利用矛盾，終於脫穎而出，一鳴驚人。他首先和凱撒部將，實際掌握兵權的安東尼（Antonius, 約 B.C.82-B.C.30）和雷必達（Lepidus，時任騎兵司令）組成三頭同盟，史稱後三頭。他們聯合起來對付刺殺凱撒的布魯圖斯和卡西烏斯（Cassius），並進一步肅清元老殘餘。在他們大肆搜捕之下，舊的元老貴族幾乎被斬盡殺絕，西塞羅雖逃離羅馬也不能幸免，他被擒處死後，竟把他的頭和手砍下帶回羅馬，懸於他經常發表演說的講壇之上示眾數日，由此可見雙方仇怨之深與誅殺之酷。後來布魯圖斯與卡西烏斯也在希臘戰敗自殺，死敵既除，統治權便在後三頭之間爭奪起來。三人之中雷必達胸無大志，先行引退，誰能繼承凱撒作第一個羅馬皇帝，遂成為奧古斯都與安東尼之間的廝殺。安東尼本來略占上風，但卻犯了凱撒晚年同樣的錯誤，他跑到埃及後，就與克萊奧帕特拉打得火熱，醜聞較凱撒尤甚（其中可能也有政敵故意誇大中傷的謠傳），因此形勢逐漸轉為對奧古斯都有利。公元前三一年，奧古斯都重

創安東尼與克萊奧帕特拉的聯合艦隊，他倆逃往埃及。次年，奧古斯都進軍埃及，安東尼自殺，克萊奧帕特拉還想故技重演，卻未能如願而被迫自殺，埃及併入羅馬。整個羅馬帝國這時就在奧古斯都掌握之中，但他並不直接稱帝，仍保留元老院等共和體制（實際上都是他的黨羽掌握），只於公元前二七年接受奧古斯都稱號而登帝位，歷史上遂以此年作爲羅馬帝國開始和共和國結束之年。

從凱撒作執政官的公元前五九年到奧古斯都死時的公元後一四年的七十多年間，可以說是義大利文化史上群星璀璨的輝煌時代，西方人習慣於稱之爲黃金時代。這七十多年中前有凱撒、西塞羅的文章，以及瓦羅（Varro, 約 B.C.116-B.C.27）的學術著述和盧克萊修（Lucretius, 約 B.C.99-B.C.55）的哲理詩篇；後有奧古斯都治下三大羅馬詩人的活動和李維的史學、維特魯威的建築專著等等，可謂美不勝收；但是在義大利文化史上更爲令人眼花撩亂的，還有這時達於頂峰的藝術與建築成就，羅馬和義大利各地的城市開始建設得富麗堂皇。正如奧古斯都引以自豪的贊詞：他把一個磚土的羅馬變成了大理石的羅馬，義大利的大小城市亦莫不如此，作爲帝國的核心而享受著空前的繁榮，從此義大利在歐洲和西方開始作爲文明的燈塔而享譽永久。

凱撒的散文寫作實際上是他的軍政生涯中不可分割的部分，這也是他的散文能千古不朽的最大特點。他把自己這些文章謙遜地稱之爲「手記隨錄」（commentarii），卻具有非凡的政治宣傳作用；雖在戎馬倥傯之中寫成，竟可充分發揮其明快精審的文風。也可以說，他的散文並非通常所謂的「純文學作品」，而是向羅馬元老院和公民群眾闡述、宣傳自己軍功政績的

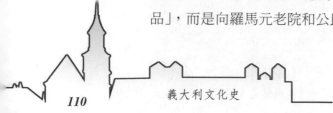

文件，相當於今日的「匯報」、「報告」之類，但卻絕無那種不堪一讀的官方文件的陳腐與虛誇，反而能鮮明顯示作者的性格與氣質，使其文學成就與作者在政治舞台上的叱咤風雲不相上下。就這一點說，凱撒的散文使我們想起諸葛亮的〈出師表〉，本意不在爲文而其文學成就反而非他人所能及。這種經世濟用、直陳明述的特點，不僅決定了凱撒散文的風格，也使它在體現當時羅馬和義大利文化的開闊富麗的風貌上，起著獨樹一幟的代表作用，成爲拉丁文學中最能反映羅馬民族性格的佳作。

凱撒在政治上獨具慧眼，較早看出共和制已是一個空架子，一心想建立以實力爲基礎的個人獨裁，開啓了羅馬帝制，被認爲西方歷史上最有雄才大略的軍政奇才。但他的性格是很複雜的，在堅毅沉著之中又有權變的巧點，在精明質實之中又有暴烈與任性，反映出這個風雲聚匯時代能成大業的性格特點。他青年時的一個故事可以爲我們形象地說明這一點：據說有次他在海外旅行被海盜俘獲，海盜索要一筆巨款爲贖，他卻答應拿出雙倍的錢以示慷慨；可是，在他獲得自由之後，立即親率一支部隊直搗賊窠，既剿滅大批盜匪，還得到大批財物，名利雙收，政敵爲之側目。以他這種性格處理和看待從共和到帝國這一段矛盾最錯綜、鬥爭最複雜的歷史，他的文章便有快刀斬亂麻般的乾脆和出人頭地的利落，既是時代心境與性格的典型展示，同時又是具體的歷史事件的紀錄，既有很高的文學價值，又可作珍貴的歷史資料看。

凱撒的散文著作今存者有《高盧戰記》和《內戰記》兩種，據時人記述，他還寫過《論類比》、《論演說家》、《反加圖》[1]、《旅途雜記》等篇，但都已失傳；他的書信、演說辭也

都無存於世。從內容看，應說現存兩書是凱撒的主要著作，其中又以《高盧戰記》為最重要。因為《內戰記》的篇幅較《高盧戰記》短得多，品質也較遜色，一般讀凱撒散文者皆以《高盧戰記》為範本。凱撒以出身羅馬名門世家的身分，可說是受到了當時最好的教育，但他自己也很注意文學修養。按當時情況，文章要寫得好，必須充分吸收希臘文化和文學的成果，凱撒自不例外。他一方面接受傳統的羅馬家教，深諳羅馬貴族那套齊家治國的道理，另一方面卻遍訪在羅馬和義大利的文化名人，拜之為師，接受希臘語文與修辭學的學習。他還親赴希臘，拜羅德島的莫隆（Moron）為師，在這位著名的演說家門下學習修辭學與演說術，甚得莫隆一派的要詣。原來，在當時的修辭學界，莫隆是新起之秀，他們一反當時流行的雕琢細巧、詞藻華麗的文風，提倡歸真返璞，以公元前五世紀的雅典演說家李西亞斯（Lycias）為楷模，主張鋪陳實事、以理服人，因而又有亞狄加派之稱〔亞狄加（Attica）是雅典地區之名〕。應該說，這一派所倡導的風格，看似復古，實際上卻遵循著古典文化很重視的一種美學理想，即認為美在於單純、藏而不露，所謂「真正的藝術即不見其為藝術」，以簡樸取勝。希臘散文的風格在希臘化時代總的說來是崇尚富麗修飾，現在亞狄加派卻重新把簡樸質實的理想提出來，既有清新之意，也符合羅馬人奉為聖德的嚴肅、虔敬、質樸的三昧，因此在凱撒這些深諳羅馬特性的新人看來，亞狄加派的修辭理想與羅馬的傳統道德可謂不謀而合。因此，凱撒到希臘的留學使他很快就能融會貫通而得亞狄加派的精髓，而且凱撒日後軍政生活的實踐也有助於他發揚這種清純質實的文風。戎馬倥傯之際，行文自求簡短；為了獲得良好的宣傳效果，讓群眾聽懂記牢，字句也必力求平

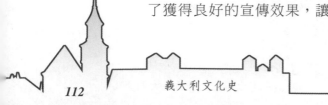

易、鮮明。這樣一來，文學師承、個人氣質與實踐需要相結合、相促進，就產生了世界文學史上少見的平易簡潔卻又清雅有力的文風——這就是《高盧戰記》的風格，也是這個不是文學家、卻在拉丁文壇和義大利文化史上獨步千古的凱撒的風格。《高盧戰記》問世後，果然受到羅馬公眾的歡迎，他們不僅爲獲得許多外地作戰信息和勝利捷報而興高采烈，更因爲一位重要軍政統帥也能寫一手好文章而感到欣慰。這些頌揚之詞，最典型的當是出自他的部將、並曾擔任《高盧戰記》續作重任的依爾久斯（Hirtius）之口的名言：

> 人們一致認為，即使別人極精心撰寫出來的作品，都無一不在這部《戰記》的優美文筆之下。這部《戰記》的問世，雖說是要使史家不致缺乏有關這些偉大事業的知識；但它所博得的眾口一致的讚揚，反倒弄得史家好像失去而非獲得一個可供他們自己發揮的機會。不過，我們在這裏的讚揚，要比別人對他的讚揚更多一些，因為一般人只知道他是怎樣出色地、完善地寫成了這些戰記，但是我卻知道他寫作是多麼得心應手、一揮而就。凱撒不僅有最流暢最雅致的文筆，而且還有最確切的技巧來表達自己的意圖。[2]

依爾久斯是追隨於凱撒左右的助手，他的話既是親身體驗的肺腑之言，但也可能有作爲部將稱譽過甚之嫌，因此我們不妨看看他的政敵對其文風清雅的高度評價，而且這個政敵不是別人，正是在文學上比凱撒成就更高、更居權威地位的西塞羅。有趣的是，西塞羅說這番話時恐怕由於政治上的對立而故弄玄虛，他竟借用另一位亞狄加派的羅馬演說家，後來是親手

刺殺凱撒的布魯圖斯之口，說了以下的讚揚凱撒的話，實際上這恐怕正是西塞羅自己對凱撒的真正評價：

> 我非常喜歡他的演説，我讀了不少他的演説辭，也讀過他的《高盧戰記》。它們值得最高稱讚，因為它們文風簡樸不事雕琢、直率而優美。它們不需任何演説術的修飾，就像不著衣衫的裸體顯露其天生麗質那樣，在歷史記述體裁中，沒有比這種清澈、簡明扼要的文筆更令人滿意的了。[3]

敵我兩派都對他這樣有口皆碑，可見這部作品的成功和凱撒文筆的優異。但這些軍政要員對凱撒文風的評介恐怕還忽略了它的一個重要的群眾因素，或者說對這方面的歷史意義估計不足。實際上，《高盧戰記》的最大成功就是它的簡單平易、通俗易懂卻又雅俗共賞。這個易讀易懂的特點，加上凱撒在歷史上的作為，遂使《高盧戰記》在古代義大利成為最暢銷的讀物。近代自文藝復興以來，它更被當作人們學習拉丁文的啟蒙讀本，歐美學童學拉丁文的第一課範文，往往就選自《戰記》，它之家喻戶曉，可比之如我國的《三字經》、《千字文》，而它開卷第一句話「高盧全境分為三部分」，就像我們的「人之初」那樣成為群眾的口頭禪。英國愛說俏皮話的文學大師蕭伯納就曾以此句為例，說凱撒的文筆是他在所有拉丁文學名著中最賞識的，因為這句話「雖無風趣，又乏實據，但它至少是簡單明白，人人都懂」。

《高盧戰記》總共八卷，前七卷出自凱撒親筆，以一卷記一年度之事，從凱撒任高盧總督的公元前五八年寫起直到前五二年。此後兩年他仍在高盧「大展宏圖」，因此也屬戰記應述範

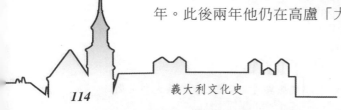

圍，可能此時他因忙於回義大利準備大打內戰而停筆，此兩年之事遂由部將依爾久斯續寫，編爲第八卷，形成全書八卷之數。古人關於此書寫作的具體動因凡有兩說，一是說它是爲向元老院作年度匯報而寫，另一則說它是凱撒爲向政敵小加圖等辯論剖白而寫，現在看來兩說皆有一定道理，年度匯報可能是《戰記》的原本，因而決定了它以一卷記一年大事的體例；但針對小加圖等人在元老院發起的攻勢而以此書反駁，也確有其事，因此全書上下連貫、一氣呵成，非年度報告的簡單編排可比，並使此書同時兼有敘事與政論兩種性質，正合乎凱撒私下以此書作政治宣傳的企圖。全書雖屬凱撒自我介紹親身經歷，行文卻不用第一人稱，凡提及自己之處，都用「凱撒」和「他」的稱呼，使全書自首至尾皆不露主觀語調和個人感情，以保持其客觀敘事冷靜分析的特色，但實際上凱撒無時無刻不在向讀者顯示他的形象，而且是精心塑造的形象，只是他遵循「眞正的藝術即不見其爲藝術」的古訓達於出神入化而已。

西塞羅和凱撒正好是文化史上互爭雄長、難分高下的兩座並立入雲的高峰。他倆不僅在政治上站在對立面，各自領導著元老派和反元老派的兩大營壘，而且，在散文寫作和文化事業上，他們彼此也是異曲同工，各領風騷。在義大利文化史上，可以說他倆都相當鮮明地體現了這個時代開闊高遠的精神，卻又各有所宗，各有所長。如果說凱撒是堅毅平易兼得，西塞羅則是開闊精審兼工。作爲「拉丁文學泰斗」，西塞羅一方面有其博大精深、兼收並蓄的基本優點，同時也有自己獨特的清逸坦露、親切和善的性格，作爲元老派的首領，他當然不忘宣揚羅馬人自封爲民族天職的統治萬民的抱負，但他的學識與性格卻使這種宣揚披上了人道主義和人本主義的哲理與情懷。因此，

西塞羅在文化史上產生的影響，非僅在於他的文章精妙古今獨步，還在於他對人性、民主、開明、共和等等觀念的啟迪。儘管他所維護的、甚至為此喪生的元老派的事業是注定要失敗的，他以自己擲地有聲的雄辯之辭捍衛的人文理想卻是崇高而不朽的。

西塞羅與凱撒之出身羅馬望族不同，他只是義大利中南部一個小城的市民，雖然家境富裕並有羅馬公民權，他這種出身卻更能代表義大利各地比較普遍的高層文化人士的意識。然而，在共和末年撲朔迷離的政治風雲中，使西塞羅走上元老派道路的竟主要是他所服膺的共和政治的理想。從青年時代起，他就以反獨裁、反腐敗鬥士自居，並把維護民主共和的理想和保持羅馬共和制度等同起來，而在當時最熱中於保持共和一切原封不動的只有元老派，所以產生了他和元老派共存亡的悲劇。但就其文化修養和文學成就說，則更有代表整個義大利的意義。由於家境富裕，他可以說是受到了當時義大利地方人士所能受到的最好教育。他在本城完成啟蒙學業，然後到羅馬深造，在羅馬完成最高學業，並成為一位著名的辯護士（有如今天的律師），最後他又到希臘留學兩年，除了在雅典遍訪名師，他還像凱撒那樣到羅德島求教於修辭學大家莫隆。演說與修辭是當時羅馬官場目為最重要的經世濟用之學，它在公私生活中皆能發揮很大作用；為公則用於各種公民會議和元老院中的演說，它是政治鬥爭的主要手段；為私則用於法庭訴訟的辯護，更與個人利益密切相關，同時也是學人用以增加收入的重要手段。西塞羅的演說修辭同時服務於公私兩方面，既為升官也為發財，但又絕不以這種世俗目的為限，一方面他對演說修辭技巧的提高要求極嚴，另一方面又極注意自己的文化修養，他的

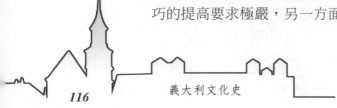

視野較一般學子廣闊得多，文、史、哲無所不通，即使就演說修辭一科而言，他也注意廣採博收，集各家各派之長，達到青出於藍而勝於藍的境地。當時以文風華麗、詞藻豐富爲特色的希臘修辭學派的代表大師多出自小亞細亞（今土耳其）各地，故有亞細亞派之稱，西塞羅在羅馬學習時的老師都屬於這一派，他的修辭學的基礎和淵源顯然也由此而來。但他很快就跳出一家一派的藩籬，注意吸取其他派別，甚至對立學派的長處。例如和亞細亞唱對台戲的、力求簡潔的亞狄加派，他也學習甚殷。他到羅德島去求教的莫隆，便是亞狄加派的大師，正因爲如此，他對服膺亞狄加派的凱撒的文風也很賞識，既不因其爲政敵而斥之，更不出於門戶之見而貶之。他對修辭學的綜合融會還表現在既充分吸收希臘精華，又注意發揮羅馬特色等等方面，從而作到熔希臘的活潑明快與羅馬的堅定沉著於一爐。西塞羅在學問上的融通綜合，與他在政治上信奉自由民主、共和協議的理想，哲學上強調理性和開明中庸的原則是互相配合的，因此他作爲文學家、演說家、修辭學家固然有登峰造極的成就，卻又無不由於其社會活動的廣泛和學問的通博而益增其光彩，並由此決定了他那些極受人稱譽的文體與風格；講究細心加工與自然流暢的結合，爲文結構勻稱，詞彙優美，句法嚴謹，音韻鏗鏘。出於羅馬人重視實用的性格，他那些完美的文章和演說也是他在官場和法庭上發揮無比威力的武器，恰好他步入政壇之時，正是斯巴達克起義後新人容易嶄露頭角之際，他首先以幾篇反貪污腐化的辯護詞、演說詞而名聲大噪，接著便被選爲市政官、行政官長等等，直到公元前六三年出任執政官，達到了共和國的最高官階，以後便進入元老院，而他的文章也如其仕途的順利那樣爲世人折服，終於戴上「泰

斗」的桂冠。

西塞羅傳世的拉丁散文作品，在所有拉丁作家之中也是數量最多的。我們今天還能讀到的他的演說詞達五十七篇之多，他的修辭學和哲學著作基本留存或有殘篇傳世的也有二十篇，但爲數最多且影響也最廣泛的還是他的書簡信函，今存者共有九百篇，其中編爲《致阿提庫斯書》的有十六卷〔阿提庫斯（Atticus）是他最要好的朋友，但此人既無文才也非高官，只是一個有錢的公民和精明的商人〕，《致親友書》亦有十六卷，此外還有致其兄弟昆因圖斯的書信三卷，致布魯圖斯的兩卷，可謂洋洋大觀。這樣多的私人信函能作爲文學名著傳之永遠，也可見西塞羅散文的魅力和功夫。當然，無論演說、論文、專著、書簡，西塞羅文學成就的基本核心，按古典學術的分類，仍在修辭學這一方面。而使當時的羅馬民族和義大利人最爲高興的是，有了西塞羅，他們終於在修辭學這個重要領域中，得到了可和希臘老師相比甚至超過他們的巨匠。因此，羅馬人最爲西塞羅的青勝於藍感到驕傲，一百多年後，最有權威之稱的羅馬修辭學家昆體良（Quintilian，參看下面第 191 頁），在其名著《修辭學教程》中對此更說得頭頭是道：

> 總而言之，在散文文學的各個體裁中，正是我們的公共演說家取得了可和希臘人相比的成就。我可斷言西塞羅絕不低於他們中的任何人。我完全知道這種說法可能引起那些崇拜希臘的人的非議，但我仍然認爲德謨斯提尼和西塞羅相比，在許多方面都可說旗鼓相當，儘管他倆的文風迥然不同。至於說到機智詼諧和引人同情，這兩個演說修辭以情動人的最有力的武器，那麼我們的大師顯然更見優

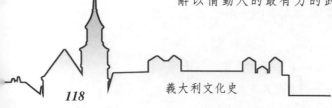

勢。當然，希臘人有一個我們無法與之相比的條件：他們走在前面，我們拜之為師，因此，正是他們引導了西塞羅達到可和他們比肩的境界。西塞羅正是這樣一位全心全意仿效希臘成果的人，在我看來，他成功地集聚了希臘前輩大師的優點，在他身上同時具有德謨斯提尼的力量、柏拉圖的豐富和蘇格拉底的完美。但他不僅僅是靠細心學習達到這一點，他的絕大部分甚至全部優點，都出自他本人，出自他湧泉般無窮無盡的超人的天才。因此，表面上是他承受惠賜的東西，實際上卻是他憑力量取得的；在法庭上，法官們是為西塞羅的言語所左右，但他們卻心悅誠服，自以為是根據自己意願而作決定，毫不覺察他們其實是受他指使。[4]

羅馬人在西塞羅身上看到他們不僅是軍政上業績空前，文化上也有可超越於希臘之處，這實際是對義大利文化在古代發展達於高峰的肯定。按昆體良的比較公平的持論，希臘羅馬，或者說希臘與義大利是各有所長，併肩而立難分高下，不過他最反對的仍是那種盲目崇拜希臘，認為希臘在文化領域中一切皆優的觀點。他的意見反映了當時義大利的有識之士已注意到以羅馬為中心、以義大利為腹地的古典文化發展的新階段，因此他進一步強調西塞羅的優點出自他本人和他的天才，言外之意無非表示西塞羅的成就應從義大利木身環境理解。這樣，從文化比較論中，我們就可看到義大利的成熟、繁榮與其自身特點的認同。如果拿德謨斯提尼作為希臘修辭學的代表，那麼西塞羅作為羅馬修辭學的代表所包含的文化比較意義，就並非個人風格的異同，而有民族精神的區別。在這方面羅馬託名為隆

吉努斯（Longinus）的美學著作《論崇高》就很有見地。它評論說：

> 德謨斯提尼的崇高風格在於其峻峭挺拔，孤峰獨立，而西塞羅的優點則是蔓延擴伸，有如燎原大火，無往不屆，噴爆騰越於整個四野；這是從他自身迸發出來的火焰，豐富而從不衰竭，可以隨其意願時在此處，時在彼處擴散蔓延。而且只要燃料在手，可以不時死灰復燃，猶如野火之常現。[5]

這位作者把西塞羅的文才比喻為燎原之火，不僅很有新意，也從其燎原大火的氣勢看到了羅馬當時的開闊精神，可以說這是更能體現當時文化發展特點的精神，從而看出《論崇高》的評語是抓住了西塞羅風格的精髓。

西塞羅留下的五十七篇演說詞中，按用途分也是公私皆有，為公者是他的政治演說，為私者是他替別人在法庭打官司的訟詞。前一類最著名的是抨擊其政敵的演說，尤以名為《反對卡提林納》的四篇演說和反對安東尼的取名《腓力皮克》的十四篇演說蜚聲千古。按西塞羅元老派首領的立場，這總共十八篇的政治演說都是針對反元老派的，從歷史人勢看似乎有逆潮流的保守意義，但具體情況又不完全如此。原來，反卡提林納（Catilina）是西塞羅在公元前六三年任執政官時的一大政績。卡提林納是破落貴族出身，自居為反元老派，言行偏激，作風上也有不少遭人非議之處。他多次競選執政官都未成功，最後兩次皆敗在西塞羅手上，於是鋌而走險，陰謀通過政變奪權，卻又洩漏風聲，被當時任執政官的西塞羅掌握內情。西塞羅急忙在元老院發表這幾篇《反對卡提林納》的演說，以驚天

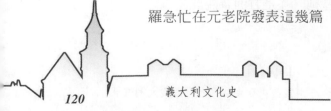

動地、雷霆萬鈞之勢揭發和粉碎了卡提林納的陰謀。在這幾篇演說中，西塞羅高舉共和大旗，他那極富感染力的語言更使義正詞嚴的批斥所向無敵，深入人心。正因爲這樣，他被授予「祖國之父」的榮銜，塑就他光耀千古的共和鬥士的形象，《腓力皮克》這十四篇反對安東尼的演說是凱撒被刺以後兩派激烈鬥爭的產物，西塞羅雖未參與刺殺密謀，事後卻對布魯圖斯等人甚爲支持。當年安東尼正任執政官，凱撒派兵旅皆由他指揮，公民大會亦歸其控制，西塞羅作爲元老派首領，便以他的演說對安東尼口誅筆伐，把他攻擊得體無完膚。他仿照德謨斯提尼批斥馬其頓國腓力的演說，而把這些反安東尼的文章總稱爲《腓力皮克》，既有反專制獨裁之意，也有比附於德謨斯提尼之意。然而，此時元老派大勢已去，而安東尼卻和奧古斯都等組成新的三頭同盟，西塞羅批評的武器就遠不如對方武器的批評有力量了。結果這些演說文章給西塞羅帶來殺身之禍，他立即慘死於後三頭發動的大搜捕中。可能正因爲如此，他在《腓力皮克》中發出的反暴政、反專制的呼聲更帶有悲壯色彩，在後人眼中他甚至是一位爲共和理想獻身的殉道者了。

其實，在我們今天看來，西塞羅最感人的文章倒不是這些公開的，多少有點堂而皇之的演說詞，而是那幾百封不準備發表的私人書信。這可能是西塞羅本人以及許多古代評論家未曾預料到的。正因爲它們是親情友誼的流露，反而更能坦率道出作者的心懷、情愫與思想，再加上他的文風也是那樣清逸爽快，有如行雲流水，自然舒展，較之凱撒那些不顯雕琢的報告，更能從個人情趣方面達到古人景慕的「眞正的藝術是不見其爲藝術」的境界。在他寫給親友的信函中，我們可以看到一個更爲具體、豐富、更有人情味的西塞羅，正如他的兄弟所

說：「我從你的信函中看到了整個的你。」[6] 這種能在文章中看到一個真實的人的感覺，在古代並不作為修辭的宗旨，但西塞羅的信函書簡匯集成冊以後，卻被後人看作文章的楷模，它的影響可就大了，尤其在文藝復興人文主義興起之際，它給予西方人強烈的啟發甚至超過那些正統的文獻和哲理專著。按西塞羅自己的見解，信函的首要任務就是傳遞信息，可貴的是，他是從自己信奉的有關人性、人生的廣闊觀念來理解這個「信息」的範圍，既是信手寫來，無所不包，自然流暢，卻能發其所應發，止其所應止。這樣我們就看到他的信函中有時情真意切、有時議論風生，有時也瑣碎坦然，說大實話，甚至達到親不避嫌的直率，就像我國俗語所謂的「一家人不說兩家子話」。從這些信函中，我們可以更鮮明地體會到他信奉的人生哲學，就是順應自然、豁達知命、通情達理、自我節制以求得心靈靜謐之樂。這些哲理也可見於他忙裏偷閒寫出來的雜文和論文中，其中如《論友誼》、《論老年》、《論共和國》、《論善與惡的定義》、《論神的本性》、《法律篇》等等，也都是膾炙人口的。它們都把古典文化服膺的中心思想——對人性的強調發展到新的高度，尤其對義大利和羅馬的社會文化環境而言，有更上一層樓的意義。因為西塞羅的信函和散文都處處強調人性之所以能順應自然，必須文明的薰陶，人性不僅僅是人區別於鳥獸，也是文明人區別於野蠻人和不文明人的基本因素，這樣，人性的含義就和人文、文明以及我們今天所說的精神文明有點接近了。西塞羅揭櫫的這種人性新義，日後逐成為羅馬文化和義大利文化的一個基本思想，影響極其深遠。

奧古斯都是以凱撒繼承人的名分而得以翦滅群雄，建立帝制，因此他的各項政策基本上繼續凱撒的措置；但他也吸取凱

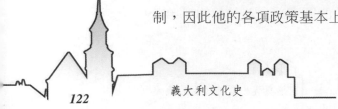

撒過於張揚而被刺殺的教訓，對羅馬和義大利固有的傳統盡量作出保持的姿態，因此他的各項舉措又多增一些顧全大局、中庸保守的特色。他實行的帶有共和外衣的帝制——元首制（即不稱皇帝而稱元首，並保留原來的共和機構，但軍政財文大權完全集中在他一人手上，帝位也世襲繼承），雖有模稜兩可之譏卻實效顯著，使羅馬帝制終於延續數百年。在文化政策上，他也重視傳統與帝政的結合，文化要為帝制——元首制大作宣傳自然是首要之舉，但重點是要使羅馬和義大利的文化發展給帝國披上閃光的外衣，強調帝政帶來的和平與繁榮。為此奧古斯都很注意在羅馬城和義大利各地大興土木，以建築的輝煌顯示帝國的榮耀，同時重視籠絡文化人士，和著名的詩人、學者搞好關係，使他們的文學創作和學術研究成為帝國的驕傲。此外，奧古斯都還對羅馬賢哲歷來倡導的既強調保持羅馬古風，又積極吸收希臘成果的兩手政策極為讚賞，遵奉之餘，還使它在帝制條件下有新發展。所以，從文化史的角度看，奧古斯都這種兩手並舉、互為補充的文化政策，就像他的元首制奠定了帝國政治體制的基礎那樣，為日後帝國在義大利的文化發展奠定了一個基本方向。他提倡文學藝術都要積極學習希臘，尤其要發揚雅典在公元前五世紀時形成的古典盛期風格，認為它的端莊高貴最適合帝制的需要；但他也極力恢復羅馬的傳統宗教信仰和質樸保守的古老風俗，在建設羅馬使之成為當代最壯麗的首都時，也注意制止奢侈淫佚之風，消除不利於保持羅馬傳統的外來因素。他延攬四方俊傑，促成帝國一統太平盛世的景象，也大力宣傳羅馬的民族天賦和豐功偉績，大搞愛國尊祖的宣傳教育；他既重視羅馬首都的文化建設，也關注義大利各地和各行省的建設，並把義大利文化的高漲和行省的普遍繁榮當

作帝國最值得誇耀的業績；他推行元首高於一切的帝制宣傳、讓臣民把皇帝元首當神明崇拜，同時也搞些慈善措施，樹立寬大爲懷的博愛風氣。這些文化措施，配合著帝國全境長期穩定和平促成的經濟繁榮，還有絲綢之路開通後東西方經濟文化交流的大發展，遂使奧古斯都時代成爲義大利文化史上一個百花齊放的「黃金時代」。

以詩歌創作爲主的文學是奧古斯都最爲關心的文化建設領域，在文化史上，他的黃金時代也以文學——詩學最顯光芒四射。當時產生了三位偉大的拉丁詩人：維吉爾（Virgil, B.C.70-B.C.19）、賀拉斯（Horace, B.C.65-B.C.8）和奧維德（Ovid 或 Ovidius Naso, B.C.43-A.D.17），並稱爲奧古斯都詩壇三大明星。總的說來，奧古斯都對文學創作的要求可歸結爲三點：民族傳統、鄉土情調和愛國精神。民族傳統的含義，是要使拉丁文學在水平上達到可和希臘相比的高度，並且建立起自己完整的體系和民族的風格，只有在水平、體系、風格上都有義大利自己的創意與成就時，民族傳統才能立於不敗之地。鄉土情調則是對羅馬文藝反映義大利本土特色的要求，特別是在詩歌方面，用拉丁韻律，寫地方風情，而且適當吸收民歌民謠的格調，這是提高羅馬詩學的一個重要途徑。愛國主義是奧古斯都文化政策的主題，強調以羅馬民族立國以來的豐功偉績教育公民群眾，因爲讚揚羅馬，歸根結蒂也是讚揚帝國，兩者互爲表裏，愛國熱情與義大利文化的發揚也是互爲促進的。當然，由於帝制建立符合時代的要求，這三點在一定意義上反映了時代對於文藝的希望。但三位偉大詩人又不是簡單地順應時勢而進行創作，他們的詩篇無不反映著自己個人的性格，發出自己的心聲，只有這樣才能形成奧古斯都詩壇空前興旺的盛況。

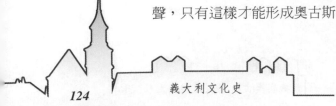

三大詩人中維吉爾是公認的奧古斯都文學的中心人物，也是其詩壇的主要支柱。他雖然死得較早，在奧古斯都建立元首政治不到十年就已去世，他的詩作卻輝煌地宣告了這個黃金時代的到來。維吉爾出生於北義曼圖亞（Montua）附近的農村，是一位義大利鄉土氣息濃郁的詩人。他曾到北義的米蘭讀書求學，也曾到羅馬讀修辭學，並在凱撒的部隊中服役一段時間，但他成年以後長期定居之地是南義那不勒斯的鄉間，以寫詩為業，兼習農事。他與奧古斯都交誼甚篤，有時到羅馬作短期逗留，也常去希臘，然而農村鄉野始終是他詩歌創作的基地，儘管他的不朽名作《伊尼阿特》被提高到民族史詩的神聖地位，他早年創作的《牧歌》和《田園詩》卻最能坦露他的心聲。

　　維吉爾的《牧歌》今存者有十篇。他的牧歌不像希臘化的牧歌那樣，帶著城裏人觀賞山野景色的好奇心理，卻傾訴著義大利農民的辛勞疾苦與鄉間樸實恬靜的風物，既有濃烈的鄉土氣息和堅定的哲理意趣，也吸收了義大利民歌民謠的優點，因此一經問世即在羅馬詩壇引起轟動，並得到奧古斯都的重視。但在義大利文化史乃至整個西方文化史上，《牧歌》中影響最大的一段詩句卻貌不驚人，只是義大利農民厭惡內戰、希冀太平的心願的自然流露：

> 時代已在醞釀、時序即將更新，
> 童貞的正義女神將重回人間，
> 太平盛世又將重現。
> 新時代的頭生兒，
> 已經從天而降，
> 即將光臨地上。[7]

詩人把農民對和平生活的嚮往升華爲對新時代的憧憬和
「頭生兒」的降生，就使這幾句詩頓時成爲新時代即將到來的天
才預言，不僅奧古斯都及其黨羽對之大加讚賞，後來更被基督
教當作聖母瑪利亞和耶穌基督即將來到人間的神靈的啓示。中
世紀時，所有古典詩詞皆被斥爲異教邪物，唯獨維吉爾這幾句
詩大受青睞，維吉爾也被認爲預言有功，是教會准許提到的唯
一古典詩人。這樣一來，這短短幾句詩卻因其遭逢時運而起了
一般詩詞難以料想的作用，而且使維吉爾在義大利備享殊榮，
不失爲文化史上一大佳話。

　　《牧歌》之後，維吉爾又以其《田園詩》而與奧古斯都當時
的振興農業、休養生息的政策起了很好的配合作用。因此這些
田園詩嚴格地說應稱爲「農事詩」，它雖然也歌頌田園風光，具
體內容卻主要談農業生產，甚至包括許多技術性的細節。正如
詩人在開卷第一段就點明了他歌詠的主旨：

> 我要歌唱，什麼時候
> 麥田笑逐顏開，
> 在哪座星辰照耀之下，
> 泥土被翻轉耕耘，
> 是什麼時辰，最適於
> 讓葡萄藤與榆木支架結婚，
> 怎樣的調養，
> 牡牛最需要，
> 用什麼方法，
> 牲口養得最好，
> 還有，那蜜蜂的勤勞的家園，

怎樣用人類的經驗調理得更豐饒。[8]

　　所以《田園詩》各卷的內容也依次是：第一卷談論糧食作物；第二卷談果樹，特別是義大利最重視的葡萄與橄欖；第三卷講牲畜與農舍圈棚；第四卷討論養蜂之道。用如此美麗的詩句去描述那些帶著濃烈泥土味的農業操作，在世界詩藝中堪稱一絕。然而，維吉爾把田園詩寫成農事詩，正表明羅馬與義大利文化憑其鄉土氣而開創了自己的傳統。從文化史的角度看，他的田園詩的象徵意義遠大於它所樂道的實用性，他是通過農事的描述，而歌頌了農民的辛勞以及樸實而充滿活力的義大利田園風光，因而能以鄉土氣的平淡質實發人深思、引人遐想，而詩人的妙筆又是微言大義，恰到好處。所以他這些田園詩很得羅馬朝野人士的欣賞，數百年間對之讚不絕口。

　　通過《牧歌》和《田園詩》的創作，維吉爾作為帝國的桂冠詩人的地位已為人所公認。登上帝位的奧古斯都這時對詩人有了更高的要求，希望他能寫出更莊重完美的史詩般的作品，維吉爾也心領神會，以餘生所有精力投入了史詩《伊尼阿特》的創作，直到死前才告基本完工。據說，他臨死時剛好帶著要進一步加工的詩稿從希臘回到義大利，竟囑咐親友在他死後要把詩稿全部焚燬，這消息被奧古斯都知道了，他馬上進行干預，詩稿才得以保存下來，這就是我們今天見到的《伊尼阿特》。這故事說明奧古斯都對這部史詩非常重視，以致親手將它挽救過來；至於焚稿之說則未必可信，充其量也只是為了形容詩人對改稿工作的極端認真。現存《伊尼阿特》共十二卷，首尾俱全，博大精深，應該看作是詩人嘔心瀝血之作。他顯然是著眼於希臘的荷馬史詩，要用史詩這種最莊嚴的體裁描寫羅馬

歷史最莊嚴的主題：伊尼阿斯如何從特洛伊逃出而來到義大利創立了拉丁民族，這既是一部民族的史詩、愛國的史詩，同時也是一部在文學成就上可和希臘史詩相比的義大利史詩。具體說來，《伊尼阿特》要把荷馬史詩敘述英雄業績的兩大精華熔於一爐，因而更見其氣魄的宏偉與內容的浩大。原來，兩部荷馬史詩分別敘英雄的戰爭與英雄的飄遊，現在維吉爾之作則兼而有之：《伊尼阿特》的前六卷介紹伊尼阿斯流離漂泊浪跡天涯的故事，類似荷馬史詩的《奧德賽》，其後六卷敘伊尼阿斯來到義大利力克群雄建國於拉丁姆的業績，類似荷馬史詩的《伊里亞特》。所以羅馬人從奧古斯都直到普通百姓都最欣佩維吉爾這樣的創作意圖，既以古史的榮光反襯出羅馬帝國統御天下的雄姿，又以合二為一的宏圖顯示了文學上的成功，所以義大利朝野上下都悅服於維吉爾詩才的卓越與傑出。我們在前面引用的《伊尼阿特》第六卷中有關羅馬民族天才使命的詩句，就以其最能煥發愛國精神與民族情感而在義大利家喻戶曉，被譽為羅馬公民的教科書。

只比維吉爾小五歲，也只比他多活六年的賀拉斯，可說是他的同年人。他倆可並列為奧古斯都詩壇的主要代表，但兩人的風格和創作傾向又各有特色。如果說維吉爾是博大精深、文采飛揚，那麼賀拉斯則是恬靜隨和、才思雋永。他們兩人友誼甚篤，同受奧古斯都器重，但也同樣保留著一定的超然於幕僚廷臣之外的獨立姿態。賀拉斯出生於義大利南部小城，父親是奴隸，後來獲贖身釋放並發了財。按當時法律，富有的被釋奴隸及其子嗣可獲得公民身分，賀拉斯的家庭便是如此。他父親讓他受到良好教育，在羅馬學習後又送往希臘深造；他對父親也終身感戴，從不諱言先人出身卑微。這些條件可能決定了他

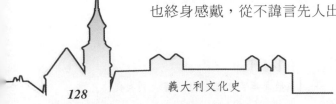

親和謙誠的性格。他以詩歌寫作為業，終身避居農莊，據說奧古斯都曾想聘他為秘書，他卻無意從命，但他的詩才卻極受朝野推崇。他的詩篇以短歌抒情見長，傳世之作有《頌歌》四卷，《諷刺詩》和《書信詩》各二卷。《頌歌》是他作品中的精華，雖以頌為名，內容卻非常廣泛，上至神明，下及時事，也談到奧古斯都等人，其中最吸引人的是那些歌詠田園鄉野的優美恬逸以及人情溫馨、道義崇高的篇章。

在創作《頌歌》時，奧古斯都的帝制已建立五年，天下太平，他本人也享受到農莊別墅生活安定之樂，詩意也更見老成清淡，因此這些抒情詩在古典文學中獨具一格。原來，古典抒情詩通常是青年詩人抒發激情之作，現在賀拉斯的抒情詩卻把人帶入恬靜安逸之境，在優雅明麗的田園風光中大唱其樂天知命的哲理，遂為抒情詩開闢了新的園地。從文化史的角度看，賀拉斯詩作的這種境界是太平年月中普通人性的坦誠流露，他的閒情逸致正好配合其詩格的清新。例如，他在《頌歌》中的一首著名的飲酒小調中，就抒發了類似黃山谷的「身後功名空自重，眼前樽酒未宜輕」的意境：

> 請不要談什麼歷史大事，
> 請在其他場合去考證：
> 名人的生卒年代、
> 英雄的就義經過，
> 還有你們的特洛伊大戰的細節。
> 現在我們急於知道的是，
> 一罈希臘奇奧斯島的葡萄美酒，
> 今天賣多少價錢？

為了我們開懷痛飲，

將在何時何處擺宴？[9]

可見賀拉斯抒情詩中田園情調與宴飲生活所隱含的狷介、超然的意趣，既能和我國古典詩詞的名句相比，但又更有其坦誠自然之處。

在宣揚羅馬和義大利的傳統精神方面，賀拉斯與維吉爾也可說是異曲而同工。維吉爾側重民族精神與愛國主義，賀拉斯則強調人性理想與人生哲理。但他只是以他的抒情小詩把自己服膺的道理擺出來，既無意於高談闊論，也不想搞學理探討，唯以詩意的清朗與性格的淳厚感人，甚至使許多近乎老生常談的套語也因其雋永的文采而顯得光輝明亮，發人深省。例如他勸勉青年人保持心靈的寧靜高雅的小詩：

正直的人心胸坦蕩，無私無懼，

既不為一切邪念左右，

也不會去花天酒地……

只有他能用無畏的雙眼，

面對變幻的萬千，

既不怕莫測的深淵，也不怕高空的閃電。[10]

人性之光潛隱於事理之常，這就是賀拉斯從生活中體驗而得的真理。繼西塞羅把文明等於人性之後，賀拉斯則把常識相等於人性，羅馬的人性概念可說益見豐富與平易。所以人們喜歡說，賀拉斯在抒情小詩中，無意間卻向讀者介紹了一個現實生活中有血有肉的完人，那就是詩人自己。他是這樣一位把常識和鮮明的個性結合得如此親密無間的大師，古今罕有其匹。

相比於維吉爾、賀拉斯來，奧維德要年輕得多，他活動之時已在奧古斯都統治的後期。這時天下太平已久，社會上層享樂之風抬頭，奧維德寫的一些愛情詩就和這些風氣不無關係，但奧古斯都一貫堅持的澄清風俗運動對此卻不能容忍，他因此遭到流放並老死外地。從這種經歷看，他和維吉爾、賀拉斯有很大的不同，但是，就詩才的傑出，作品影響的巨大而言，他卻無愧於奧古斯都三大詩才的美譽，他們在義大利文學史上都具有同樣光輝的地位。他雖然因愛情詩而遭流放，可是他的文學成就卻與他致力於發揮愛情這個永恆的文學主題有很大關係，在奧維德筆下，無論是抒情、議論、通信以至神話故事、鬼怪傳說，都能以愛情這個主題為綱，作美麗而優雅的表述，成為西方文學中抒寫愛情最多最好的詩人之一。

　　奧維德有典型的義大利人熱情奔放的性格，他出生於義大利中部的一個小城市，受過良好教育，當他的父母希望他在羅馬從事政法工作之時，他卻全力投入寫詩生涯，而且終身不渝。他這種帶有一定反叛意味的性格也決定了他的愛情詩的基調，他抒寫的感情既是熱烈的，也帶有一點兒譏諷和嘲弄的意味。因此，不僅過分頌揚愛情有違於奧古斯都澄清風俗的宗旨，這種譏諷和嘲弄也和羅馬傳統的嚴肅、虔敬精神唱著反調，所以他的愛情詩也帶有一定的反叛意味，社會上廣大階層的群眾特別是年輕人都對之大表歡迎，有如今日之新潮暢銷。奧維德的成名之作是三卷的《情詩集》，接著他又寫了《愛的藝術》和《淑女書簡》兩部詩集，他作為情詩奇才的聲譽便在義大利土地上傳開了。然而奧維德最著名的作品卻是晚年寫的《變形記》，這部長達十五卷的巨作專寫神話傳說中數以百計的愛情故事，但是多以主人翁最後變形為飛禽走獸、花木神異之

類爲結局，故用《變形記》爲名。由於是傳世已久的神話傳奇，故事梗概一般皆爲人熟知，詩人卻以豐富的想像使情節更見變幻離奇，並用他擅長的心理描繪益增故事激動人心的力量。本來，自從羅馬充分吸收了希臘宗教之後，希臘羅馬合二爲一的各種神話傳說便一直是詩歌吟詠的主要題材，但奧維德以變形之奇描寫情愛之烈，卻可說是另闢蹊徑。他有意追求史詩般的豐富與廣泛，卻迴避了一切嚴肅的教育意義；他展現於讀者面前的只是引人入勝的美麗故事，神蹟五花八門，變幻千奇百怪，正是這種行雲流水般的散漫結構，爲作者提供了盡可能多樣、精巧和得心應手的描繪——帶著奧維德特有的機智、幽默和荒誕筆調的描繪。他從開天闢地，神創世界談起，說人類始祖丟卡利翁和他的妻子皮娜如何在朱彼特用洪水毀滅萬物之後，以石塊再造人類：丟卡利翁拋在身後的石頭都變成了男人，皮娜拋的則變成女人。世界再度有了男女人類，於是產生無數神與人、人與人以及神與神因情生變的故事。天神之主的朱彼特，風流趣事也最多，他和人間婦女的許多愛情故事由於天后朱諾的爭風吃醋而鬧得更爲變幻莫測，不可開交，例如伊俄這位美麗的女祭司被朱彼特愛上後，朱諾竟把她變成一隻母牛，受盡千辛萬苦逃到埃及，朱彼特才使她回復人身；再如歐羅巴這位絕色的腓尼基少女，朱彼特爲了得到她，竟親自變爲一隻美麗的牡牛，引得歐羅巴騎到它身上玩，它竟把她馱過大海，來到亞洲對面的陸地然後與她成親，這片土地日後就叫歐洲（歐羅巴洲）。神靈之間的愛戀也不是一帆風順的，阿波羅爲了追求河神之女達芬妮，誠意可昭日月，達芬妮卻孤芳自守，狂奔而逃，竟請河神將她變爲月桂之樹。加拉提亞這位海上仙女美麗無比，她皎潔如百合，鮮嫩似蘋果，晶瑩若露珠，輕柔

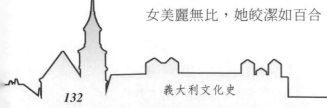

勝鵝絨，但卻被獨眼巨人追逐，以致連她鍾愛的情人也遭巨人殺死，把他變成一條河，流入大海才得與她相會。有時個人的狂想帶來災難：法厄多一心要乘父親太陽神的車駕遨遊九天，終因駕馭不住神馬而闖了大禍，被雷電擊死墮於江河，他的姐妹悲痛化爲白楊，眼淚凝成琥珀；少女阿拉克涅手工奇巧，善於紡織，竟敢向雅典娜女神挑戰，最後被化爲蜘蛛。但也有誠心感動神靈而得佳果的：雕刻家皮格馬利翁對自己創作的一尊女雕像產生了熱烈的愛情，愛神維納斯便滿足了他的心願，使石像變成有血有肉的美人。讀者不難想像，類似的數以百計的故事將會展示一個多麼迷人的夢幻世界，無怪乎奧維德這部神話詩成爲流傳最廣的古代義大利文學名著了。從文化史的角度看，奧維德的狂放怪奇，和賀拉斯的悠逸超脫一樣，都互爲補充地體現著奧古斯都黃金時代的輝煌，而奧維德的追求歡樂、機智靈巧和雅俗共賞，更使他成爲群眾最歡迎的詩人。

在散文和學術著述方面，奧古斯都時代的代表人物是史學家李維（Livius, B.C.59-A.D.17）。他的《羅馬史》長達一百四十二卷，洋洋近千萬言，僅就其規模之大、氣魄之宏偉看，已足可作新時代空前巨構的表率。再加上他和奧古斯都的親密友誼，是朝野公認的奧古斯都延攬於身邊的顯學之士的精英，他的《羅馬史》便在體現奧古斯都要求於文學著述的民族傳統、鄉土情感與愛國精神方面有最傑出的貢獻。但是，李維這些貢獻卻植根於他深入洞察並巨細無遺的歷史研究本身，他有史家發自內心的思古幽情，自成一派的政治觀點和對世風日下的現實的悲憤與傷感，因此他對帝制新紀元的歌頌遠不如他對共和創業史的懷念，這又是和奧古斯都的政策不完全合拍的，但這也無礙於帝國當局對他的支持。正因爲如此，李維的史書才作

到了情文並茂，感人肺腑，視野開闊，琳琅滿目。他在悲壯的懷古激情中宣揚了愛國主義，也在有聲有色的史事記述中進行了道德說教，另一方面，他的史書也顯示了高度的文學技巧，文藻修辭發揮得淋漓盡致，可以說是一部散文的史詩，其文字流暢、辭章典雅、敘事生動、鋪陳細緻的優點，奠定了西方史學中修辭史學一派的最大基礎。

李維出生於義大利北部的帕多瓦（Padua），受過良好教育，約三十歲時定居羅馬，以後始終在羅馬以文史著述和教書為業（他曾任奧古斯都之孫克勞狄的教師），畢生唯一巨著就是這部《羅馬史》，據說到晚年才把一百四十二卷全部寫完，可以說是他終生的事業。可惜的是，這部書只有一小部分流傳，現存的總共只有三十五卷，即一到十卷和二十一到四十五卷，其中四十一、四十三兩卷還有殘缺，這不能不說是西方古典文化遺產的一個最大損失。此書全名《羅馬建城以來的歷史》，簡稱《建城以來》，敘事由羅慕路斯建城傳說開始，一直到奧古斯都時代（止於公元前九年）。在全書的序言中，李維既以謙遜之詞描述了寫作的艱辛，也以少有的憤世嫉俗標明全書思古誡今的主題。他讚揚羅馬過去的歷史表明：「從來沒有一個共和國比羅馬更強大，有過更純潔的道德或更多的英雄模範；也從來沒有任何國家如此長期地杜絕了貪婪和奢侈的道路，如此高度而持續地安貧樂道和節儉，如此鮮明地顯示出財越少的人越不貪財。」而現在的情況卻是：「財富帶來了貪慾，無限制的享樂使人們耽於縱慾，毀滅了他們自己和其他的一切。」[11] 他就是這樣以發人深省的史家筆法，把讀者引入一個鮮明的今昔對比，以此響應奧古斯都恢復傳統道德發揚愛國精神的號召。

現存李維史書中最膾炙人口的一段，是敘述維愛的攻克和

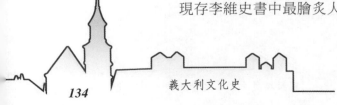

義大利文化史

高盧人入侵的歷史（第五卷，十九到五十五章），亦即我們在第二章提到的那段大勝之後接著大災難的驚心動魄的歷史，在李維筆下，它被形容得光芒四射，妙趣橫生，是公認的修辭史學最精彩的篇章。這段歷史的中心人物是羅馬軍政首領卡米盧斯（Camilus），他既是征服維愛的指揮官，又是在高盧人攻陷羅馬後出來拯救祖國的英雄，被同胞們讚揚為「另一個羅慕路斯」、「祖國之父」、「羅馬的再造者」。實際上，李維對卡米盧斯的描繪，難免不令人想起奧古斯都，至少可以說他塑造的卡米盧斯的形象有著他心目中的奧古斯都的影子，尤其是他那些仁至義盡的作為和慷慨激昂的演說，更是李維頌揚的羅馬傳統道德與愛國精神的典範。其中尤為重要的一段演說詞，是在卡米盧斯已率軍擊退高盧人，羅馬城已光復之後，公民群眾中又節外生枝搞出個遷都的風波，許多人鼓譟著說羅馬城被破壞得太嚴重，不如遷居剛被征服的伊特拉斯坎大城維愛，另建新邦。如果這批人果然能使公民大眾聽其言而離開羅馬，那麼這個城市和國家就會一命嗚呼，因此羅馬再一次面臨生死存亡的緊急關頭。這時出來再次救拯羅馬的仍是卡米盧斯，但他不是用兵動武，而是用演說。他在公民大會上慷慨陳詞，聲淚俱下，終於感動了全體公民，遷居維愛之議遂罷。卡米盧斯那時究竟說了什麼，並無文獻實錄，李維在此亦按修辭史學的慣例為他編撰一篇最能激動人心的雄辯之詞，既把自己的史識與文才全力托出，也把羅馬精神中最珍貴的對祖國、鄉土和歷史傳統的熱愛，發揮得淋漓盡致。可惜我們在此不能全部錄出這篇長達數千言的名文，僅摘其最後一段以見一斑：

　　我們的鄉土，這塊我們稱之為祖國的土地，對我們就

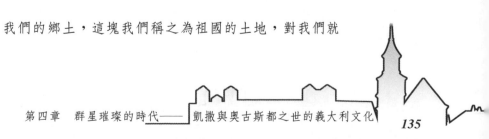

只有這樣微弱的吸引力嗎？我們對祖國的熱愛，就只是依戀它的建築嗎？雖然回憶我個人的苦難是不愉快的，回憶你們不公正的行為是更不愉快的，但我必須向你們承認，每當我在外地懷念我的祖國時，所有這一切——山丘、平原、台伯河，這片對我如此親切的景物，這片我生長於其下的天空——都立刻湧上我的心頭。我深望這一切所激起的眷戀之情能夠打動你們，使你們留在你們的祖國，而不要在你們放棄她之後，讓這一切引起你們的故國之思而使你們懷念不已。神和人選定這塊地方作為一個城邦的所在，不是沒有正當理由的。這裏有振奮精神的山丘，有寬闊的河流，通過這條河流，內陸各地的產物可以運來，海外各地的貨品也可取得；這裏鄰近大海，可以獲得海洋所能提供的一切好處，但又不太近海，不致遭受外國艦隊的威脅；這裏又正位於義大利的中心——總之，這是天然的適合一個城邦擴展的位置。一個城邦立國不久疆域已如此之大，僅僅這一點，就說明了這個道理。同胞們，今年是羅馬建城的第三百六十五年，然而在你們長期與之作戰的那些古老國家中……他們都未能成為你們的對手。你們命運亨通，迄今一直都是如此；又有什麼理由叫你們嘗試另一種命運呢？打消這種想法吧，即使你們的勇敢能夠轉移到別的地方，這塊土地的好運肯定是不會轉移的。這裏有卡彼托林山，它是從前發現一個人頭的所在，這被認為是一種預兆，預示這裏將是世界首領和最高權力的所在……所有的神明都在這裏，如果你們留下來，他們將向你們降福。[12]

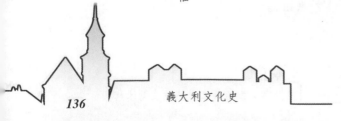

誦讀這些感人肺腑的語言，李維述史的特點也就歷歷在目。他以故事的生動、形象的鮮明、演說的雄辯和情感的豐富見長，可以說是非常傑出地發揮了古典修辭學以情動人、以理服人的優點，因此羅馬修辭大師昆體良在推崇西塞羅的同時，也給李維以最高評價，他說：

在敘述歷史方面，李維以絕頂生動引人入勝，同時又自然流暢，清晰透徹，他插入的演說詞更有滔滔不絕之勢，雄辯的威力難以形容。演說中的一切無論對當時形勢還是對演說者本人，皆非常貼切，恰到好處。其中的情感，尤其是那些觸動人心的深情大義，我可以斷言沒有任何史家能像他那樣表達得如此完美。[13]

昆體良的贊詞說明李維一直標誌著羅馬史學的最高成就。他的修辭史學派此後不僅在義大利，也在整個西方直到十九世紀都居主流地位。在文學方面，李維的拉丁散文也以其生動靈活、雄辯滔滔，而與西塞羅並列為拉丁散文的楷模。

以上我們以凱撒、西塞羅的散文，維吉爾、賀拉斯、奧維德的詩歌以及李維的史學為代表，介紹了這個群星璀璨時代的文學成就，當然，這時見於文壇和其他學術領域的作家數以百計，和這幾位主要代表互為烘托，才促成了黃金時代的鼎盛，只是我們難以一一介紹，他們的作品傳世要少得多，我們對他們的瞭解也差得多了。即以演說修辭學界為例，據說西塞羅同時代的知名演說家僅其姓氏就可寫滿三大張紙，可見人才之盛。詩壇名士更多，當時的文人都愛寫詩，名家亦不在少數，如以寫愛情詩著稱的卡圖盧斯（Catullus, 約 B.C.84-B.C.54），堪稱奧維德的前輩，寫哲理詩的盧克萊修，就有《物性論》的宏

偉之作傳世，用瑰麗的詩句闡述了唯物論的思想。在整個羅馬文化界最稱博學多才的，還有西塞羅景慕的瓦羅，他生平著述極豐，據說有七十四部之多，共達六百二十卷，舉凡語言、歷史、天文、地理、哲學、宗教、航海、算術、農學、醫術等無所不包，可惜傳世的只有一部《農業論》。儘管我們能看到的瓦羅著述不及百分之一，卻完全可以想見他作為這個時代文化領域的絢爛之星的光芒。

在建築和藝術方面，凱撒與奧古斯都之世的成就完全可以和文學的輝煌旗鼓相當。凱撒在羅馬登上至尊之位雖然時間短暫，他卻表明了他有按最高水準重建羅馬的宏願。他認識到羅馬建設的重點首先是卡彼托林山下的羅馬廣場，下決心對之進行全面整治。他要把廣場南北兩邊的兩座大會堂和西邊的元老院會議廳、薩冬神廟、協和神廟等等統作徹底修建，把它們原有的木構拆除而全部改為用大理石新修的建築。凱撒還覺得羅馬廣場已不夠用，決定在其西北面建造一座以他為名的新廣場——凱撒廣場。這個廣場在中央建一座宏偉的神廟，四周以柱廊圍繞，盡可能富麗堂皇，為日後帝國時期建立一系列皇帝廣場開了先例。當然，這類廣場都按標準的中軸線布局設計，全用名貴大理石，這些要求為羅馬首都的建設樹立了新的規範，也使其城市建設進入一個新的階段。

到奧古斯都之時，建設首選仍集中於羅馬城本身，他把凱撒制定的徹底改建羅馬廣場的計劃予以完成，並且在品質和規模上有更上一層樓的提高。廣場南邊的大會堂原為木構，在凱撒時已被拆除，現在奧古斯都就在原址按更大規模予以重建，並且用凱撒家族的名字命名為尤利亞會場。由於冠以皇帝家族之名，這座新建築的層級就要大為提高，為顯示皇族聲威，它

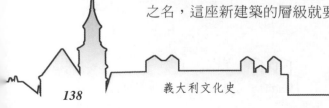

必須建造得美輪美奐，全用大理石豪華裝修，結構設計上也把石柱大廳加高側窗的形式發展到完美之境。此外，奧古斯都還把元老院會議廳、薩冬神廟、協和神廟按凱撒計劃全用大理石改建，又把面對尤利亞會堂的廣場北面的舊會堂改建爲大理石門面，以華麗的拱廊裝飾上下兩層。於是兩大會堂在廣場南北兩面互爲呼應，其西端有薩冬、協和兩神廟和檔案館的大樓爲界。整個廣場面貌整齊威嚴，豪華的裝修更使它煥然一新，氣勢恢宏更屬空前，從而實現了羅馬朝野要把羅馬廣場建成帝國櫥窗的宏願。但在廣場的東入口處，原有的建築還比較龐雜，奧古斯都在拆除整理之餘，又決定在此新建一座紀念凱撒的最豪華的神廟。原來，凱撒被刺死後，舉行國葬時火化遺體之處就在這兒，奧古斯都遂在此建奉祀凱撒之廟，既可名正言順地用之於凱撒的崇拜，還可以其空前的宏偉壯麗表示奧古斯都作爲凱撒繼承人的蓋世功業。推而廣之，這個凱撒神廟也象徵著對帝制的肯定和對皇帝的崇敬，把它置於原屬共和政治中心的廣場上最顯眼的入口處，也就有將共和傳統改爲帝國傳統的隆重意義。這樣一來，整個羅馬廣場更顯得氣宇軒昂，環顧四周但見廟宇林立，拱廊連綿，又有紀念柱、紀念碑、凱旋門穿插其間，宏偉之餘更添富麗，成爲符合最高理想的帝國櫥窗，它的建築和規劃都是義大利各城市仿效的樣板。

除了羅馬廣場這個自古以來便是羅馬核心的最重要的建築工程外，奧古斯都還特別留意於羅馬廣場西北面的那座凱撒動工新建的凱撒廣場，他從爲紀念凱撒和歌功頌德出發，對這個新的皇帝廣場的建設，它的中心神廟和四圍拱廊等等，都按最高規格予以完成。然而，凱撒既有了他自己的廣場，作爲他的接班人並創建帝國的奧古斯都更不能不有自己的廣場，所以，

他在續成了凱撒廣場後，便花更大力量建造了緊靠凱撒廣場的奧古斯都廣場，這個廣場規模較凱撒廣場大得多，意義也從紀念個人擴大爲紀念羅馬民族和整個帝國。原來，廣場中心的大廟是獻給戰神馬爾斯的，它是奧古斯都起兵爲凱撒復仇時向戰神許願之物，得勝後建成的這座神廟也名爲復仇的馬爾斯神廟。可是以此廟爲中心擴大爲一個新的皇帝廣場之後，復仇的意義就改變爲紀念羅馬歷代英烈和愛國戰績了。當然這些都和戰神——羅馬的恩主之神有直接關係，所以神廟供奉戰神和羅慕路斯（他乃戰神之子），廣場的眾多廊廡則供奉羅馬歷代英雄的紀念像，既爲帝國作宣傳，也歌頌了奧古斯都本人，因爲人們都知道他最喜歡以第二個羅慕路斯自許，而在羅馬歷史上擁有奧古斯都尊號的，除他而外也只有羅慕路斯一人。完成奧古斯都廣場時，已是他統治的後期，這時他和他的手下已在羅馬興建了數以百計的神廟、廣場、祭壇、劇院，並且皆以大理石砌築，再加上王宮、府邸的修建，街道的鋪設也無不是雕欄玉砌、雲石金塗，因此整個羅馬城的面貌發生了根本的變化。史家蘇維托尼烏斯（Suetonius）在其《奧古斯都傳》中寫道：

> 奧古斯都使羅馬的城市建設大有改進，以前此城常遭水火之災，缺乏一個帝國首都應有的宏偉與美麗，經他治理以後，羅馬大為改觀。他誇口的一句話：「我把磚土的羅馬變成了大理石的羅馬」，看來是很有道理的，他建造了許多公用建築，其中尤為出眾的有他的廣場和戰神馬爾斯之廟，以及帕拉丁山的阿波羅神廟和卡彼托林山的朱彼特神廟。建造他的廣場的主要原因，就是由於人口猛增導致待審案件堆積如山，以前的兩個廣場（羅馬廣場和凱撒廣

場）已遠不夠用，便必須建這第三個廣場。正是為了這個原由，廣場很快就為公共事務開放，事實上甚至在戰神廟未完工時便已供公眾使用。除了其他用途外，他還命令公開審判和陪審員的抽籤選派亦在此舉行。[14]

值得注意的是，這位羅馬史家在讚揚奧古斯都的建築活動使羅馬大為改觀之餘，還很強調像奧古斯都廣場這類歌功頌德的建築，還有服務於公眾需要的一面，甚至認為它是主要的一面。這種說法可能有為皇帝塗脂抹粉之嫌，因為蘇維托尼烏斯所寫的皇帝傳說免不了吹捧的缺點。但他能提出這一點，卻也由於這些為帝制作宣傳的市政設施在當時確實有向公民大眾服務的必要，因為羅馬根深柢固的公民政治傳統決定了元首政治不能不照顧到這一點，它不僅可使羅馬和義大利的公民感到一定的欣慰，也表明古典建築即使在帝制條件下仍不失為公民服務的本色，從而體現了古典文明固有的民主精神。正因為這樣，奧古斯都和日後羅馬歷代皇帝在首都和義大利各地興建的市政設施、廣場、劇院、浴場、引水道等等，也都有這種讓公眾享用的特色。因此，我們不難設想每一個羅馬人和義大利人步入這些帝國新修的宏偉建築時，會有怎樣一種既驚異於皇帝的威力、又慶幸於自己作為公民的崇敬與自豪交織的感情。試以奧古斯都廣場為例，當人們魚貫而入馬爾斯神廟之前的廣場時，所見盡是光彩照人的白色大理石的柱廊環繞四周。面前的神廟高台巨柱，威嚴軒昂，既保持傳統式樣，又有了更精緻的加工，它在高大的台階上排以八柱門廊，上承三角形的山牆，但所有結構都覆以五色晶瑩的大理石，山牆上的雕像光彩照人，大理石刻成的身軀還有黃金白銀珠寶為飾。當人們看到這

些五顏六色的，以前是屬於異國外邦，現在是帝國行省運來的名貴石料建造的廣場與神廟時，在心曠神怡之餘，怎不會油然而生一種作爲帝國公民的自豪，由於他的政治活動、商務洽談和司法事務都可能在這裏進行，他又怎不會有一種帝國主人的滿足。何況柱廊間、殿堂裏、別出心裁的半圓形凹廊的優雅壁龕中，還排列著一系列對羅馬人說來可稱列祖列宗的英雄雕像：從特洛伊戰爭中的伊尼阿斯到最近建立帝國的凱撒，歷歷在目的各代英烈更突出了這個帝國廣場的政治教育意義。有鑒賞力的羅馬公民會注意到：不僅名貴大理石是道地眞材，連雕工石匠也有不少是直接來自雅典、羅德島、帕加馬和亞歷山大里亞這些希臘化藝術中心，他們屬於那兒最著名的作坊，現在卻在羅馬設計師的指揮下各顯其能，有些知情者甚至會說某個細節的創意與構思是直接來自奧古斯都本人，而這些希臘匠師和羅馬決策設計的結合，遂能以他們最好的技藝美化這個天下萬民共同景仰的都城。在這裏，古典建築的細部莫不絲絲入扣，大小構件與標準制不差毫釐，作工的精細又能使最挑剔的鑒賞家點頭稱讚。從文化史的角度看，這個廣場和神廟的設計體現了希臘和羅馬文明的進一步融合，廣場的方正規整與中軸線布局是羅馬傳統，但那些處處出自高手眞傳的古典制度卻集中了希臘的精華，它的華麗典雅的柱廊和神廟的科林斯柱式代表著希臘化藝術的最佳成果，而柱廊上最顯眼的頂閣和大多數雕像卻吸收了純正的雅典風格，尤以頂閣上的女像柱直接仿效了雅典建築寶庫的明珠——雅典衛城厄瑞克透斯廟（Elechtheum）的女像柱，而傳述了奧古斯都直追希臘古典主義的雄心，這兒一個個希臘裝束的羅馬和義大利女郎的雕像，以一腳立地一腳斜倚的悠然自得神態撐於檐壁頂梁之間，極得古典神韻。因

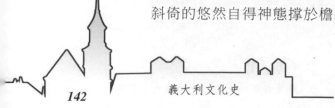

此，奧古斯都廣場和它的神廟向人們展現了帝國藝術最光彩照人的形象，成為羅馬全城和義大利各地建築追慕的樣板。

在雕刻和繪畫方面，凱撒和奧古斯都之世也有其傑出成就。首先是羅馬人最為重視的肖像雕刻有空前的發展，尤其是對軍政領袖、文化名人的肖像的刻製，不僅數量多、水平高，而且在酷肖本人的同時，又按供人敬仰、欣賞等要求而作典型加工，形成了「標準像」之類的在社會上廣為流傳甚至宣傳的肖像。例如當時叱咤風雲的龐培、西塞羅、凱撒、奧古斯都等人的肖像，不僅要肖似本人，還要反映他們的權勢、地位、威勢和性格特徵。從其中傳世至今的一些作品看，龐培之像（例如藏於羅馬卡彼托林博物館的那尊）於肥碩壯實之中顯示了他位居統帥的尊嚴，但眼神的平淡卻可能暗示著他的智謀難有過人之處；西塞羅的肖像（藏於羅馬梵蒂岡博物館）則在突出他富於謀略的政治家風度之時，著力刻畫了他性格的深沉和眼光的聰慧，令人覺得這位元老派領袖畢竟是書生，本質上仍是一位文學家和演說家。凱撒的肖像，由於他已位居至尊，傳世之作就為數眾多了，可以想見當時不僅羅馬城中崇拜敬奉他的肖像雕像數以萬計，義大利各地也是所在皆有，現代研究者把現存之作分門別類，已可從他的各種不同類型的肖像看出各自特殊的含義與功用，並可從其時代先後與主題傾向，判定某像是凱撒從起家到被刺和打下帝國江山某一階段某一事跡的「標準像」。學者們的分析相當繁瑣，我們自不必一一介紹，但至少可以按凱撒一生最大的轉折——他大權獨攬的前後作分界，而把他的眾多肖像歸為兩大類：前一類是側重作為羅馬公眾領袖的形象，多表現凱撒是智勇雙全的將軍，或者是深思熟慮而又城府甚深的政治家，有時甚至側重青年凱撒的頑強奮鬥與豪情壯

志，總之是在凱撒的臉孔上較多地表現了作爲一個大有前途的軍政名人的性格特徵。後一類肖像則主要宣揚凱撒握大權後那種君臨一切、神聖尊榮的氣派，和日後的帝王肖像差不多了，儘管仍是那副面孔，氣質卻大有不同，精神內容與性格力量比起前一類肖像就略遜一籌，有些千篇一律作崇拜用的標準像看起來甚至顯得空虛和蒼白。總觀這兩大類型的凱撒肖像，前一類側重表現性格之作自屬上乘。可慶幸的是，在羅馬肖像雕刻中，前一類作品始終居於主流，即使帝王和王族的肖像也往往由於受其影響，而在大量平庸之作中保持幾件閃光的佳構，所以它始終是羅馬藝術的優秀代表。

奧古斯都之時，皇帝——元首的肖像普遍在帝國各地傳播以供臣民膜拜，首都羅馬的每個廣場、神廟、宮殿、官署和劇場都有奧古斯都之像，義大利每個城市也必建廟設場供奉奧古斯都之像，不僅大官重臣，甚至普通公民之家，也以擁有皇帝肖像朝夕禮拜爲榮，這些帝王標準像水平參差不齊，就其精品而論，尚能保持類似凱撒像那樣的古典風格的水平，但皇帝崇拜像作爲帝國文化宣傳的一個重要體制這時已確立起來了。這時還特別發展了一種新古典風格的帝王全身雕像，有意比附於神像的威嚴，其中佳作可以說代表了奧古斯都藝術的最高水平。例如，發現於羅馬近郊普里馬·波塔（Prima Porta）的皇后李維婭（Livia）別墅中的奧古斯都像，就是其中的傑作（此像現藏於梵蒂岡博物館）。它表現奧古斯都身著戎裝，右手高揚作演說狀，左手則持有象徵帝王權勢的節杖，他的黃金胸甲上還刻有表示出征勝利的浮雕，以安息人送還羅馬軍旗爲主題，他認爲這是他一生最榮耀的武功業績。全像不僅處處著重顯現帝王的威嚴，還要讓他全身從頭到腳表現出理想的最健全俊美的

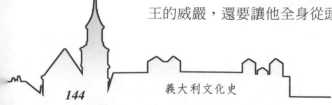

體格，按古典傳統，這種理想的體魄才是神明最重要的標誌，因此可以說，除了面孔還具有奧古斯都的個人特徵，是一個肖像而外，其他手足身姿乃至肌肉骨架，都是仿效古典最健美的雕像而大加理想化了的。爲了作到這一點，羅馬雕刻家非常認眞又非常巧妙地拿希臘那尊最著名的運動員雕像——波里克利托斯（Polycleitos）的「持矛者像」當作這尊帝王像的樣板。「持予者像」是表現一位極其健美英俊的運動員悠然行進的神態，體形完全按照波里克利托斯這位大師確立的「法式」，即人體比例，同時又氣韻生動，靈活舒坦之餘又穩如泰山。羅馬藝術家用此像作奧古斯都健美身材的樣板，自然萬無一失，但他們也作了一些變通改動，例如「持矛者像」完全是裸體的，現在則爲奧古斯都披上帝王的戎裝，再如羅馬統帥最典型的姿態是對全軍揚手致意的演說態勢，這尊像就把這一態勢放在奧古斯都的右手上，而賦予他帝王的氣派。總的說來，這尊奧古斯都像以右腳承重、左腳舒展的魁梧身軀與健美體魄，大得希臘雕像的神韻，面容手勢又發揮了羅馬肖像雕刻固有的肅穆堅實的傳統，於是一尊氣宇軒昂而又神情莊重的帝王之像躍然於觀衆面前，無怪乎它被公認爲古今帝王雕像的成功之作。

這時在羅馬和義大利各地新建的衆多宏偉建築都須用雕像爲飾，在不少廣場和神廟中，雕像雲集，甚至出現石雕的頭比遊人的頭還多許多的現象，可見雕刻藝術的繁榮。雕像而外，羅馬擅長的浮雕更見發達。現存的一件規模宏大的奧古斯都時期浮雕藝術的傑作——羅馬和平祭壇的浮雕，已被公認爲羅馬藝術最成功的作品。這座祭壇是爲了紀念奧古斯都在公元前一三年完成對帝國行省廣泛巡視後舉行和平大祭一事，壇體形制簡單，但四周牆垣刻滿浮雕，且原作有較多殘片遺留至今，出

土整理後現在已按原樣複製於羅馬城內，供公眾遊覽觀賞，因此又是義大利文化史上最著名的現存古代紀念文物。由於與奧古斯都直接有關並可能由他親自決定方案，因此各方面都按最高水平要求，其刻製之精美與形象的生動在羅馬藝術中都是前所未見的。像當時其他藝術傑作那樣，它的成功在於把希臘典範和羅馬傳統完美結合起來。例如，浮雕中最重要的部分：祭壇左右兩牆的長列人物浮雕帶（其中有奧古斯都和王室老少成員與舉朝顯貴的形象），就是以雅典衛城帕特農廟（Parthenon）的節日遊行浮雕帶為樣板的，從衣褶的靈活、體態的明晰、節奏的精彩看，它確有力追希臘最高典範的氣勢。但它同時也顯出羅馬敘事浮雕的特色，由於王族成員和當朝顯貴莫不有名有姓，刻畫他們就要有肖像般的真實並突出羅馬人的個性，從而把羅馬的寫實傳統發揮到極致。因此這些人物浮雕帶可謂羅馬肖像寫實與希臘理想加工的完美結合，為日後羅馬浮雕藝術的發展提供了最好的典範。此外，大型的構圖浮雕也不乏佳例，例如祭壇大門旁邊的大地女神浮雕，女神的優美形象就非常令人難忘。它把大地女神表現為一位豐滿健壯的年輕母親，懷中有兩個嬰孩，兩旁配以海風和陸風的神靈，構圖均衡穩定，女神的形象在健美之餘，又無比的莊重典雅，是羅馬藝術中最美的女性形象之一，而且它強調的是女性作為母親的豐盈與慈祥，符合羅馬民族家庭觀念濃厚的傳統。從上舉幾個例子看來，和平祭壇浮雕確實非同凡響，它已可和希臘傑作媲美，到日後的帝國初期，羅馬浮雕在有些方面更取得了超過希臘的成就。

羅馬的繪畫在凱撒和奧古斯都時代的作品，仍以龐貝壁畫是現存遺物的大宗，但在羅馬城也有一些殘片出土，反映當時

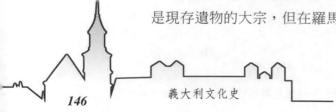

繪畫藝術相當發達的情況。前已指出，龐貝壁畫正好在凱撒之前完成了從第一種風格到第二種風格的轉變，因此凱撒之世是第二種風格的鼎盛期，在城郭建築描畫日精的基礎上，風景人物皆有很大提高。大約在公元前五○年左右，亦即凱撒開始掌握大權之時，龐貝壁畫產生了一件傑作，那是龐貝城外名叫「秘儀別墅」的一組人物畫，表現神明與信徒在共同舉行可能屬於酒神祭的一套秘密儀式。這是古代壁畫中刻畫人物形象的登峰造極之作。它在一個中等廳堂裏沿牆面連續畫了二十九個和真人一般高大的人像，其中有幾位男女神仙，信徒則全是女性，壁畫按入室、聆教、奉禮、入迷、幻覺、神人相會等情節表現秘儀的全過程，人物形象既莊重典雅，又靈巧秀麗，各項活動描畫得明確具體，構圖又極具匠心，可以說是在繪畫中把希臘的優美造型與羅馬的寫實構圖完美結合的佳例。畫中那些人物無論是神仙精靈還是人間信女，每個形象都占滿畫幅，有頂天立地的氣概，又有迴旋上下、左右生風的動感，其動作無論坐立、行動、跪拜、狂舞，都具靈活姿態和莊重氣質，尤以女性形象透過其健美身軀顯露的深沉但又柔和之力感人至深，被譽為凱撒時代最迷人的畫作。

到奧古斯都之世，龐貝壁畫又從第二種風格轉變到第三種風格。這種新風格在清純纖巧之中追求裝飾的典雅精緻，遂有裝飾風格之稱。它畫出幻想般的纖巧建築構件如柱、梁、山牆等等作為壁畫的框邊，雜以花環、燈台、杯盞等物，大部分牆面以深色平塗成一片暗影，只在中央很小範圍內以淺色高光凸顯一幅夢幻似的風景畫，山林亭閣、神廟橋梁等都有如海市蜃樓般浮露於暗影之中，極有豪華迷離的特色。從出土遺物多見於羅馬王宮和王族別墅之中的情況看，這類壁畫與奧古斯都的

宮廷和皇親國戚關係密切，是他們追慕豪華富麗裝飾的反映。不過，在繪畫技巧上，這些海市蜃樓般的風景卻很有特色，情調浪漫，筆法奔放，而且由於專畫風景，使風景畫成為主角，這卻是古典藝術中前所未見的。這時的風景畫也有如橫幅般占滿整個壁面的，其中最著名的代表就是發現於皇后李維婭的普里馬‧波塔別墅中的那幅花園風景（現藏於羅馬特爾美博物館），它在高達三公尺、連續十餘公尺的牆面畫滿逼真生動的花園景致，底邊一道籬笆而外就全是小樹叢中鳥語花香之景，色彩明麗而有層次，草叢葉簇之間偶見小鳥騰跳飛翔，寧靜之中又覺生機勃勃，是古代風景中極富神韻之作。它的出土表明羅馬繪畫在這黃金時代也和其他藝術同樣輝煌，只是古畫遺物能留存下來的已如吉光片羽般稀罕了。

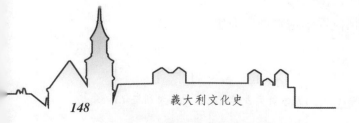

註釋

1 這位加圖是第三章所說的老加圖之孫，亦稱小加圖，是元老派頭領之一。

2 依爾久斯，〈高盧戰記第八卷序言〉。中譯文據《高盧戰記》（任炳湘譯），商務印書館，1979 年版，第 209 頁。

3 西塞羅，《論布魯圖斯》，第 262 節。中譯文據《羅馬文化與古典傳統》，第 122 頁。

4 昆體良，《修辭學教程》，第 10 卷，第 1 章，第 105-110 節。中譯文據《羅馬文化與古典傳統》，第 136-137 頁。

5 《論崇高》，第 12 節。中譯文據《羅馬文化與古典傳統》，第 137-138 頁。

6 西塞羅，《致親友書》，第 16 卷，第 16 書。

7 維吉爾，《牧歌》，第 4 首，第 5-7 行。中譯文據《羅馬文化與古典傳統》，第 180 頁。

8 《田園詩》，第 1 卷，第 1 行以次。中譯文據《羅馬文化與古典傳統》，第 180-182 頁。

9 《頌歌》，第 3 卷，第 19 歌，第 1-8 行。中譯文據《羅馬文化與古典傳統》第 191 頁。

10 《頌歌》，第 2 卷，第 10 歌，第 1-12 行。中譯文據《羅馬文化與古典傳統》，第 192-193 頁。

11 李維，《羅馬史》，第 1 卷序言。中譯文據《羅馬文化與古典傳統》，第 169 頁。

12 《羅馬史》，第 5 卷，第 54 章。中譯文據《羅馬文化與古典傳統》，第 175-177 頁。

13 昆體良，《修辭學教程》，第 10 卷，第 3 章，第 101-102 節。中譯文據

《羅馬文化與古典傳統》，第 177 頁。

14 《奧古斯都傳》，第 28 章，第 3 節以次。中譯文據《羅馬文化與古典
   傳統》，第 203 頁。

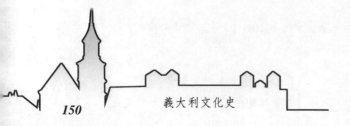

第五章

羅馬帝國的繁榮與義大利古典文化的高漲

奧古斯都建立帝制以後，羅馬帝國持續了五百餘年（B.C.27-A.D.476），歷史上通常將帝國時期的五個世紀分爲前後兩段，前期帝國從奧古斯都到一九二年，基本上是公元一、二世紀，後期帝國則是三至五世紀，可是前後兩期一興一衰卻非常明顯，前期帝國達到繁榮昌盛的頂點，後期帝國卻陷入衰敗混亂的深淵，一直鬧到整個古典文明徹底毀滅。從文化史的角度看，幾乎一切有創造性的文化成就都產生於前期帝國的繁榮時期，後期帝國的三百年從文化品質角度看基本是負增長，古典文化的水平不見提高反而日益停滯、倒退直至衰亡，但這時也有一個對日後的中世紀極關重要的新因素出現，那就是基督教的興起。因此我們在這兒談帝國時期的義大利文化以前期爲主，後期則在下章結合基督教的發展論之。

前期帝國包括三個王朝：尤利亞・克勞狄王朝（Julia-Claudian, 14-68）、弗拉維王朝（Flavian, 69-96）、安敦尼王朝（Antonian, 96-192）。這時羅馬政治總的說來比較穩定，史稱「羅馬和平」，各朝皇帝雖也有像尼祿（Nero）那樣無惡不作的暴君，但能中平守業者仍居多數，尤其是安敦尼王朝連續有五位較好的皇帝，史稱「五賢主」，他們都非父子世襲，而是選經過考驗的助手收爲義子繼承帝位，有點符合我國史書所說大秦「其王無有常人，皆簡立賢者」[1]之制，因此帝國和義大利全境安享太平達百年之久，出現經濟與文化的普遍繁榮。從古代歷史的全局看，這時地中海區域進入鐵器時代已有一千餘年，達到了古代世界生產力的最高水平。以義大利爲中心，地中海爲腹地，羅馬帝國東接埃及、西亞和希臘的古文明區域，西連歐洲、北非廣闊的發展中地區，還通過絲綢之路，與遠東的中

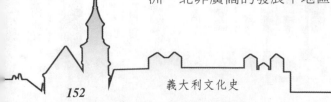

國、印度聯繫起來，從而使義大利的古典文化有吸收文明世界各族各地的優秀成果而加以綜合彙總的盛況。當然，希臘羅馬一系的古典文化仍是其中心主軸，義大利在古典文化達到高峰的同時，也起了向地中海各地尤其是歐洲內陸的廣大地區傳播羅馬的、拉丁的和義大利的文化成果的作用。所以總觀帝國時期義大利文化的發展，它不愧有承先啓後、繼往開來的美名，對於歐洲和西方文明說來，它確實是一座光芒四射的燈塔。

就帝國時期義大利文化的具體成就而言，由於帝制建立主要適應於奴隸制經濟發展的需要，它的文化成就最爲突出的也主要是與社會經濟、政法管理、實用技術有關的部門和學科，例如自然科學與技術知識、工程技術與建築藝術、法學與史學等等，文學則退居次位，相比於奧古斯都文學的黃金時代，這時不免頗覺遜色而有白銀時代之稱，日後更等而下之，帝國後期的文學只能以雜銅黑鐵爲喻，和奧古斯都之時根本不能相比了。下面我們有關帝國時期義大利文化的介紹也按這個次序，先談科技與建築、藝術，再及法學與史學，最後才談文學。

帝國初期義大利科學技術的高度發展，是和當時社會生產力達於古代世界最高水平的特點密切相關的。參加義大利科技事業中的各方人士甚爲衆多，其中尤以希臘系統的科技專家最爲突出，他們有的來自希臘本土，有的來自希臘化的東方，如埃及的亞歷山大里亞、敘利亞和小亞細亞的各個城市。在羅馬和義大利出生的學者專家之中，也無不以學習、匯集各方成果爲首務，其著名代表便是以博學勤奮享譽古今的普林尼（Gaius Plinius Secundus, 約 23-79），他通稱爲老普林尼，因他的養子小普林尼也是一位文化名人。我們不妨以這位老普林尼爲例，從他開始來考察這時期義大利科技的發展。

老普林尼出生於義大利北部的科莫（Como），他完成學業以後便從政作官，終身仕途忙碌，但同時又勤奮好學，對科學技術和各種文化知識莫不熱心學習，廣泛蒐集，勤於登錄，而且他對所學所知所錄的一切有比較科學的探究態度，盡可能作一些有關的實際考察和考證，因此他的著述雖以輯錄各家之說為主，也有自己研究考察的心得。尤為可貴的是，即使他身居要職，也不忘親作科學考察，甚至為此獻出生命。七九年義大利南部的維蘇威火山大爆發之時，他正任義大利西海岸的海軍司令，維蘇威在其衛戍區內，他為搶救災民和作科學考察而奔赴險區，一而再、再而三地深入火山爆發的現場，終於罹難而死。這種奮不顧身的精神，不僅反映了羅馬人忠於職守的傳統，也體現了科學家為學術考察獻身的決心，在科學史上傳為佳話。他一生手不釋卷，學習刻苦達到分秒必爭的程度，而且無論讀什麼書都要記下要點和有用的資料，因而留下極豐富的著述與筆記。據說他把公餘之暇都用於學習，隨時有奴隸在身旁以書冊寫板侍候於左右（這是當時奴隸社會的特色），甚至吃飯時也一面令奴隸誦讀資料，一面作摘要，同桌共餐的友人若插話打擾，他就以少寫了幾行為憾。他積累的是那種包羅萬象的百科全書式的學問，據小普林尼所述，老普林尼死後留下的筆記就有一百六十卷之多，皆以蠅頭小字登錄，細密無以復加，而他生前寫成的書亦有七部幾近百卷，其中以集科技知識大全的《自然史》為最重要，共達三十七卷，此書尚完整流傳至今，被譽為古代最淵博的科技著作，其他六種皆已散失或僅存殘篇，既有科技性的，也有談修辭、語文、歷史的，前者如《關於騎兵投擲長矛》之類，後者則有《演說術初階》、《費解的詞》、《在日耳曼的戰爭》（十卷）和《歷史》（三十一卷）等

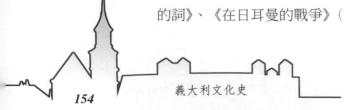

等，可見他在科技而外，於文史也涉獵甚廣。

老普林尼的《自然史》也像他的生平事跡那樣，鮮明地體現這個時代義大利文化尤其是科技知識的彙總綜合的特色。他所謂的自然史的概念，既指自然萬物的生滅發展，也指人們對自然界的認識與研究，還包括科技成果、手工技藝，甚至旁及雕刻繪畫等藝術部門，有時還涉及社會經濟、人物評論，可謂無所不包。全書三十七卷的巨大篇幅，作者卻無意為之分類，論述亦旁逸斜出、海闊天空，只大體有所集中統一而已。後人通常把各卷內容按學科分成總論、宇宙天文、地理、人類學和生理學、動物、植物、醫學藥物、礦學藝術等八大類。從這些學科分類中已可大致看出，義大利當時的自然科學與工藝技術的知識既相當豐富，也比較全面。普林尼本人雖無專門精深的學科研究，他蒐集考察與分析論列之廣卻是前所未見的。據統計，全書論述各科事物總數達兩萬項之多，摘引、參考的古代文獻達兩千種，提到的作者屬於羅馬和義大利的有一百四十六人，屬於希臘的有三百二十六人，其中傑出的專家學者亦數以百計。他們的著述絕大部分都已失傳，全憑普林尼的摘引而使這些古代科技信息得以流傳至今，自然彌足珍貴。

根據古典的人本主義觀點，自然界之價值視其與人類的關係、亦即服務於人類的關係而定。普林尼（以及他摘引的各類作家）也持這種觀點對待自然界，於人有用的事物多予描述、考察與研究，有害或造成災難的事物也給予充分的注意，但除此而外，純理論、純學術的探討就少得多了。因此也有人從現代學術角度認為此書學術價值並不很高，則是對古人的苛求了。應該強調，普林尼所抱的有聞必錄的態度和他凡事盡量作實際考察的實踐，對於當時科學尚在萌芽階段而側重於觀察、

記錄和認識自然的任務，是很有助益的。凡他親身接觸體驗的事物，或他摘引的人曾經親身接觸體驗的事物，這些記述就有很高的科學價值或科學史的價值，使我們知道當時人對自然瞭解的深度與廣度。例如，在有關天文宇宙和地球地貌的記述中，他對星空天體之說多半摘引前人著述，可是，在涉及一個義大利人都很關心並有親身體驗的地球物理現象——地震的考察上，他就比較深刻而且作出了自己的貢獻。他提到了義大利學術界當時能蒐集到的歷史上較大地震的紀錄（雖然細節不一定很可靠），他還談到地震的前兆、原因、後果以及預防之方等等，其中就有不少真知灼見和實踐經驗之談，儘管科學性、條理性仍不夠突出。同樣地，在對動物的考察中，那些能在羅馬顯貴的園囿和競技場的獸籠裏看到的、來自帝國四面八方甚至異國絕域的珍禽奇獸，在他的記述中就比較出色，當然，對於人們生活中少不了的家畜家禽，他的記述就更詳盡準確了。對植物的描述也同樣是按與人的利害關係和接近程度予以詳略之分，因此農作物與藥物占了突出地位，他對糧食作物和義大利人特別感興趣的經濟作物葡萄與橄欖的種植，談之不厭其詳，還列舉了他們引以為榮的先進的生產工具——帶輪的重犁和帶切割刀的輪式收割機，甚至葡萄壓榨機他也列出四種之多，詳加比較。總的說來，義大利當時達到的科學水平，已可以使這位博學的海軍司令對自然萬物有較清醒的認識，他堅信科學真理高於一切世俗偏見和粗淺常識。例如，對大地呈球形和我們所居是一個地球的科學認識，那是已被希臘的科學家和哲學家多次談到了的，當時的義大利有識之士皆確信不疑，但民間卻常提出「對蹠人」之類難題而猜疑不決。所謂對蹠人就是指若人類生活在地球上，那麼地球上下兩端的人是腳蹠對著腳蹠

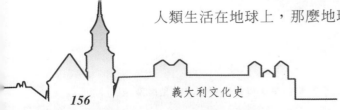

的，按萬物下墜之理，地球那一端的對蹠人怎能不下墜而存留於地上？普林尼雖不懂萬有引力的理論，他卻堅決痛斥這種囿於常識之談的膚淺，並用海船由遠而近必先見船桅後見船身說明大地呈球形曲線的道理，顯示了他捍衛科學真理的執著。

對於我們中國人說來，普林尼這部百科全書式的科學著作中最引人注意的，莫過於他談到絲綢和「絲國」（賽里斯國）的段落了。賽里斯國當然是指中國，他提到這兒林中產絲，馳名宇內，可能是把絲蠶和它必不可少的食物之源桑樹混為一談了，從義大利與中國相距數萬里的遙遠和路途的阻隔看，這種誤解倒也並不足怪。可貴的是他已認識到中國的極其遙遠，一直遠在地球的東端，因此絲綢由地之極東運到極西的羅馬和義大利是極其辛苦的，而絲綢在當時也就貴比黃金。他還提到賽里斯人「舉止溫厚」，這句話在我們聽來就不僅有一字千金之貴，而且使我們想起中國史書也說羅馬人——大秦人「長大平正有類中國」的話，似乎東西兩大民族都以溫厚平正相許，確實是一種有著良好祝願的歷史巧合。

以老普林尼和他的《自然史》為例，我們可以看到當時科技知識的淵博與全面，但他摘引的許多專家以及我們知其姓氏的許多專門學者，在具體學科的研究中也是相當深入的，只是他們的專著流傳至今的極為稀少罷了。試以羅馬人在實踐中很有發展的兩個學科：醫學和工程學為例，現存的極少幾部專著就足以使我們見其深入精深的一斑。在醫學和藥物學方面，塞爾蘇斯（Celsus, 約 B.C.30-A.D.45）是最有代表性的，他寫有八卷的《醫學大全》，尤著重外科手術之類實用學科，而外科手術正是羅馬和義大利醫學最發達的部門。此書稱大全，當然也有論治療學、病理學和內科各症的部分，但其中談外科和手術的

是全書的精華。他在手術部分提到臉和嘴的外科整形術，從鼻孔取出鼻息肉和切除甲狀腺腫諸法，都是義大利醫學的新創。他甚至設想了切除扁桃腺或扁桃體的手術，對牙科各類手術亦述之甚詳，並可能使用了配合手術的牙科小鏡；他還提到骨折的治療手術、治療膀胱結石的手術等等，在古代醫書中堪稱獨步。我們從考古發掘中也可證明這一點，例如龐貝出土的醫療器械都以手術用具最為先進，其中有專用以摘除長條懸雍垂或蚓垂的鑷子、有細長的針嘴彎鉗、醫用小剪、牙科專用鑷鉗、特型小鉗、小鑷等等，形制幾乎與近代西醫所用沒有什麼區別。工程學方面，我們前面多次提到的維特魯威的《建築十書》，雖是建築學的專著，但它講求實用、注重技術的特點，也使我們看到了許多有關工程技術的資料，可以肯定當時義大利已建立了比較完整合理的工程學與建築學的體系。此外，還有一本小書——弗隆提努斯（Frontinus, 40-103）的《論羅馬城的供水》倖存下來，使我們更具體地看到義大利當時城市建築的進展和工程實踐的豐富，此書對羅馬引水道的管理維修、歷史沿革詳予記述，還對工程技術和水力學等問題作了深入探討。值得注意的是，作者弗隆提努斯只不過是作過不列顛總督和羅馬引水工程總監的官場中人，不能以資深的專家學者目之，但他能著此書，還寫了探討大地測量和戰略學的書等事實，卻表明他有點像普林尼那樣是為官治學並舉的人，起碼有一定的科技知識。在這本談羅馬引水道的小書中，他提出了水流速度不僅取決於管道口徑，也取決於管口位於水下深度的理論，可謂水壓力學的濫觴。

從科技是第一生產力的角度看，帝國初期義大利科技的發達與其生產力的提高是互為表裏、互相促進的，因此當時生產

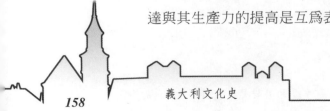

技術和社會經濟的高漲也是文化史上很有代表意義的現象。總的說來，這時義大利的生產技術與勞動效率都有明顯的提高。在義大利各地已廣泛使用帶輪的重型犁具，它要用兩頭甚至四頭壯牛曳引，犁田快，翻土亦深；還有畜力收割機，梳形割刀罟於車前，牲口在車後推之前進。手工業中的水力機械和水力工具都很普遍，採礦、磨粉、紡織等工業都用水輪機、水車、水磨和水力升降機等等，建築工程中則廣泛使用複滑車、槓桿起重機、踏輪起重機和複合起重機等等，均屬古代最高水平。在航運業方面，已能製造有艙房的多桅遠航帆船，可以在海洋四季航行，代表著古代造船技術的最高水平。海港碼頭多用水泥構築，更見堅固，且普遍建立燈塔，港口設施標準一致，反映了海運的發達。陸路方面，著名的羅馬大道的修建則與其發達的建築工程並駕齊驅，從義大利有條條大路暢通南北東西，最遠可達數千里外的帝國邊陲。

義大利手工業各部門隨生產技術提高和交通貿易發達，而呈現百業興旺的現象，產品種類繁多，技術分工細密，品質優異，因而暢銷各地。例如，義大利中部的伊特拉斯坎地區和南部的坎佩尼亞地區，自古就有水平很高的金屬冶煉和金銀工藝業。現在更有發展，而坎佩尼亞的玻璃工藝尤為發達。這時新發明的玻璃吹製器皿最受群眾歡迎，原來，古代東方和希臘的玻璃工藝皆只有範模塑製鑲嵌切割等法，吹製之法在帝國初期才在義大利流行起來，有了吹製法，杯瓶等玻璃器皿產量大為提高，價格降低數倍乃至數十倍，希臘地理學家斯特拉波曾記述說，義大利玻璃由於吹製價廉物美，羅馬城中玻璃器皿極為普遍，以銅錢一枚可購一玻璃酒杯[2]。和玻璃並列為大宗日用工藝品之首的陶器，在義大利也有一個著名的製造中心——阿

列蒂內（Aretine，在義大利中部），它的陶器不僅暢銷於羅馬和義大利各地，還遠銷海外與歐洲內陸，最遠可達印度乃至越南，近年來在印度的阿里卡梅度（Arikamedu）曾出土爲數眾多的阿列蒂內陶器，表明它是那兒的羅馬商站運銷到印度和遠東的義大利商貨的大宗。北義的莫德納（Modena）城還特別以陶製燈具知名於世，它製的陶燈不僅風行於義大利，還普遍見於歐亞非三洲的羅馬城市和與羅馬有商業聯繫的地區。不僅工業品是這樣，義大利的農產加工品如葡萄酒、火腿等，也暢銷歐洲內陸千里以外之地，近年在義大利中部發現的一座農莊便曾將其加工的酒與火腿運銷於義大利、法國、瑞士的二十八個城鎮，最遠可達萊茵河流域，像這樣的例子在當時並非個別，從而使我們看到義大利當時與世界各地經濟聯繫的密切。

在帝國初期的義大利文化中，城市建設與建築藝術是它最值得驕傲的領域，西方人有句口頭禪叫作「偉大在於羅馬」，所謂偉大在相當程度上就是指其城市建設的宏偉與建築的輝煌。奧古斯都對羅馬城的徹底改建爲後代帝王樹立了榜樣，他們即使是昏庸無道或者無善政可稱，卻唯獨對奧古斯都制定的以大興土木發揚帝國聲威的祖訓遵奉甚力，緊抓建築，互相攀比，於是羅馬和義大利各城市的增修擴建在兩百年間有一浪高過一浪之勢。此時的義大利建築已完全吸收了希臘的優秀成果，形成了自己的體系，無論是神廟、廣場、宮殿、會堂、橋梁、水道、劇院、浴場、公寓、城防等等，都有超越前人的創造而稱雄於古代世界。當時首都羅馬已有一百二十萬人口，是世界最大的城市，始終穩居城市建築藝術的冠冕地位。它既是古典建築精華薈萃之地，又像燈塔那樣把高雅的帝國風格普照東西南北，無遠弗屆。據帝國後期的一份統計資料，當時羅馬的紀念

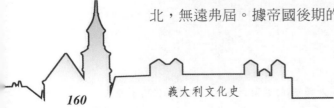

義大利文化史

性公共建築包括十一個廣場，三十六座凱旋門，自來水泉（附雕像池座裝飾）一千一百五十二處，公共圖書館二十八座，賽馬場兩處（其中最大賽馬場可容二十五萬名觀眾），圓形競技場兩處（大者可容觀眾五萬），劇場三座，浴場十一座，此外還有八百五十六間私人小浴室，同時全城還有磨坊兩百五十四所，穀倉一百九十處，橋梁八座，街道大市場八個，貴族邸宅一千七百九十七座，中下階層居住的公寓樓房四萬六千六百零二幢。這個數目即使在今天看來也足夠驚人了，但它還不包括王宮數以千計的廳堂庭苑和成千上萬的大小神廟，而且這個統計是在帝國後期四世紀屢經戰亂以後作出的，在一、二世紀帝國鼎盛之際只能有過之無不及。所以這些數目字不失爲「偉大在於羅馬」這句口頭禪的很好註腳。

在羅馬城和義大利各地，都以水泥和拱券圓頂結構作爲新建築的發展基礎，而多功能的設計，大規模的組合布局以及更富麗堂皇的帝國風格，則是這時期義大利建築發展的大勢。在尤利亞‧克勞狄王朝時期，這些趨勢發展的一個集大成的碩果，便是尼祿大興土木搞的金屋皇宮和羅馬城經大火災後的重建工程。尼祿（54-68 年在位）這個荒淫無恥的暴君搞金屋自然是爲了滿足他的私慾，但這個建築客觀上卻爲新的水泥結構的探索提供了機會，使當時已發展到爐火純青之際的水泥建築藝術得以大展身手。羅馬的重建工程是在全城被六四年的大火（人們懷疑這場大火是無惡不作的尼祿爲觀火取樂而放的）燒得廬舍盡墟之後，發動起來的，大量民居公寓和街道樓群得以在白紙上新畫藍圖般徹底翻修，統一用火泥磚石建構，是古代城市建設上的一大突破，以後對義大利各城市民居建築影響極大。我們將在下面介紹的這時期的羅馬大史家塔西陀，曾在

《編年史》中論述這兩大事件說：

> 尼祿利用自己祖國的災難（意指羅馬大火）之機，修
> 建了一座皇宮。這座皇宮的出奇之處，並不在於那些司空
> 見慣的和已經顯得庸俗的金雕玉砌，而是在野趣湖光，林
> 木幽邃，間或曠境別開，風物明朗。建築師和工程師們別
> 出心裁，想以藝術的力量，強自然所不可，不惜耗去這位
> 皇帝的資財……在首都，沒有被皇宮占用的地區也重新建
> 設了，但這次不像被高盧人火焚後那樣隨意和零亂，而是
> 沿著測量好的街道修建，留出寬闊的道路，建築物的高度
> 也有限制，留出空地，在公寓的樓前加築柱廊，以為蔭護
> ……建築物本身一律遵照特別的規定，用堅固的、不加木
> 結構的，有特殊防火性能的加賓石和阿爾班石砌成。[3]

　　這裏提到的野趣湖光、建築師的別出心裁和強自然所不
可、公寓建築的按照測量規劃和統一營造規格（甚至有現代意
義的限制高度規定），和快速以石料（水泥）建造等等，已大致
勾畫出這些建築活動的特色。但考古學的新發現卻爲我們提供
了更詳盡的情況，從出土資料看，現存尼祿皇宮——金屋遺跡
的主要部分，是一組靠山面水橫向排列的廳堂，總體布局合乎
塔西陀說的「曠境別開、風物明朗」之旨，但這種一字兒排開
的廊廡式宮殿卻純屬新創，在希臘羅馬建築中是前所未見的。
這些廳堂每一間的形狀、結構、門窗布置和屋頂天花都各不相
同，有的室內還有水泉湧出、暗道溝通，因此總體布局雖然簡
單，具體結構卻爭奇鬥艷，變化無窮，應了塔西陀的「別出心
裁」等語。它們所以能作到這一點，是全靠把水泥結構的技巧
發揮到新的高度。據實際調查，這座金屋皇宮全以水泥建成，

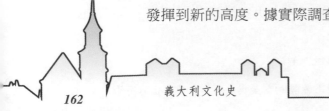

水泥結構爲其變化多端的內部設計提供牢實基礎，而水泥貼面所用的各色大理石、珍貴寶石、海貝、珊瑚、珍珠直至黃金紋樣裝飾，則是它的華麗與珠光寶氣之所出，因而落得金屋之名。其典型代表可舉宮殿東部的一組八角形廳堂，它的遺跡雖然已很殘破，經多方整理復原研究之後，仍可使我們看到當時義大利建築在運用水泥結構方面的創新與傑出。

這組建築以一個八角形廳堂爲中心，此廳除了正面一面作大門連於整座宮殿的廊廡外，其餘七面分別以七個角度連接七個大小不等、形狀各異的房間，有長方形的大廳，也有三角形的小室，還有正方形、十字形的廳堂，它們也像中央的八角形大廳那樣，完全用水泥構築的穹窿作圓頂屋頂，不僅屋頂形狀依廳堂而各呈其異，還因彼此牆壁連接，只能從屋頂開天窗取光。中央八角形大廳的穹窿屋頂現尚留存，它的中心開一圓形天窗，有很強的統一效果，使整個廳堂顯得和諧均衡，與周圍七小廳又有圓通貫連、交融會合的作用，而這些小廳的屋頂天窗自有其集中效果的同時，又可藉與大廳的流通而光照加強，並且形制更見靈活，加強了光影迷離之感。若從中央廳堂通過七個門道看七個小廳，由於陽光早晚斜射和中午直射的結果，各廳的亮度必依時而異並且循序轉換，這樣就出現了古人盛讚的「乾坤旋轉」的印象。對這一點，以爲皇帝作傳著稱的羅馬史家蘇維托尼烏斯在其《尼祿傳》中曾作了神妙的描寫：

> 尼祿豪華奢費之極者莫過於其建築，他曾在帕拉丁山和厄斯奎林山之間修建一道通道大宮，在大火之後又增建金屋皇宮，一個超過一個。這座皇宮的宏大富麗可以從以下記述見其大概：它的門廊前豎立了一尊高達一百二十尺

的尼祿巨像，它的廊廡長達數里，它有像海一樣寬的池塘，池邊亭台樓閣之多有如城市，但同時又有田野風光，果園牧場，還養著各類動物。所有宮內廳堂皆鑲以黃金、寶石與珍珠，一系列宴飲之處在屋頂上飾以可旋轉的象牙嵌板，並裝配著可灑出鮮花香水的管道，其中最大一座宴會廳是一圓頂大廳，它像天空那樣日夜旋轉。[4]

　　蘇維托尼烏斯在這裏提到的「像天空日夜旋轉」，曾被研究者認為是無稽之談，因為若真能旋轉必是指當時在廳堂上裝置某種可旋轉的機械，這在古代條件下是不可能的。可是上述考古發掘的實況卻可說明他所說的旋轉，是指中央八角大廳和它周圍小廳屋頂天窗造成的光影變幻效果，被宮廷中人故作玄虛誇大形容之後，再加上好事者們以訛傳訛，就被史家當作人間奇蹟記載下來了。當然，這種「日夜旋轉」或「乾坤旋轉」的形容，也在一定程度上反映了當時義大利匠師建築技巧的高超，特別是他們在發揮水泥結構變幻莫測的功能之時，已把室內空間效果放在首位，進而在統一開闊之餘又求曲折多變之妙，使古典建築的內容與功能更見豐富。當時義大利古典建築的基礎雖然仍是柱式體系和牆面造形，加上水泥結構與圓頂空間以後，它就如虎添翼，更有錦上添花的發展，它這一突破，不僅使帝國時期的義大利建築有了飛速進步，對中世紀以及文藝復興以來的西方建築尤為重要，因為它們也都把內部空間作為建築的首務。難怪一位西方研究者最近評論說：「尼祿金屋的圓頂雖然只是一個小小的開始，它卻是一種新的建築觀的濫觴，以後一直到我們這個世紀，這種新建築觀都始終對歐洲建築有其決定性的影響。」[5]

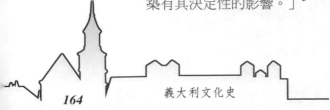

羅馬大火後全城重建所蓋的公寓樓房，對義大利城市建築的發展也有很重要的意義。它們不僅以規模大、數量多引人注目，還以全用水泥、石料和按照統一規格營造，而開創了古城改建、擴建的範例，尤以對民居水泥結構的發展影響巨大。這些公寓遺跡在羅馬本地已蕩然無存，但在義大利一些城市中還可發掘到它們的實例，其中保存最好的當推羅馬的港口城市奧斯提亞（Ostia）的公寓建築遺跡。這兒是羅馬沿台伯河出海遠航的口岸，與羅馬城的關係非常密切，一般相信此港在一、二世紀間建造的大批公寓是直接按照羅馬城的樣式，有些建築師或房地產商還可能是同一批人。從形制上看，這些義大利古城的公寓與現代城市隨處可見的公寓樓房那種四五層高、磚牆平頂的模樣幾乎如出一轍、非常相像。它們臨街的底層也往往闢為店鋪，樓上各層分成一套一套的「單元房」，有樓梯通街上和屋後的庭院，有些樓房還圍成一組，有自己的小廣場和綠地。由於全用水泥磚石結構，這些公寓樓房的外形風格與建築品質都帶有一定的現代形式，都是同樣的方正堅實，一排排窗戶間插以陽台，所缺的只是沒有電氣和衛生設備，而集中供熱系統，即通常所謂的暖氣，當時在羅馬的貴族邸宅和豪華公寓中已有使用，只是不像今日那樣普遍罷了。因此，學術界公認這些以羅馬、奧斯提亞為代表的義大利水泥石造公寓，已達到古代大規模民居建築的最高水平。

弗拉維王朝緊接著尼祿暴君惡貫滿盈被推翻後而建立，它在建築水平與技術上完全繼承了前朝的基礎，卻也吸收了尼祿遺臭萬年的教訓，在建築方面比較重視為公共服務的公共紀念性建築和市政建築。這個王朝把金屋皇宮廢棄改建，使它從皇帝的享樂場變為公眾休閒之地，除了在金屋皇宮的部分建築物

（其中包括上述的中央八角大廳及其附屬各廳）的廢墟上營造提圖斯（Titus, 79-81 年在位，他是弗拉維朝第二個皇帝，並以賢明著稱）浴場，供公眾沐浴憩息而外，還排乾那個「像大海般寬闊的池塘」，在其地面營造古代最偉大的建築物——哥羅賽姆（Colosseum）大競技場，亦稱哥羅賽姆圓形大劇場。它的建造歷時八年，也是在提圖斯之世才告完工（72-80），因它旁邊原來豎立著那尊一百二十尺高的尼祿巨像，羅馬人稱巨像為哥羅蘇（colossus），遂得哥羅賽姆之名，但也符合其龐大無比之意。它以層層觀眾席繞成一個約呈橢圓的圓圈，表演場地——舞台位於中心，和現代的體育場形制相近，結構上也可說是現代體育場的雛形。然而，用現代體育場來形容它，不僅未能提高它的身價，反而有損於這幢兩千年前的建築傑作，因為它結構的牢固、設計的宏偉、合理，與風格的典雅、富麗，足可獨步古今，憑現代技術建造的體育場如今卻多如牛毛且千篇一律，在藝術品質上就遠遠不能和它相比了。它的外牆高四十八點五公尺，相當於十五層的高樓大廈，橢圓底邊長一百八十八公尺，寬一百五十五公尺，中央舞台地面長八十五公尺，寬五十七公尺，觀眾席由最接近舞台的貴賓席到頂層的群眾普通席共有四十排之多，全場觀眾可容五萬，這樣的規模在古代是絕無僅有的，在今天也可謂宏大。它的建築結構全以水泥磚石砌就，一二層用巨型石柱和石牆，拱頂用水泥與磚，三層以上全用水泥，外表貼以灰華石和大理石。底層結構厚實可達四公尺以上，往高則逐漸減薄減輕，但質地堅實如故。由於競技場內露天的觀眾席（必要時可用帆布搭成天棚）是以坡面結構向中央底層的舞台集湊，內部層級隨高度而收縮，總體布局非常穩定堅實，加以水泥磚石牢不可破，所以羅馬人把這座競技場看

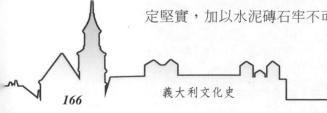

▲ 哥羅塞姆大競技場（圖片提供：李銘輝）

作永恆牢固的紀念象徵，有「哥羅賽姆不倒」、「哥羅賽姆若倒，羅馬必亡」之諺。實際上它今天之成為廢墟，也主要是由於日後的人為破壞和中世紀以來羅馬市民不斷從這兒拆卸搬走石料，幾乎把它當作一個採之不盡的大理石礦（這種陋習直到近代才被制止）。即使這樣，它至今仍有部分牆面昂然屹立，毫不在乎千餘年的風風雨雨。除了牢固而外，它設計的另一優點是充分考慮到觀眾出入的方便（這也是一切巨型高層建築首先要考慮的設計標準），它的所有結構除舞台下的地下室被用作角鬥士休息和存放道具及鬥獸用的野獸之處外，其他一切都首先考慮為觀眾出入方便服務。它底層外圈的八十個拱門全都敞開，用作觀眾出入的通道，內圈則配以大小不一的五十餘座樓梯，由此可暢達於各層各排的觀眾席，據說數萬觀眾不出十分鐘便可完全退場。同時，由於結構嚴密，滴水不漏，舞台地面

還可以灌水成湖，在其中表演舟船海戰，而羅馬城內相當完備的供水排水系統，也使人工灌水表演海戰的技術難題都能迎刃而解。

哥羅賽姆競技場外觀的宏偉壯麗，除了得力於其規模浩大、高聳入雲而外，更重要的還在於它之使用拱門與古典柱式結合的技巧，已達到爐火純青之境。它的外部共分四層，每層的尺寸都有三四層的樓房那麼高大，但各層牆面都用拱門和古典柱式裝飾起來，遂有繁而不亂、多而不雜的良好效果。四層中除最上一層保留開有小窗的牆面外，其餘三層全開以拱門，每層八十拱，共有二百四十拱之多，遠看總體則氣魄壯偉，近看又有層樓連綿、曲拱起伏、虛實相間、氣象萬千之感。在這裏，每個拱門兩邊用古典柱子夾插並立所形成的拱門柱式聯合結構，是使建築的力度與美觀結合起來的關鍵，它們相輔相成，可謂相得益彰。把拱門與柱式聯合起來，早已成為羅馬建築的一大發明，現在哥羅賽姆將它用之於數以百計層出不窮的宏偉結構中，則顯示了前所未有的氣魄與匠心；更有甚者，在這兒又據樓層結構而安排了層疊柱式體系，在第一層亦即底層用質樸堅實的多利亞柱式（實際上是羅馬多利亞柱式，即托斯堪式），第二層用秀美的愛奧尼亞柱式，第三層用華麗的科林斯柱式，第四層牆面無拱，便以羅馬新創的科林斯式方倚柱為繼。這樣由低到高，由堅實到輕巧富麗，建築本身的功能與裝飾的節奏互為配合，遂使整幢龐然大物的建築因使用古典柱式而顯得靈巧豐富、生氣勃勃。可以想見，哥羅賽姆一層層牆面若無拱門作虛實配合必沉悶已極，而數以百計的拱門若無多種柱式為其修飾，拱廊又會變得重複空虛。由於建築總體極其龐大，個人與之相比難免有小若螻蟻之感，這時用柱式和拱門便

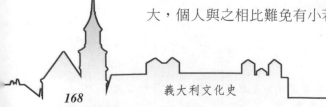

可產生化整爲零、移拙爲巧的妙用，使人面對龐大的建築仍有親切和悠然自得之感，從而體現出古典的人本主義精神，它所包含的精神文化的信息就更爲深厚了。正由於哥羅賽姆在巧用柱式拱門方面有如此成功的示範作用，文藝復興以來，西方各國的藝術家、建築家便總是在其廢墟中流連忘返，他們並非僅僅出於思古之幽情，更重要的是從其中可獲得無比豐富的藝術教益。

弗拉維王朝的建築成就可說是以哥羅賽姆競技場爲其頂峰，但其他傑作仍有不少。僅就羅馬而言，其犖犖大者尙可舉此朝第一位皇帝韋伯茲（Vespasianus, 69-79）的和平廣場，提圖斯建於羅馬廣場入口處和哥羅賽姆旁邊的凱旋門，以及此朝第三位皇帝圖密善（Domitianus, 81-96）建於帕拉丁山上的皇宮。和平廣場靠近奧古斯都廣場，庭院寬闊，規模大了一倍，廊廡列柱高昂、裝飾華美。廣場南端的和平神廟旁邊，建一巨大的圖書館，希臘文和拉丁文的典籍都廣爲收納，庭院中還排列二十四個長方形的花壇，鮮花綠草四季不斷，使廣場益添人文的溫馨，合乎其名爲和平的旨意，因此普林尼在《自然史》中說它是羅馬城內最美麗的建築。提圖斯的凱旋門以單拱而立，簡練而又壯美，是公認的最具古典精神的凱旋門之一，日後巴黎凱旋門即以之爲樣板，它不僅建築上乘，浮雕尤爲精美，是古典浮雕最高水平之作。圖密善的皇宮規劃完整，以左右排列分內廷與外廷，外廷有宏偉的接見廳（寶座廳），配以宴會廳和眾多廳堂廊廡，曲折多變又互相對應，充分利用了水泥結構的技巧；內廷除寢宮外，又有花園、運動場和地下水泉室之設，更顯豪華別致。這座皇宮以後一直是各朝皇帝主要居住之處，因它位於帕拉丁山上，以後帕拉丁一詞在西方就演變爲宮殿之意

（如英文的 palace，義大利文的 palazzo），可見這座擁有西方第一宮美名的建築影響之深遠。

　　到安敦尼王朝時期，義大利和羅馬的建築更是獨放異彩，尤其在「五賢主」中的第二、第三兩位，即圖拉眞（Trajanus, 98-117）、哈德良（Hadrianus, 117-138）之世，完成了幾座較哥羅賽姆尤爲著名的建築，城市建設達於古代最高水平，以至於近代文化名人如德國的歌德（Johann W. von Goethe）、英國的吉本（Edward Gibbon）都稱讚這兩位皇帝治下是人類歷史上最開明昌盛之世。圖拉眞時期的大作是羅馬城中的圖拉眞廣場，它是在羅馬廣場旁邊營建的一系列皇帝廣場中最後的也是最大的一個。由於這一帶的地皮已被以前的幾個皇帝廣場用完占盡，新建的圖拉眞廣場便只能挖山塡土，花極大力量，把卡彼托林山和奎里納爾山之間的一片坡地完全挖平，才開拓出所需場地，據說挖掉土方的最深處距原有山坡達三十九公尺之高，可見工程量的浩大。在經過這麼一番整整搬掉一座山頭的土方工程之後，圖拉眞廣場便獲得了一塊長達三百公尺、寬達兩百公尺的空地，在其上營建其建築。儘管按東方大國的標準，這個長寬兩三百公尺的規模仍屬平常，可在羅馬它卻幾乎等於以前所有皇帝廣場面積的總和了。廣場建築的布局因此也較以前更爲複雜，首先是一長方形廣場式的大庭院，以一座凱旋門爲總入口，庭院三邊繞以柱廊，面對凱旋門的一邊則連結著一座空前寬廣的會堂——烏爾皮亞會堂（烏爾皮亞是圖拉眞家族之姓）；這座大會堂之後是兩幢對稱排列、形制完全相同的圖書館大樓，一藏希臘文書籍，一藏拉丁文書籍，兩樓之間的天井中央則豎立高近四十公尺的圖拉眞紀念柱，繞柱螺旋上升的有一長達兩百公尺的浮雕帶；由此再往裏走，便見到廣場的第四

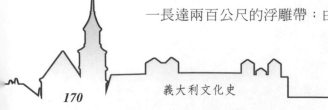

也是最後的部分：圖拉眞神廟，它本身又包括一個方形庭院。實際上，只是這個最後部分才是專供皇帝崇拜之用的，其他三部分：圖書館、會堂、廣場大院則以供公眾使用爲主。圖拉眞在羅馬皇帝中是武功文治都達於極盛的一人，他統治時期羅馬帝國版圖最大，在歐洲新添了羅馬尼亞，在亞洲增加了兩河流域（古巴比倫），他本人也以熱心公務、執法嚴明著稱，因此他這個廣場面積雖然空前的大，卻加強了供市民公眾使用的設施，恢復了廣場是群眾聚會場所的原意。尤其在它的第一部分，即廣場大院兩邊又再開闢兩座很大的半圓形凹廊，凹廊外又建多層店鋪樓，專供群眾商貿活動和採購貨物之用，廊廡店鋪都租給商家，有圖拉眞商場之稱，更突出了廣場作爲商業場所的傳統。

圖拉眞廣場設計層次分明，虛實相間，功能豐富，容量巨大，因此很自然地成爲羅馬所有廣場建築的最完善之作。各個建築和各部分結構之間的對比、配合，使廣場雖大卻不失其變幻靈活的情趣，例如庭院的開闊和兩樓夾峙的紀念柱的緊湊對比，烏爾皮亞會堂的莊重宏偉與圖拉眞商場的蜿蜒曲折的對照，最先入口處的凱旋門的朗爽和最後庭院中神廟的高昂的先後烘托等等，都可從其鮮明對應關係看出設計的匠心。在建築史上，圖拉眞廣場整個建築群中最有創新意義的，還不是那些富麗堂皇的殿庭樓閣，而是那個爲公眾商貿活動服務的圖拉眞商場，因爲這兒的水泥結構技藝相當傑出。商場靠奎里納爾山的一邊倚坡建成五六層樓的商業街，它們全用水泥結構，底層以水泥和磚石築成拱門圍繞的鋪面，第二層則以開間較小的拱廊面向街道，店鋪在拱廊之後，第三層則和廣場外原有的街道相接，店鋪又可面向市內。這三層店鋪都是緊靠著廣場大院的

很大的半圓形凹廊，因此街道也呈半圓形的曲線，一、二層店鋪直接臨街，第三層則變成供公眾通行遊覽的陽台過道，在設計上既照顧商業需要，也強調為公眾提供更方便、更壯觀的休閒遊覽條件。商場的第四、五層則離半圓凹廊較遠，在原有市區街道一側另築成一座全用水泥結構的有大屋頂的商業街，類似現代的商場建築，它的十字拱券屋頂還完整保存至今，是歷史上現存最早的以十字拱頂建造的大型建築物。拱券寬近二十公尺，高達三十公尺，下層開店鋪，上層闢為露天走廊，商店位於廊後，這樣就可使十字拱頂從廊面為下層取光通風，並可在拱頂和上層店鋪間加一支撐拱，整個建築既通透明亮又異常牢固。這種設計相當先進，水泥結構的使用也得心應手。據估計，這一片總共五層的商場約有鋪面一百七十餘間，商店按行業分層安排，底層專售蔬菜瓜果鮮花，二層賣油、酒，三層四層經營香料等高級消費品，其中最珍貴的就是來自中國的絲綢，羅馬人至今仍稱此地為「香貨街」，五層除店鋪外，還設有市場管理機構，並闢出部分結構作水池，用引水道提供的自來水養鮮魚，因此又是一個魚市。從這些經營規劃可見當年市場繁榮的情況，也可從這個商場人來人往熙熙攘攘的熱鬧景象看到整個圖拉真廣場為公眾服務的特色。圖拉真在羅馬和義大利各地建的廣場、神廟、浴場、凱旋門等等為數不少，當然規模皆不及這個廣場，而且舉一可以反三，我們就不必對它們一一評介了。

圖拉真的繼任人哈德良在武功方面已大為遜色，但文治卻有過之，尤其是在大興土木上，因為哈德良本人也酷愛建築藝術，並且特別喜歡圓頂之類水泥結構，哈德良頗以他在羅馬和義大利各地的營建無論數量品質皆不落人後而自豪，我們對之

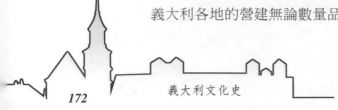

義大利文化史

▲ 萬神祠（圖片提供：李銘輝）

固然無須詳加評論，但其中確有兩件是舉世公認的羅馬建築史上空前絕後最高水平之作，那就是羅馬城內的萬神祠（Pantheon）和羅馬城外的哈德良別墅。萬神祠顧名思義，可知它用於供奉眾多神靈，但也不是千千萬萬諸天眾神都納於其中，據考證，它主要供奉與天上星辰有關的希臘羅馬諸神，尤其是包括日月在內的七大行星之神，他們正好構成一星期七天之數（萬神祠的拉丁原文是「泛神」，中文改譯爲萬，也易引起誤會，不過已約定俗成，我們在此也不必改動了）。這七位天神也是大家非常熟悉的，日神即阿波羅，月神戴安娜，金星維納斯，木星朱彼特，火星馬爾斯，土星薩多，水星麥丘利。但把他們當天上星辰供奉，又與天文觀念有密切聯繫了，於是這座神廟的殿堂不能像通常那樣是長方形而要用圓殿圓頂，以符合當時已爲學術界普遍接受的宇宙天體爲球形，天就是一個天球的觀念。這種想法顯然很得熱中於圓頂結構的哈德良的支持，所以他登基不久就決定蓋這個極罕見的大圓頂神殿。原來，這個廟在奧古斯都之時就已由他的女婿建成，不過是按傳統的長方形神廟形式，現在哈德良則要把它脫胎換骨改變爲一個穹窿圓頂的寬大

無比的殿堂，以此象徵天穹天球，這種結構和現代天文館中的天象廳很相似。不過，原來的傳統式神廟的門面仍予保留，繼續用它的八柱門廊作為圓殿的入口，於是形成我們今天所見的萬神祠的外貌：在純古典的神廟長方形柱廊之後，接一個深圓厚牆無任何窗戶的圓頂大廳。萬神祠這種形式可謂獨創，把羅馬人視為天經地義的神廟門廊和新式的水泥結構圓頂廳堂結合起來，既不違於傳統又有很大新創，因此極受歡迎，以後義大利各地和帝國各行省都熱烈仿效這種有神廟門廊的圓頂殿堂的形式。文藝復興以來，西方近現代建築無論歐美，用之者更是多如牛毛。從文化史的角度看，那個八根柱子承以山牆的門廊雖屬妙用，卻並無多大特色，而最有傑出意義的還是圓頂大廳本身。它的水泥結構和尼祿金屋皇宮中的八角形廳堂相似，但規模卻大了十倍，八角形也變成完整的圓形，因而給人的印象是無比雄偉開闊，宛如置身於一個星辰巡行其間的人工小宇宙之中。它的圓殿平面直徑為四十三公尺，圓頂端點距地面之高亦為四十三公尺，所以圓頂穹窿像是覆蓋在人們頭上的一個大圓球，亦即希臘羅馬天文學所謂的天球。整個殿堂只有一門出入，其餘龕窗樓廊之屬等裝修結構都是封閉而內向的，大圓頂亦只留中央一個直徑九公尺的天窗取光，所以圓頂之下幾十公尺高曠的空間除圓形邊牆外無任何支撐物，也無任何外向的窗戶洞口，使人覺得內部空間圓渾一體，有如置身在大圓球般的天穹之中。它中央的天窗可以透見藍天白雲，明亮通達，從而使人不會有閉塞幽暗之感，但它又是如此之高，就像掛在十幾層大樓的頂上，因此外界的天氣變化竟不能透過它而影響於室內，即使外面狂風暴雨，從天窗落下的雨滴由高空飄散到地面，也都化為霧氣，絕無瓢潑之勢。正因為如此，當人們從一

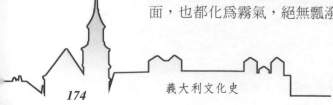

個看似平常毫不特出的柱廊門面，進入這樣驚人的高大朗爽而又統一和諧的圓深空間時，誰都會出自內心地讚歎不已，慶幸自己親身目睹了這個人造天穹的奇蹟。

萬神祠的圓頂既高大空曠又堅固牢實，因而巍然屹立至今，它也是唯一完整留存下來的古典建築傑作，我們書中介紹的其他古代建築現在都只存廢墟了。它的結構已傲然冷對一千八百年的風風雨雨而無大損壞，許多研究者還認為它可以憑這些古老結構無須加固大修而一直存在下去。能作到這點的關鍵是羅馬人充分發揮了水泥結構的優勢。它的圓形大廳的牆壁正好作為半球狀的圓頂穹窿的基座，此牆厚達六公尺，但又不是完全實心平砌，而是在頂部夾以荷重拱，拱下的牆面便可闢為廊廡窗龕，還有夾壁過道，為廳堂內部裝修布置各種閣龕廂亭留下餘地。圓牆之上的圓頂全用水泥灌注，乾凝後整體形成一個石質的硬殼，以其全部約五千噸的重量壓在圓牆之上，但卻不產生一般石砌拱頂的側壓力。在灌注圓頂水泥時，利用夾板疊起構成的方斗形凹框，把圓頂內壁的大部分牆面分割成五列由低到高逐漸收縮的方斗天花，凹處由淺入深，層次分明，內心嵌以銅製鍍金的星徽（今已失），由天窗映照這些凹框線條鮮明，光暗效果突出，同時又可使圓頂總重大為減輕。此外，對圓頂水泥所用的填料亦巧作安排，底層填以堅硬而較重的花崗岩等石料，頂層則選用很輕的火山浮石，同時逐步減薄圓頂的壁厚。有了這些技術措施，儘管圓頂的尺寸空前龐大，卻始終穩如泰山，堅若磐石，而且結構本身相比於其體積來說，仍不失輕朗靈透之感。以如此高超的技術構築一個如此空曠完密的空間，在古代建築中是沒有先例的，在近代建築甚至現代建築中也罕有其匹。萬神祠的建築確實以其設計的壯觀和結構的堅

牢，達到了義大利文化史上空前絕後的地步；另一方面，它那種既龐大而又靈巧，既豐富而又統一，既精深而又簡明，既質實而又華麗的藝術處理，不僅充分發揮了古典美學的辯證統一原理，也體現了古典文化關於宇宙與人生的和諧理想。所以，和其他古典建築的巨構一樣，人在萬神祠的龐大圓頂之下並不覺自身的藐小，反而倍感人類創造力之偉大。因此，雖然它的形制獨特，卻在體現古典精神上直追甚至超過那些最著名的古典神廟，它對西方建築的影響之大也超過任何一座古典建築。

和萬神祠比起來，哈德良另一項最得意的建築工程——哈德良別墅，卻不是以單一巨構取勝，而是以其園林之美、館閣場所之錯落有致，建築組合之複雜多變著稱，當然，它的不少殿堂亭閣也充分顯示了水泥結構的妙用。這個別墅實際上是一系列規模巨大、結構複雜的行宮園苑的組合，園中有園、宮外有宮，有點像我國的圓明園，所以人們也稱之為古代西方的萬園之園。而且，它也像圓明園匯集江浙蘇杭各地園林美景那樣，把義大利和帝國境內的名勝景點莫不仿建於其中，尤其是雅典和希臘的名勝古跡，幾乎要把它們統統「複製」於這個羅馬遠郊的別墅裏。這兒有雅典的「學園」，那是柏拉圖授課之地，也有雅典的「健身堂」，那是亞理斯多德講學之處，還有雅典城內著名的「畫廊」，它不僅本身有不朽的壁畫，還是一個著名的哲學學派——斯多噶派的誕生地與命名的由來，連雅典議會主席團休憩之處的「值班大廳」也被搬到林苑中來；其他如中希臘的坦比谷之類的園林美景也不惜花費，一一仿製於園中，甚至埃及尼羅河入海處的卡諾普斯運河，也以濃蔭中的一池綠水代之。當然，把這些景點搬到義大利來在很大程度上只是寓意性質，不過以其美名而讓義大利的建築家和園林設計家

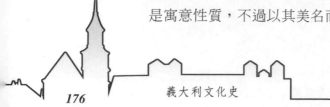

義大利文化史

逞奇鬥艷，把羅馬的建築設計尤其是水泥結構的設計更邁向新奇之境。因此，從文化史的角度看，這座萬園之園的別墅最傑出的成果，仍是那些馳情入幻的新奇之作，它們主要有三處，即黃金廣場的廊亭、海島別墅的廳房和卡諾普斯運河的柱廊。

　　黃金廣場位於哈德良別墅整個園林的東北角，它雖名為廣場，實際上是個花園，按古典通例取方形庭院形式，四周圍以柱廊，院中遍植奇花異草，雜以噴泉水池。它的新奇之處在於兩端柱廊中央的亭閣，它們以水泥結構的圓頂廳組成，但圓弧曲線富於變化，不像通常的規整圓弧，而是正反相切，凹凸互濟，呈波浪般起落重複；不僅廳堂的牆面如此，圓頂穹窿也隨之或張或縮，顯示了水泥結構技巧的精到。海島別墅（也稱海上劇場）則位於全園的中心位置，其周圍有圖書館、宴會廳、遠望樓等重要建築，它本身卻獨出心裁，在一圓形高牆之內挖池蓄水，形成人工之「海」，海上再建圓形的島上別墅。這兒的一切建築似乎都以圓為依歸，海是圓池，柱廊是圓形，島上別莊的廳堂迴廊也以圓形為主，但圓弧卻呈波浪凹凸起伏，各廳堂也形狀各異，曲突互見，設計的新奇和景色的秀麗使人有如臨仙境之感。它能如此出奇制勝，當然也是全靠水泥技法的高超。至於卡諾普斯運河柱廊的特點，則是靈活使用古典柱式，讓它直接與圓拱結合（即把拱建於柱頂之上），列柱列拱組成一串美麗的花邊，圍繞著濃蔭中的運河，並配以眾多的古典雕像，更顯園林之美。總的說來，哈德良別墅這些新奇建築是在追求一種和古典的靜穆端莊很不相同的風格，它馳情入幻、炫艷逞奇，無論是凹凸起伏的曲線還是插花安排的拱梁，都強調動感與變化，充滿激情與狂想，可以說是對以靜穆為主的古典風格的一種補充與發展。正由於有這些特色，這座別墅的建築

對日後的義大利和西方建築的影響也極其深遠。

在雕刻和繪畫方面，帝國初期的義大利也與建築一樣是佳作紛呈，不過從遺物保存的情況看，雕刻要比繪畫多得多。我們有關義大利古代繪畫的瞭解主要依靠龐貝的壁畫，但龐貝毀滅於七九年，因此七九年以後的情況我們就知之極少了。雕刻的情況則好得多，我們可以看到從尤利亞·克勞狄王朝經弗拉維王朝到安敦尼王朝近兩百年雕刻藝術發展的全過程，其中既有技藝益精、水平提高的發展，也有像前述建築中的追求動感與變化的新奇風格的出現，總的說來是和建築豐富多彩的盛況互為呼應。

在奧古斯都之後，尤利亞·克勞狄王朝時期的雕刻藝術可以說是百尺竿頭更進一步，最能代表這一進展的傑作便是那尊著名的《拉奧孔》群像。拉奧孔（Laocon）是古代特洛伊城的一位老祭司，在特洛伊戰爭中是他慧眼獨具識破了希臘人的木馬計，力勸國人不要上當[6]。因此他受到支持希臘人的天神們（其中包括宙斯、波塞東和阿波羅）的嚴懲，派了兩條巨蟒將他們父子活活咬死。特洛伊戰爭亦即荷馬史詩的故事，本來是希臘神話傳說中最為膾炙人口的部分，但羅馬人特別看重拉奧孔卻另有原因：因為他和羅馬人和拉丁人的始祖伊尼阿斯有緣，當拉奧孔揭穿木馬計的預言沒得到國人重視時，只有伊尼阿斯相信他的話。因此在所有特洛伊英雄中，只有伊尼阿斯對未來的國破家亡的慘劇作了準備，而得以逃脫出來。所以羅馬人對拉奧孔由於揭露真相被天神懲罰而死的悲劇有深厚的同情，在他們眼中，拉奧孔不愧為伊尼阿斯所信賴的哲人與高僧，維吉爾的史詩《伊尼阿特》就用了不少篇幅歌詠他們父子為蟒蛇咬死的驚心動魄的故事。與史詩相配合，表現這一故事情節的群

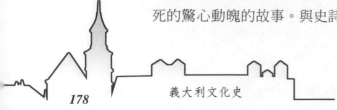

像亦很受歡迎，並隨著當時對伊尼阿斯崇拜的盛行而具有隆重的意義。在奧古斯都的繼任人提比略（Tiberius, 14-37）時期，上述各種因素的結合終於促成這個「拉奧孔」空前傑作的誕生，它一問世就受到朝野上下一致讚揚，被置於皇宮中當作國寶。普林尼在《自然史》介紹它說：

> 這件作品藏在提圖斯的皇宮裏，在一切繪畫和雕刻作品中是最傑出的。它的作者是希臘羅德島的哈格山德爾（Hagesander）、波利多洛斯（Polydoros）和雅典諾多洛斯（Athenodoros），這三位卓越的藝術家按照一種總的計畫，用一整塊石頭，把拉奧孔和他的兩個兒子以及巨蛇的神奇的纏繞雕刻出來了。[7]

普林尼的最高評價一直爲世公認，但羅馬帝國滅亡時皇宮被毀，此像亦不知去向。在文藝復興盛期的一五〇六年，它卻神奇地在羅馬城內的一個葡萄園中出土，當時大雕刻家米開朗基羅正在羅馬工作，立即趕到現場，驚呼這個最大傑作終於重見天日。此後它一直是羅馬梵蒂岡博物館最珍貴的收藏，從米開朗基羅和拉斐爾以來，幾乎所有西方的雕刻家、藝術家都對它觀摩學習唯恭唯謹，美學家自萊辛以來也不斷以它爲題展開討論，因此它不僅在義大利文化史上，在西方文化史上也是一組最著名的雕像。

我們把它定爲提比略時期羅馬藝術最卓越的代表，也是近年來研究的一個新成果。原來，由於普林尼說三位作者都是來自希臘的羅德島，又由於人們對希臘雕刻的偏愛，所以近現代的研究者都認爲它是希臘或希臘化時期的作品，具體年代說法不一，但大多數學者相信它只能產生於公元前二世紀到公元前

一世紀之間，與提比略之世至少遠隔百年。可是二次大戰後的考古新發現卻推翻了這些看法，因為在羅馬以南百餘里的斯柏隆加（Sperlonga）發現了提比略別墅的洞窟雕刻，題銘明確寫出它們是普林尼所說的哈格山德爾三位藝術家之作，且雕刻風格與「拉奧孔」一致，而此洞中之作只能是現場設計現場刻製，從而肯定三位作者生於提比略之時並為其宮廷工作，那麼「拉奧孔」是提比略之時、也就是公元一世紀初的作品就肯定無疑了。當然，從藝術家是希臘人看，仍存在這件曠世名作是否屬於羅馬或義大利藝術的問題，從我們前面有關題材故事含義的種種情況看，它的內容屬於羅馬是沒有問題，而哈格山德爾三位藝術家長期甚或終身在羅馬和義大利工作，也應看作是希臘裔而羅馬籍的藝術家，他們的作品也應該歸於羅馬藝術的總範疇內。這種情況我們在介紹共和末期的藝術時已有涉及，按照我們的理解，這些在羅馬和義大利工作甚或成為羅馬公民的希臘藝術家的作品，都可看作羅馬和或義大利的藝術，何況它們的風格與精神都具有鮮明的羅馬特色，因此把「拉奧孔」當作羅馬藝術的傑作，這一新論斷在學術界已被普遍接受了。

「拉奧孔」這組群像以老祭司作構圖的中心，他的兩個兒子夾峙左右，巨蛇纏繞於父子之間，拚搏激烈。拉奧孔父子皆按古典傳統以裸體表現，人物表情在不失古典的端莊肅穆的同時，也有激動昂揚之處。老祭司手足伸張迴曲呈星形擴散，兩兒也前傾後仰互為呼應，構圖更有波浪起伏、騷動不寧之勢，這些都是它的新風格。它的人體結構表現得非常精確，動作靈活、情態生動，細部刻畫在逼真之餘又有虛實的豐富結合與明暗的突出對比，從而使群像的製作達到技藝完善之境。然而更重要的是，在這種技藝完善的基礎上，藝術家遂能集中表現人

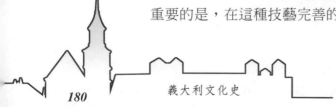

的性格與感情，使它們在豐富、深沉和典型化方面獨步於古典藝壇，尤其刻畫了畏懼、恐怖、痛苦和同情這些人在生離死別中的心理和感情，又使人的整個形象尤其是老人拉奧孔的形象，充滿著評論家極爲讚賞的那種「高貴的單純與靜穆的壯偉」的古典精神。因此這個群像傑作也表明義大利的雕刻藝術已把古典藝術的傳統發揮到一個新境界，羅馬之繼承希臘已達於水乳交融之境，如果說靜穆與單純是希臘古典的本質，那麼高貴與壯偉則帶著羅馬的特色，兩方面都辯證統一、天衣無縫地結合在「拉奧孔」這個不朽巨作之中，所以無論後人從何種角度強調，它都能夠打動人們靈魂的深處，這也正是它自文藝復興出土以來對西方藝術界和美學界影響始終常盛不衰的原因之一。

以「拉奧孔」爲例，我們也可想見當時各種以古典神話傳說爲題材的群像、雕像是相當多，而水平也相當高的；此外，在義大利雕刻中大量出現的，還有各類皇帝肖像和貴族的男女雕像，它們也基本保持了羅馬肖像雕刻寫眞求實的水平，在容貌傳眞方面較其他民族的同類作品爲高。弗拉維王朝與安敦尼王朝時期雕刻藝術的發展也大致相同，但敘事浮雕卻異彩獨放，有更爲突出的成就。弗拉維王朝的浮雕傑作是提圖斯建立在羅馬廣場入口處的凱旋門，它的主要浮雕置於門道內部兩邊牆上，都以皇帝得勝回朝舉行凱旋式爲題材，而這次得勝的具體戰事卻是鎮壓了猶太人的起義，重新占領耶路撒冷並摧毀了猶太人認爲最神聖的所羅門神殿，其中一邊表現提圖斯駕馭馬戰車進入羅馬城的情況，另一邊則表現凱旋式中展示戰利品的行列，中心部分突出刻畫了從所羅門神殿擄來的猶太聖物——七寶燭台。這兩幅浮雕製作極其認眞，人物馬匹車具器物無不

生動具體，構圖布局尤有講究，車騎隊伍的行進井然有序，形象無論大小先後，其空間排列既有層次又有參差錯落的聯繫，予人以強烈的深遠感。在實際深度最多只有幾寸的浮雕平面上，能取得如此突出的空遠進深效果，是古代浮雕藝術的一大進步，它在這方面的成就已超過了希臘的同類作品。安敦尼王朝浮雕藝術的傑作，則是羅馬的圖拉眞廣場的圖拉眞紀念柱，這根高近四十公尺的紀念柱也是現今已淪爲一片廢墟的整個廣場建築中碩果僅存之物。全柱精確高度是三十八點七公尺，柱身部分二十九公尺，全用一條由下到上螺旋纏繞二十三圈的浮雕帶裝飾起來。這個浮雕帶總長達兩百公尺，其上刻畫人物超過兩千五百個，能劃分情景的場面也達一百五十五節以上，可見其規模是空前絕後的浩大。浮雕的主題是圖拉眞征服達西亞（今羅馬尼亞）的戰爭。它以羅馬軍團渡過多瑙河爲開端，接著一一表現備戰、作戰直到勝利的各個過程，諸如圖拉眞召開作戰會議、獻祭敬神祈祝勝利，向官兵發表動員演說以及羅馬士兵安營紮寨、修築工事、攻入敵窟、擄掠燒殺等古代戰爭必有的一切事項，它都刻畫得井井有條，尤爲可貴的是：場景無論大小，人物無論多寡，皆繩之以羅馬人務實求眞的精神，一絲不苟地如文獻史料般詳盡明確記錄下來。它在總體布局方面的最大特點是全浮雕帶一氣呵成，雖然情節場面分成數百，景致與動作卻是連續性的。用中國畫的術語說，則整個浮雕帶是一幅橫軸畫卷，尤其有點像中國的山水長卷——萬里江山一卷盡收。這種長卷所繪景物以山溪小流發端，然後歷經丘壑峽谷、匯合浩蕩，最後一瀉千里，奔騰入海，從發源到入海千物萬景皆納於一軸，其手法既要刻畫入微，又要有居高臨下、統御全局之勢。圖拉眞紀念柱浮雕的構圖優點也正在於此，由於它表

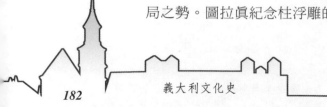

現的數以百計的場景大小不一，連
成一氣便須將各景視角隨之俯仰轉
折多作變通，於是古典單幅浮雕
（例如前述的提圖斯凱旋門的浮雕）
極力追求的統一空間便要打破，所
以看起來和中國畫有點接近了。這
種新的表現手法實際上是採用了義
大利民間藝術喜愛的連續鋪陳、多
樣視角的表現法，例如浮雕帶中大
軍渡河之景是平視的，士兵修牆築
壘之景則是俯視的，而皇帝演說的
場面又轉為仰視；甚至同一景中為
使動作明白易見，也可相應作些變
通，如群眾之密集以許多人頭表
示，建築物對比於人應略微縮小、
器物排列可用圖解式表現等等。這
樣就帶來了西方浮雕藝術上的新突
破：統一空間的追求被放到次位，

▲龐貝壁畫（圖片提供：
李銘輝）

把故事情節明白通俗地向觀眾交代成為藝術表現最重要的任
務。從此以後，義大利浮雕中採用多視角和圖解法的日見其
多，特別在基督教興起後，這種傾向越演越烈，變成宗教藝術
的一大特色，義大利藝術就逐漸向中世紀風格轉化了。

帝國時期的義大利繪畫也基本走著與雕刻同樣的發展道
路：在帝國初期達到了最高水平，以後也有放棄統一空間追求
的新轉變。不過這些情況只能從極稀少而又零碎的遺物知其彷
彿大概，而由於龐貝壁畫的遺存使我們可獲得較典型完整的代

表作，只在帝國初期開頭的幾十年，這個大概就更爲有限了。但這幾十年中義大利繪畫的發展卻是很有光彩的，它的主要成果體現在龐貝壁畫中，就是第四種風格的形成。大致說來，奧古斯都前後是第三種風格的高峰，因此第四種風格的形成是在尤利亞・克勞狄王朝的後期，到弗拉維王朝初年是其鼎盛之際，而維蘇威火山的爆發可說是正好在它風光無限之時，突然把它從歷史上掩埋下去了。第四種風格的特色是綜合彙總，把以前的各種風格熔於一爐，故有綜合風格之稱，它兼有第一種風格的裝飾效果、第二種風格的開闊與第三種風格的雅致，同時又旁逸斜出，色彩繽紛而氣象萬千，所以其優秀之作有如「拉奧孔」那樣集各自藝術領域的大成。在羅馬城中，第四種風格的繪畫也曾零星發現於尼祿金屋皇宮的廢墟，但最完整典型的遺物則只有龐貝壁畫。它在龐貝城中許多富家大宅中皆有普遍發現，特別是在六二年龐貝發生火山大爆發前的第一次地震之後，各家重建的房屋便清一色地採用新起的第四種風格，既可見它當時的受人歡迎，也爲我們定其精確年代提供幫助，更有甚者，由於這批壁畫之作距龐貝大毀滅最早不過十餘年，最晚就在大爆發前兩三年，所以不僅數目最多，色彩也最鮮艷。其中著名代表，可舉龐貝富商維蒂（Vetti）家宅的壁畫。據考，維蒂本人是一名被釋奴隸，以經營印染和百貨業發了大財，其住宅於六二年地震後徹底重建，許多廳堂滿布新風格的壁畫，被公認爲古代義大利繪畫的精品。這些第四種風格壁畫的布局一般是在牆面用畫出的細柱分成若干方框，中央大框內空出一大片專畫仿希臘名畫之作，猶如牆上掛著一幅名畫，令人有四壁生輝之感，其兩旁及上部框邊又畫出仰視角度所見的各種建築奇景，或頂閣朝天，或廊棚空透，極具奇突變幻氣

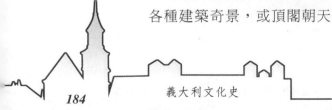

氛。壁畫的筆法多有新創，在奔放之餘更見渲染的自由，出現了類似中國寫意畫那樣輕捷淋漓的筆意，西方研究者則喜歡稱之爲近似印象主義的筆法，因此它畫人物可用寥寥幾筆即覺生氣勃勃，對花鳥靜物也是著墨不多而意趣盎然，風景描繪則強調以光影色彩烘托意境，或表現煙嵐迷濛的田園風光，或描繪熱鬧喧嘩的城郭海港，皆覺靈巧動人；維蒂家以其經營百貨業，還專闢花邊小幅，畫以手工百業的勞作，勞動者則以帶翅膀的小愛神充之，因此在如實描繪生產活動時，又處處充滿童稚嬉戲的詼諧與輕鬆，在世界繪畫中可謂一絕。凡此種種，都反映了義大利繪畫當時所達到的高度水平。

帝國時期的義大利學術界在哲學方面無大建樹，但其法學研究卻獨樹一幟。在奧古斯都之時，羅馬法律已有公民法、裁判官法、萬民法諸多體系，法學家的詮釋考訂、編撰著述也相當豐富，再經過帝國初期三個王朝歷兩百年的發展，更增加了像皇帝敕令和法學系統研究等等形式的豐富內容，羅馬法就成爲古代最完善的一種法律。更由於帝國初期商品經濟充分發展，羅馬法便加強了對以私有制爲基礎的各種經濟關係的法律規範的研究，使它對於近現代的資本主義法律也有很大先驅示範作用。

羅馬法的濫觴可溯源於共和初年的「十二銅表法」，其後的各項法規法案主要涉及公民的權利，包括平民與貴族鬥爭取得勝利的一些反特權的積極內容，總稱之爲公民法；到共和後期，羅馬統治地區擴大到地中海各地，涉外案件，亦即羅馬公民與外邦人之間以及非羅馬公民之間的案件日益增多，就需要用公民法以外卻能合理通用的法律，於是有萬民法，它不僅範圍廣泛，眼界開闊，而且由於這些涉外案件多半是與商品貿

易、經濟契約有關，它的內容也以服務於各民族間的或國際的商品市場關係為主，成為羅馬法律中最具進步意義的部分。在萬民法的基礎上，又有了自然法的概念，即認為法律和正義應奠基於不受民族、時代限制的自然原則，放之四海而皆準，亦即強調法律的理性基礎。由於有了自然理性這個原則，萬民法或自然法便在理論上高於公民法，成為羅馬法學思想中居主導地位的理論。

到帝國初期，羅馬法學的發展出現兩個新情況：一是隨帝制的建立，皇帝的專制權力參加到法律建設中來；另一則是法學家的活動空前活躍並帶權威性，他們制定法律的權力也大有提高。這些發展逐使羅馬法學達於鼎盛階段，這兩百年間堪稱羅馬法學的「黃金時代」，人才輩出、學派興旺，佳作紛呈、盛況空前。此時法學家力倡重法意而不拘於條文的研究精神，於法學原理多有闡發，尤其強調羅馬法由公民法達於萬民法的整體發展，於民法、商法、私法更注意合理保障私人權益。最後終於出現以綜合彙總、全面概括為特色的法學大師，他們共有五人，在歷史上有「法學五傑」之稱。最先的是蓋優斯（Gaius, 117-180），他的權威著作是《法學階梯》，對羅馬法給予系統總結，並對私法體系首倡人法、訴訟法和物法三大結構，為後世樹立典範。其後則有鮑盧斯（Paulus, 121-180）、烏爾比安努斯（Ulpianus, 170-228）、帕比尼諾斯（Papininous，活動於三世紀）和莫德斯丁努斯（Modestinus，活動於二五〇年前後）。他們五人在日後被羅馬皇帝正式確認為五大法學權威，他們的著作具有法律效力，若五家之說互有分歧，以多數為準；若分歧等同，則取決於帕比尼諾斯的意見。因此，經五傑之手，羅馬法學體系可說已臻完備。

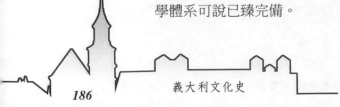

總觀羅馬法學發展的全過程，它能夠超越希臘乃至一切古代民族的優異成果，皆集中於自然法的理論和民法、商法、私法等體系之上，這些成果都體現了古典文化以人爲本和公民平等的精神，因而在歷史上影響也最爲深遠。試以其私法體系中的人法、物法、訴訟法而論，人法是充分闡明人的權利能力、行爲能力和人的法律地位與法律權利的有關規定，涉及獲取、保障和婚姻、親屬關係等等方面，它確立了除奴隸而外，所有自由民在法律面前人人平等的原則，從法制上對個人權利給予充分保障，因而古老的家長權、夫權、族權等受到較大制約與消除，肯定子女有財產權、婚姻自主權，婦女有較平等的地位，同時確立了遺囑繼承的自由，這些規定在日後西方國家的反封建鬥爭中，就可以成爲進步人士樂於接受的東西。而物法討論的物權，實際上就是私有財產的所有權，它以所有權的絕對性、排他性和永續性確立了私有財產神聖不可侵犯的法律地位，從而構成私法的核心，也最能爲日後的資產階級利用。所以羅馬法自文藝復興以來，便成爲西方近代法學界的良師益友，他們無不奉羅馬法爲法學的圭臬，當拿破崙制定那套影響最大的《法國民法典》時，更是處處以羅馬法爲藍本，由此我們也可想見羅馬法對西方社會的重要意義了。

　　法學而外，帝國初期的義大利史學也是在學術文化領域光彩照人的。這時的史學界都遵奉李維的修辭史學的傳統，人數眾多，著述豐富，其中最著名的大師當推塔西陀（Tacitus, 約55-120），他除了文風典雅深沉，史筆遒勁犀利之外，對皇帝的專制暴虐尤爲憤慨，因此是一位敢於橫眉冷對專制淫威，有獨立思想和民主精神的史學大師，在帝制高壓的環境中可謂鶴立雞群，大大超越於一般只知吹捧的宮廷史家。塔西陀的主要著

作是《歷史》和《編年史》，前者述弗拉維王朝史事，後者則述尤利亞・克勞狄王朝，兩書今存皆已殘缺，我們能見到的只及原書的三分之一，但其中精彩之處已很驚人。塔西陀的青少年時代親身目睹暴君尼祿的胡作非爲，對專制帝王的凶殘腐化恨之入骨，因此他把共和政治當作最高理想，使他的史書在對專制統治的罪惡黑暗予以揭露的同時，也把共和思想發揮到更高境界。從這一點出發，他對歷朝皇帝皆無讚詞，例如在《編年史》中，他刻畫了提比略的陰險多疑、克勞狄的庸碌怯懦，對尼祿則突出了他達於極點的虛榮、荒唐和殘忍，他對帝制之下一切奴顏婢膝的顯官和爲虎作倀的寵臣，也同樣予以鞭笞唾棄。因此他的史書與一般的帝國史傳完全異趣，得到日後有民主思想和共和傾向的近代史家很高的評價。

塔西陀也像李維那樣，保持了修辭史學可作一代風範的高度文學水平。無論敘事抒情，文筆都優美典雅、生動鮮明，尤善於刻畫心理、烘托氣氛、描繪環境，於人則形神鮮明，於景則詩意盎然。由於他的史書所寫都是晚近史跡，他掌握了較充分確切的信息，加以取捨恰當，思路完密，用辭豐富多彩，含義深廣，結構錯落曲突，不落俗套，從而以他的蒼勁有力、典雅精確的風格，在西方古典文學史上占有很崇高的地位。一般而言，他較西塞羅更爲艱深，較之李維又更具風韻，所以文學史上通常把他和西塞羅、李維並稱爲拉丁散文三大名家，各以其獨特風格貢獻於義大利文學的寶庫。

在塔西陀同時和其後的較長時期，帝國史學以史家較多，著述豐富而引人注目，並且由於簡明讀本和通俗著作大增，史學知識的普及也有空前的發展。在宮廷色彩較濃的帝國史家之中，自然是平庸之輩較多，他們的著作絕大部分也被時代淘汰

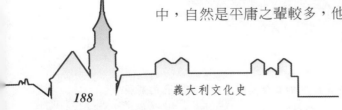

了。他們中最值得一提的，恐怕就是我們前面已摘引多次的、以寫皇帝傳記知名的蘇維托尼烏斯了，他約生於六九年，卒年不詳，至少活動到一二二年以後，所以能寫下從奧古斯都到二世紀時歷代皇帝的傳記，帝國後期被編輯爲半官方的《皇帝列傳》的核心部分，他從碑銘檔案之中摘引了一些重要資料，評述也有參考價值，但文筆和格調比起塔西陀來就差得遠了。通俗史學家中可舉一直在羅馬宮廷中生活的弗洛魯斯（Florus，活動於二世紀初），他見識較多且能作詩，所著《羅馬史要》（Epitome）是一部典型的通俗簡明讀物，雖然流傳很廣，卻以摘引他人著作爲主，還雜有不少歌功頌德之詞。但他的摘要涉及面長，也能保存一些他書未見的材料，例如他提到在奧古斯都之時有中國人（賽里斯人）來羅馬奉獻珍珠寶石等等，是西方史學文獻中記述中國人（甚或漢朝商團）來到義大利的最早之例。

　　帝國初期的義大利文學在詩歌方面顯然不及奧古斯都時代的輝煌。當時的詩人仍然熱中於史詩創作，可是有維吉爾的《伊尼阿特》作爲最高範例擺在面前，誰也會覺得自己矮了半截。例如一世紀末有位名叫斯塔迪烏斯（Stadius）的義大利詩人仿《伊尼阿特》，寫了一部以希臘神話故事爲題材的史詩《底比埃特》，他便斷言自己的作品遠不能和維吉爾的傑作相比，這倒不是詩人的自謙，而是承認了在詩詞上今不如昔的時代特點。這也可能是皇帝的專制統治使詩詞只許歌功頌德、不容自由發揮的緣故，所以日後文藝復興和近代的文論家喜歡說專制使詩壇黯淡，而只有自由才能張開詩人靈感的翅膀。從文化史的角度看，當時詩人和詩作雖然不少，卻無人能與維吉爾、賀拉斯等前輩相比，確是不爭的事實。例如史詩除斯塔迪烏斯

外，尚有弗拉庫斯（Flacus）的《阿爾戈諸英雄頌》、義大利庫斯（Italicus）的《布匿戰頌》，皆屬中平之作。唯一比較有特色的是盧甘（Lucan, 39-65）的《內戰詠》，這位只活了二十六歲的青年詩人獨出心裁，要以凱撒和龐培之戰的晚近歷史寫成史詩，他的思想更爲大膽，是貶凱撒而褒龐培。他在《內戰詠》中公然宣稱：「我歌詠的這場戰爭不僅是公民間的內戰，而且是罪惡成爲合法之戰」，因此他目凱撒爲歹徒，龐培卻是英雄。這種傾向顯然對當時的皇帝專制持嚴厲批判態度，與塔西陀著述歷史的共和傾向相近。不過盧甘作詩筆鋒太露，滿紙驚愕憤激之言，有違古典詩學含蓄敦厚之旨，也缺乏古人看重的單純與自然，因此仍難臻史詩之上乘。史詩而外，其他如抒情詩、敘事歌、牧歌、讚頌之類，因迎合宮廷趣味而多屬奉承粉飾之詞，文學價值就大爲降低了。唯一的例外可說是諷刺詩，當時產生了兩位著名的義大利諷刺詩人：馬爾梯亞爾（Martial, 約40-104）和尤文納爾（Juvenal, 約60-130），他們或諷諭世風日下，或影射時政流弊，語言尖酸又略帶詼諧，很受群衆歡迎，但相比於奧古斯都詩壇的典範之作，仍缺乏深度與力量，最多也只能算是白銀時代反映民心的閃光。

相比起來，義大利各地的拉丁散文寫作就較詩詞興旺，除了前面提到的史學大家塔西陀同時也是散文大師而外，作爲羅馬散文主軸的書信寫作、哲理論文、修辭演說等等，亦不乏名家高手。其中如前面已提到的老普林尼的養子小普林尼（Gaius Plinius Caecilius, 約 61-113），就以書信寫作知名於世。他的書簡文如其人，精明而又優雅，同時不失自然閒適之趣。他與皇帝圖拉眞的通信可以在官場俗套之外，談及君臣通達信息的朗爽和意趣的涵養，反映了帝制在安敦尼王朝盛時仍有其重理性

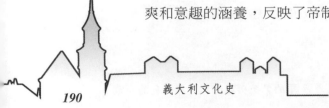

的古典精神。此外，他那些坦陳生活起居瑣事和別墅山莊野趣的書信，也和西塞羅致親友書簡那樣對後世有深遠影響。通過這些談論家常的文章，我們可看到一個有高度文化素養的古代義大利人的典型形象：他善於交際，勤於讀書，喜歡享受山林的清幽，處世則依中庸自足之道。這種崇尚人文和哲理的生活情趣，憑其流暢的文筆而對日後文藝復興的人文主義有很大的啓迪。

在修辭學方面，這時期的大師就是我們前面已多次提到的昆體良（約 35-100），他的名著《修辭學教程》（亦譯《修辭原理》）共分十二卷，內容之博大精深爲前所未見。不過，在帝制條件下，公民政治已形同虛設，所以古典修辭學作爲政治鬥爭工具的意義已大爲降低，變成一種文學評論和語文教育的學科，因此昆體良這本集大成的教程新創不多，其可貴之處在於總結過去，把共和以來義大利文學修辭的優秀成果熔於一爐，並且對希臘羅馬作了深入的比較。此書對後世影響最大的，是它對文學的培訓和理論都作了系統的闡述，尤以史論評述既全面又中肯，成爲後人瞭解古典文學的提綱挈領之作。因此，他這部《修辭學教程》不僅起優秀教材的作用，也是一部介紹古典文化傳統的百科全書式的讀物，匯聚許多名言佳句，把古典的道德理想和價值觀念傳之於讀者。文藝復興時期，此書原本完整地發現於瑞士深山的一座修道院中，消息傳到義大利，被時人歡呼爲文化界的一大盛事，它的發現者也正是當時一位著名的義大利人文主義者，所以這部書立即成爲人文主義復興古典運動中的一面大旗，更顯其影響的深遠。

註釋

1 《後漢書 · 西域傳》。

2 斯特拉波（Strabo），《地理學》，第 16 卷，第 2 章，第 25 節。

3 塔西陀，《編年史》，第 16 卷，第 42、43 章。中譯文據李雅書選譯本，見《外國史學名著選》，商務印書館，1986 年版，上冊，第 280-282 頁。

4 蘇維托尼烏斯，《尼祿傳》，第 31 章。中譯文據《羅馬文化與古典傳統》，第 269 頁。

5 威爾遜（Wilson），《羅馬藝術與建築》，載《牛津古典世界史》，1986 年英文版，第 786 頁。中譯文據《羅馬文化與古典傳統》，第 270 頁。

6 木馬計是特洛伊戰爭中最後結局的著名故事，它是希臘英雄奧德修斯想出來的，用一極大的木馬藏匿小隊軍士於其中，然後佯裝退兵，讓特洛伊人運馬入城後，內外夾擊而取勝。

7 《自然史》，第 36 卷，第 37 章。中譯文據《羅馬文化與古典傳統》，第 152 頁，略有改動。

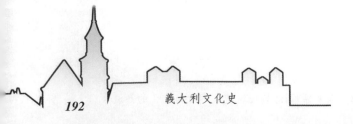

第六章

中世紀的義大利與神聖的羅馬

羅馬帝國後期是連續不斷的政治混亂、經濟衰敗、文化倒退的歷史，義大利作為帝國中心受害尤為嚴重。因此，從文化史的角度看，這三百年間竟主要是消極的現象，義大利在帝國初期是空前昌盛、無比繁榮，後期卻是一蹶不振、江河日下，古典文明陷入全面的危機，這時唯一有積極意義的重大變化便是基督教的興起。誰都知道，基督教本來是亞洲的宗教，它在一世紀初首先在巴勒斯坦的猶太人中間傳播，當時此地已在羅馬帝國統治下，它很快就傳遍羅馬的東方各行省，如敘利亞、埃及、小亞和希臘等地的行省，並西傳於義大利，又由義大利而傳到西歐各地。就義大利而言，到三世紀時，基督教已是人多勢眾，影響極大，雖然仍帶一些東方色彩，卻在義大利社會上無論朝野貴賤、城鄉百業都有了很深很廣的基礎，足可稱為義大利最大的宗教。更有甚者，按羅馬是帝國首都，義大利是帝國腹心之例，基督教的教會組織雖處地下秘密狀況，卻已把羅馬城當作歷代教主活動其中的首要地區，義大利則名正言順的成為西方基督教的中心。因此，和羅馬帝國的衰敗與古典文化的沒落形成鮮明對照的是，基督教卻如日初升，勢已燎原，終於迫使一貫對它採取鎮壓政策的帝國最高當局轉而承認、支持它。三一三年，羅馬皇帝君士坦丁（Constantinus, 306-337）頒布米蘭赦令，正式承認基督教，整個形勢便水到渠成般自然地使基督教成為帝國社會一股最具生命力的狂潮，到五世紀時，基督教進一步發展成唯我獨尊的國教，反而把古典文化斥為異端邪物，摧殘排擠不遺餘力。基督教的強大不僅表現在信徒的眾多，範圍的普及，還表現在它仿照帝國行政體例，而形成了從上到下的各級教會組織，羅馬教皇是其最高首領，各地區有

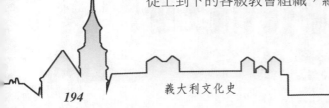

大主教，各城市有主教，各街區有教區執事，一直聯繫到每個信徒的行業公會、街道村社和家庭。當羅馬帝國在蠻族入侵和人民起義的滔天洪流中覆亡時，這套從上到下、從中央到基層、從羅馬到各行省的教會組織卻能自謀出路，它不僅沒有受到削弱，反而更爲無孔不入地發展起來，以至於帝國以後的歐洲中世紀的歷史在很大程度上就是教會統治的歷史。就義大利而言，教會統治由於羅馬教皇的存在而更爲根深柢固，它雖失去了一個帝國的羅馬，卻獲得了一個神聖的羅馬。從文化史的角度看，說不盡的禍福得失都可包涵在這「神聖」兩個字中。

基督教能在義大利和西歐各地迅速傳播，既與它本身的特點有關，更與帝國後期社會危機的加深有密切聯繫。當基督教在一世紀興起於巴勒斯坦之時，它只是當地隨猶太人民反羅馬占領鬥爭風起雲湧而出現的許多猶太教的小派別之一。但它的教義卻跟封閉保守的猶太教很不同，它強調信奉自己這派新教的人可不分民族膚色與社會出身，接受福音即爲新教選民，因此打破了猶太教只承認猶太人是上帝選民的狹隘傳統。基督福音面向萬國眾民、四面八方，遂從巴勒斯坦如星火燎原般迅速傳到敘利亞、小亞、埃及和希臘，到一世紀後期進入義大利並以之爲中心向西歐擴散，於是這個猶太小宗派很快成爲一個世界性的宗教，在帝國東部用的是希臘文，在帝國西部則用拉丁文。此外，基督教的教義也比較簡單，它宣稱只要堅信耶穌是基督（即救世主）便可因信得救，沒有繁瑣的禮儀，初起時還號召信眾團結自助，而信徒也以下層群眾爲多，他們堅信新教的一神論，而不參加對羅馬皇帝的神化崇拜，遭到鎮壓後，更益增其宗教狂熱而抱必勝信心。這些情況都會使當時人對之有耳目一新之感，尤能引起對專制統治不滿的廣大階層的同情與

支持。所以一、二世紀雖是帝國盛期，基督教在社會底層的迅速傳播卻已爲古典文化的滅亡埋下心腹之患。三世紀以後，隨著羅馬奴隸社會危機的加深，政治混亂、經濟衰退越演越烈，基督教的傳播不僅日益廣泛，而且從下層進入中上層，這是社會廣大階層普遍感到前途渺茫、悲觀失望的結果，他們對古典體制與古典傳統已喪失信心，只好到基督教中尋求慰藉與解脫。此時古典文化已停滯倒退、滿目瘡痍，而基督教的神學體系卻已漸趨完備，它開始以對立於古典文化的一種新起的宗教文化，出現於義大利和歐洲的歷史舞台。然而，儘管是新起的，它的無所不包的神學體系卻和古典的人本主義思想有水火不相容之勢。古典是理性至上，它卻是神學至上；古典以人爲萬物的尺度，它卻一切從神的恩惠出發；古典強調和諧秩序中的自由發展，它卻以上帝包攬所有眞理，萬流歸宗於神的至高無上的統治。因此，它雖屬新起，在文化含義上卻有倒退的氣味，和古典文化本身的衰退倒有不謀而合、沆瀣一氣的機緣。加以帝國末年各地大小城鎮普遍遭到破壞，文化設施蕩然無存，新建立的蠻族王國在文教方面自然處於最低的水平，所以這個緊接著帝國滅亡以後的中世紀被後人稱爲「黑暗時代」，於是神聖的羅馬又被人形容爲人文之光熄滅的愚昧的迷信的羅馬，中世紀的義大利文化史因而也蒙上一層相形見絀的灰暗色彩。

根據基督教傳說，耶穌之後的兩位對建立與傳播新教最有貢獻的聖徒──彼得（Peter）與保羅（Paul），都親自來羅馬城傳教，並在這兒犧牲，因此羅馬是僅次耶穌殉難的耶路撒冷的聖地。據說耶穌曾把天國的鑰匙、也是統治世界的鑰匙授予彼得，他是眾使徒之首，後人推之爲第一任教皇。彼得在羅馬傳

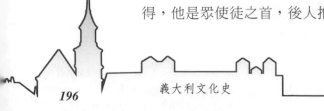

　義大利文化史

教被捕後，自願以倒釘在十字架上就義，表示他要自愧不如地追隨先師（耶穌是頭朝上，彼得是頭朝下），而彼得就義和掩埋的地點就是羅馬的梵蒂岡。保羅雖不是耶穌生前教導的門徒，卻在耶穌死後得其顯靈親囑他信教和傳教，而他以後的作爲也證明他是建立基督教神學貢獻最大的聖人，保羅多次來羅馬傳教，也多次在羅馬入獄受審，最後死於羅馬。有了這兩位最重要聖徒的活動，雖然耶穌本人生前並沒來到義大利和羅馬，卻已足夠爲這兒罩上最神聖的靈光，此後羅馬地區的教會負責人便一直以聖彼得的繼承人和基督教的領袖自居。在彼得和保羅的親自傳授下，義大利人很快就成爲教會人士的中堅，到一世紀末，他們中就出現了繼承彼得和保羅衣缽的一位著名義大利人——羅馬的克雷門斯（Clemens Romanus），後世天主教尊他爲第四任教皇（第一任教皇即彼得）。據說他任教首的時間是八八年到九八年的十年間，而他又是得到彼得親自祝聖成爲主教的，可見他作爲教會頭領活動於義大利各地有半個世紀之久，影響很大。從此基督教在地中海整個區域的傳播漸呈東西劃分之勢，東部地中海以基督的老家巴勒斯坦和耶路撒冷爲聖地，西部地中海則以帝國首都羅馬和義大利爲中心。經過二、三世紀的發展直到君士坦丁承認基督教之後，東西之分在教會內部仍以東方略占優勢，當時教會內部公認爲「牧首」的五大中心是耶路撒冷、羅馬和埃及的亞歷山大里亞、敘利亞的安提阿和小亞的君士坦丁堡（它是君士坦丁新建立的首都），羅馬是唯一的西方中心，東方則有四個。君士坦丁建立的新首都位於歐亞交界之處的希臘城邦拜占庭的原址，嚴格地說，它並不屬於小亞，而是在與小亞僅一水之隔的歐洲這邊，但當時小亞是帝國東部經濟文化都很發達的地區，君士坦丁要在拜占庭建新都也

是著眼於此，以便帝國統治能更直接憑靠小亞和東部各行省如敘利亞、埃及的豐富財源。君士坦丁堡建立後，帝國東西分道揚鑣的形勢在政治上也表現得很明顯，並進一步加深了教會內部的東西之分。從文化史的角度看，這種東西之分有利於突出羅馬和義大利在西方的領導地位，對比於東方之諸多中心並立、群龍無首，西方則是羅馬唯我獨尊，逐漸使羅馬主教獲得羅馬教皇的權威。所以君士坦丁承認基督教之後，羅馬和義大利的教會勢力更有咄咄逼人之勢，而帝國分東西統治，西部政治力量趨於薄弱的情況也對羅馬教會特別有利，這時在義大利叱咤風雲的人物便是羅馬教會的精神領袖，著名的米蘭大主教安布羅斯（Ambrosius, 約 339-397）。

安布羅斯日後被教會封為聖徒，但他的歷史地位要比一般聖徒重要得多，實際上是為教會統治在義大利和西歐奠定基礎的人。安布羅斯的父親是羅馬顯貴，身任駐高盧總督，因此安布羅斯出生於他父親的駐防地德國的特里維斯（Treves），但父死後即隨母回羅馬，學習法律修辭等科，成長為一個典型的義大利官宦世家子弟。他仕途亨通，三十多歲便任北義的米蘭城總督，這時已是君士坦丁承認基督教之後五十餘年，教會勢力炙手可熱，並且非常注意拉攏大官顯要入教，年輕有為的安布羅斯便成為教會羅致的大目標，甚至在他還未入教時，便選他為米蘭大主教，然後才匆匆受洗，正式行成聖授冠之禮。安布羅斯任大主教後果然不負眾望，他把羅馬官場的權謀和統治的手腕帶入教會，同時又以教會代表的身分和皇帝搞好關係，利用行政手段發展基督教、打擊異教。當時的羅馬皇帝瓦倫丁尼二世（Valentinianus II, 375-392）和狄奧多西一世（Theodosius, 379-395）都尊之為顧問，對他言聽計從。狄奧多西原來主管東

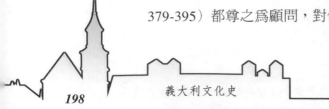

部，後趁瓦倫丁尼年幼無能，遂以攝政之名兼得西部大權，一度號稱強盛。安布羅斯便利用狄奧多西的權勢大力發展基督教，促使狄奧多西於三九二年宣布基督教為國教，萬民皆須信仰，一切異教（包括希臘羅馬諸神）皆在掃除打倒之列。安布羅斯自己在中央出入宮廷，左右朝政，教會在各地已經無孔不入的組織則聞風而動，到處搗毀神廟神像，沒收廟產和金銀寶物，禁止古典宗教節慶活動。由於希臘羅馬的文藝作品和體育運動多與神話、敬神有關，它們也在被禁之列；推而廣之，由於古典文化是異教文化，它的圖書典籍雕刻繪畫和各種藝術文物也不能倖免，於是從三九二年到三九五年的三、四年間，義大利各地的古典文化文物遭到嚴重破壞與洗劫，廟堂會館悉遭封閉拆毀，或改建為基督教堂，古典神像、人像、尤其是裸體的女神像如維納斯之類，都被打碎埋入地下，圖書館、體育場都關門大吉，甚至連在希臘已舉行千餘年的奧林匹克運動會也被禁止，古典文化到這時真是上天無路、入地無門了。然而，包括安布羅斯在內的所有教會人士都認為不破不立，古典文化的毀滅是基督教得以興盛的前提條件，這種認識構成了日後整個中世紀的教會文化政策的出發點。另一方面，安布羅斯在充分利用帝國統治機構的同時，卻強調教會自身的獨立性，不允許行政當局干預教會事務，在理論上更強調教會權力（神權）高於世俗權力，所以他認為教會不屬於國家，卻有權得到國家的保護。這種認識也成為日後整個中世紀期間教權至上論的基礎。安布羅斯還通過他的學生奧古斯丁（Augustine, 354-430）的著述，建立起西方教會的神學理論體系。奧古斯丁生於北非（今阿爾及利亞），也在北非任主教並死於北非，嚴格地說，他似乎算不上一個義大利人，但他在羅馬和米蘭受的教育，特別

是他在安布羅斯指導下深入學習基督教的神學理論等等，都決定了他在當時的義大利宗教界和文化界具有舉足輕重的影響，對日後的中世紀教會神學貢獻尤大。奧古斯丁強調上帝是眞理，教會是上帝之城在人間的體現，人只有憑上帝恩典和教會指引才能得救。奧古斯丁比安布羅斯多活三十餘年，而他看到的卻是蠻族入侵加劇，天下大亂的帝國末日，親身經歷了羅馬城被蠻族攻陷這樣驚天動地的歷史巨變，但他相信世俗的羅馬城的毀滅不過是上帝之城——神聖的羅馬必將凱旋的前奏，因此教會在帝國滅亡的大災難中，不僅不會喪失什麼反而是主要的贏家。

狄奧多西於三九五年去世時，決定把帝國正式分爲東西兩部，分別由他的兩個兒子作皇帝，史稱東羅馬帝國和西羅馬帝國。西羅馬的衰敗較東羅馬嚴重得多，連皇帝及其宮廷也離開羅馬城而常駐於北義的拉文那（Ravenna），此地濱臨亞得里亞海，周圍多屬沼澤葦塘，易躲避入侵的蠻族兵馬，而原來有永恆之城美名的羅馬則成爲眾矢之地，它的覆亡指日可待了。果然，在四一○年八月，西哥德人在其領袖阿拉里克（Alaric）指揮下，對羅馬圍城猛攻，城內奴隸和貧民起義響應，打開了城門，有八百年之久未被敵人攻陷的帝國首都，終於落入蠻族與人民起義聯軍之手。這個事件的象徵意義遠遠超過它的實際損失，因爲羅馬城的陷落標誌著西部已是蠻族的天下，而躲避在拉文那的西羅馬小朝廷的滅亡也只是時間問題了。四五五年，由歐洲長驅直入北非的蠻族汪達爾人又渡海北上再次攻陷羅馬，帝國的頹破可說無以復加，剩下的只是再演出一個象徵性的事件，以正式宣告西羅馬壽終正寢。它終於在四七六年來臨，當時蠻族將領奧多亞塞（Odoacer）廢黜羅馬最後一個皇帝

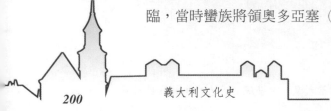

義大利文化史

而自立為王，遂在歷史上宣告了羅馬帝國的終結，也就是古代世界的結束和中世紀的開始。不過扮演這個劃時代事件的主角卻不是什麼英雄人物，他建立的王國不到八十年又被東哥德人所滅，使義大利陷入更深的苦難。

在這蠻族政權此起彼伏，戰亂頻仍不絕的百餘年中，只有教會是唯一屹立不敗的國際組織。蠻族群眾也信奉基督教，但屬於羅馬教會斥為異端的阿里烏斯派（Arianism），經過大力爭取後，其中不少人尤其是統治上層多改宗皈依正統，所以教會在戰亂中仍不斷擴展其勢力，以代表一方百姓自居。這時著名的羅馬教皇利奧一世（Leo I, 440-461 年在位），就以縱橫捭闔之勢活躍於中義與羅馬的政治舞台，四五二年匈奴人大舉入侵義大利，所向披靡，皇帝束手無策，敢出面和匈奴頭領阿提拉（Attila）談判的，就只有這位羅馬教皇。據說利奧一世在曼圖瓦和阿提拉見面後，幾句話就使他同意退兵，中部義大利和羅馬城遂免受這位歐洲人最害怕的「上帝之鞭」的蹂躪。但現代史家都認為所謂利奧退敵之說純屬教會的宣傳，實際情況可能是匈奴部隊中發生瘟疫，利奧又賂以重金，阿提拉才揮師北上。不管實際情況如何，阿提拉的退兵卻被教會當作空前的勝利而大肆宣揚，利奧一世也獲得「大利奧」（Leo Magnus）的尊稱。由此可見，在這陵谷巨變、滿目瘡痍的亂世中，只有教會是唯一可稱興旺的勢力。羅馬城中宮宇街市已殘破不堪，但幾個基督教的最大教堂卻在不斷增修興建；其他地方也同樣如此，教堂、修道院的興修擴大與城鄉普遍的破敗形成鮮明的對照。到六世紀時，義大利又出現了一位後人尊為「偉大」的羅馬教皇——格雷高里一世（Gregorius I, 590-604 年在位），這位出身羅馬元老院貴族之家的教皇，未作教皇之前已是羅馬城的執政

官，他狂熱地支持當時在義大利日趨活躍的修道院運動，親自創立七座修道院。這種修道院熱潮是由另一位義大利貴族本尼狄克（Benedictus, 約 480-550）掀起的，他制定了一套完密的修道院規程，以他在中義南部的卡西諾山（Monte Casino）修立的大修道院爲楷模，在義大利各地廣泛興建類似的修道院。除了要求所有修道士嚴格遵奉虔修敬主等宗教戒律外，他還特別重視把修道院建設成爲經濟實力很強的、類似封建大莊園那樣的社會組織，在宏大的教堂、經院、僧房、學舍而外，還要有大量的土地、牲畜、庫房和作坊，不僅生產足供自己消費的各種工農業產品，還可積累巨額財富。在這兵荒馬亂之世，唯有本尼狄克一系（亦稱本篤派）的修道院是高牆巨宅、人丁興旺，生產管理也井井有條，並在釀酒、紡織、水磨、鐵工等技術上，較當時破爛不堪的城鄉市場略勝一籌。格雷高里一世便是在發揮其政治手腕的同時，以這種修道院經濟經營的眼光儘量擴展壯大教會的勢力，他也是第一個以修道院長身分當選教皇的人。他一方面強調教皇和教會是羅馬城和中部義大利地區的實際統治者，趁當時北部義大利爲蠻族倫巴德人侵占，中義一片混亂之際，攫取了該地區的統治權，使教會成爲擁有軍警衛隊、法庭監獄、稅收管理等等機構的國家行政當局，這是日後的教皇國家的雛形。另一方面，他又特別關心修道院的建設和教會財富（主要是土地）的積累，他要求各地教會盡可能多占土地，巧取豪奪無所不用其極，土地可出租給農民，也可由神職人員自任官家組成教會莊園，修道院的土地更要經營得當，不斷積累。他經常發指示對修道院和莊園的生產管理嚴格要求，甚至連教產中「凡年老不孕的母牛、已不中用的公牛皆須及時賣掉」都在他關懷之列，對租種教會土地的農民他也處處

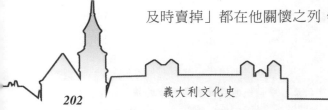

　義大利文化史

留意加強剝削，一再訓誡要以重稅苛罰對待農民，反映了教會作為頭號封建主的階級本質。經他和歷代教皇、各地主教的努力，教會在中世紀的義大利和歐洲各國都是最大的封建地主，擁有土地往往占該地區耕地的三分之一左右。作為有「大格雷高里」之稱的教皇，他對教會唯我獨尊的權勢和對普通百姓從生到死無時不在的精神控制，也非常注意，強調一切教徒皆須絕對服從教會，各地教堂、修道院則應重視對信眾的宣傳教育。當時文化水平已一落千丈，十有九人皆不識字，他便強調教堂要用圖畫和音樂教導、感染信眾，把福音故事和神學要義形象地告訴老百姓，成為教會各級組織狠抓宗教宣傳的表率與倡導者。總之，在羅馬帝國滅亡前後的兩個世紀間，教會在正趨形成的封建社會裏，擁有政治、經濟、文教、思想統治大權的地位已基本奠定。

在義大利文化史上，從君士坦丁承認基督教到大格雷高里的三百年間，統稱為早期基督教時期。嚴格地說，在君士坦丁承認基督教之前，那時處於地下狀況的基督教也有其萌芽狀態的文化，亦可歸於早期基督教文化之列，但那時在義大利社會上占統治地位的仍是羅馬帝國的文化，基督教文化之有跡可尋者，除教會人士秘密傳送的宗教文書和少數神學著述外，就只有羅馬等地的地下墓穴和其中的壁畫殘跡，它們對研究基督教文化的起源有重要意義，但其水平則和一般民間宗教巫祝之物無異。例如這些地下墓穴鑿石為墓道，兩邊布滿信徒存放棺石之穴，雖然規模可能很大（有的墓道延伸達數公里，且諸道上下重疊，縱橫交叉，墓穴密如蜂巢，據說羅馬各地道總長可達四百八十公里，墓穴有八十萬之多），結構卻很簡陋；較大的墓穴殘留的壁畫也屬匠師仿效流俗之作，筆法與風格和一般羅馬

藝術接近。因此，從地下墓穴的建築和壁畫看，還不能說有獨立的基督教文化的存在。君士坦丁承認基督教後，形勢頓然改觀，教會組織到處公開活動，羅馬城內外和義大利各地立即掀起興建教堂、大作法事的熱潮，而且教會對各類設施、禮儀及其文化含義自有主張，很注意與希臘羅馬傳統的古典文化——他們稱之為異教邪物的文化——分道揚鑣，顯示自己的特性。雖然基督教文化仍以古典文化為原料和技術性的基礎，例如文書著述襲用拉丁文學和古典哲學的詞彙、語義，建築採用羅馬工藝，繪畫繼承帝國後期的圖解式風格等等，但精神傾向卻透浸著一種根深柢固、勢不兩立的反古典的特色。在神學、教義、祭儀之類純宗教性質的文化領域固不必說，即使像建築之類其工藝技術仍採用羅馬原來的基礎的文化部門，基督教的特色也一直在關照之列，那就不能不說是教會一貫堅持的文化政策的體現了。

君士坦丁承認基督教時，皇帝本人尚未受洗入教（據說他是在臨死前才受洗的），但皇帝的母親和女兒都是虔誠的教徒，宮廷顯貴與軍政要員入教者更不計其數，教會組織也秘密積累了相當雄厚的資財，其上層頭領普遍滲入羅馬社會各類機構，所以皇帝敕令一下，羅馬社會從上到下頓時改變顏色，義大利文化也如變臉戲法般剎那間由古典的變成基督教的了。君士坦丁本人帶頭集資募建教堂，他首先把羅馬城南的拉特朗諾（Latrano）宮賜給教會，作為羅馬主教主持宗教儀式的場所，後來在整個中世紀時，這兒也是羅馬教皇的住所和教會組織的辦公中心，文藝復興以後它才被梵蒂岡取而代之。在拉特朗諾宮中，最早完成了在基督教文化中具示範意義的羅馬大教堂中的一座——拉特朗諾的聖約翰教堂〔義大利語稱聖喬凡尼（San

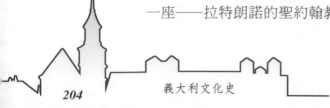

Giovanni）〕，時在君士坦丁承認基督教後第六年，即三一九年。但皇帝和教會最重視的仍是「神聖的羅馬」最爲神聖的聖地——聖彼得殉難並安葬其中的梵蒂岡。它本是羅馬城外一荒丘草坡，尼祿時建了一個賽馬場，現在則由於聖彼得之故而顯得特別神聖了。於是君士坦丁調集大批匠師在此建造了規模最大的聖彼得教堂，它和拉特朗諾的聖約翰教堂互爲呼應（聖彼得教堂位於羅馬城北，聖約翰教堂則在城南，呈南北犄角之勢）。這座聖彼得大教堂不僅規模最大，而且按基督授統治世界的鑰匙於彼得和後世各教皇都是彼得傳人之說，它在教會地位中也是最重要的，所以它又有凌駕於拉特朗諾之勢，成爲羅馬示範諸堂之首。它從三二四年動工，經十餘年而建成，五、六世紀又不斷增修擴建，一直是歐洲教堂建築的典範。文藝復興時，把君士坦丁建的舊堂完全拆除而新建一座更偉大的聖彼得大教堂，於是它又再度成爲文藝復興和巴洛克教堂建築的最大樣板，它在義大利文化史和歐洲文化史上保持這個不可企及的地位千餘年之久，甚至直到今日，在世界上可謂獨一無二。此外，聖保羅在羅馬留下的紀念也是神聖的榮光，君士坦丁和教會便又興師動衆，在拉特朗諾之南的城外擇地建造幾乎同樣宏偉的「城外的聖保羅教堂」。此後又有幾位皇帝對之大加修飾，遂使它可以完全媲美於聖彼得大教堂，於是聖約翰、聖彼得、聖保羅三大教堂在羅馬鼎足而立，成爲神聖的羅馬最大的榮光。四世紀中期，對聖母瑪利亞的崇拜流行起來，據說當時的羅馬教皇利別里烏（Liberius, 352-366 年在位）曾夢見聖母顯靈，對他說八月盛夏羅馬城中當有大雪降下，落雪之地即可建一教堂。於是人們就在這片八月雪之地建了聖瑪利亞大教堂〔義大利語稱聖瑪利亞‧馬焦雷（Santa Maria Maggiore）〕。這兒

立即成爲崇拜聖母的最大聖地，五世紀時，經大利奧之手，這座聖瑪利亞大教堂又得到進一步的擴建增修，不僅是羅馬城內外數以百計的聖瑪利亞教堂中最大的，也是在藝術水平上和前述三大教堂不相上下的最宏偉最美麗的建築。至此羅馬已有了四座基督教世界最著名的教堂，也是信徒朝聖必須參拜的重點。後來又加上城東南的耶路撒冷聖十字教堂（S. Croce in Jerusalemme）和城外的聖勞倫索（Lorenzo）和聖愛妮斯（Agnes）教堂，組成了整個中世紀期間在羅馬朝聖的七大聖堂，「神聖的羅馬」從建築規劃看遂告完成，沿這七大聖堂往來穿梭以及在堂內禮拜祈禱、聽講布道，成爲每一位虔誠信徒終生最大盛事，而在這七大聖堂以外，羅馬還有數百座大大小小的教堂和聖壇聖物。令人無論走到何處，街頭巷尾都可見到基督教文化的存在。實際上，經過中世紀黑暗時代的戰亂，古典盛期擁有百萬人口的羅馬已殘破得只剩五萬人左右，而這五萬人中教會官員、教士、修道士和爲教會服務的勤雜人員就占了一半以上，從它的人口的構成和教堂的眾多，也就不難想見這個「神聖的羅馬」作基督教中心的實質。

　　如果進一步考察這些如雨後春筍般在羅馬出現的基督教的教堂，那麼它們要採取怎樣的建築形式就很值得注意。基督教徒出於遭受長期迫害而產生的對羅馬當局和古典宗教的憤怒、仇視，再加上教會宣揚的古典文化屬於異教邪物的宗教偏見，可以說他們對一貫服務於皇帝崇拜和帝國宣傳的那些羅馬神廟建築的具體格式以及帝王像、人像、神像等等，莫不恨之入骨，發誓要把它們剔除淨盡，因此在基督教的教堂建築上絕不能有任何近似羅馬神廟和古典雕像的痕跡。神廟形式被排除乾淨之後，教堂建築能借用的現成制式就只有稱爲巴西利卡的羅

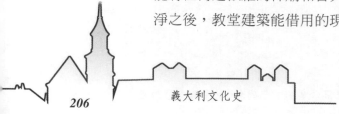

　義大利文化史

馬會堂了。前已提到，羅馬會堂主要是為公民群眾集會商貿之用，這種世俗活動與古典宗教關係較少，在基督教看來也就沒有什麼異教色彩，而且基督教的宗教活動偏重於教堂作為教徒經常集會禮拜之處，會堂正好適應這些需要，於是早期基督教的教堂建築便多以羅馬會堂形制為原型，而略加變通發展起來。但傳統的羅馬會堂是以長方形的寬邊橫列面向大眾，並從寬邊開門以供出入，左右兩端各呈半圓形的凹廳，這種安排難以把視線都集中到建築中央盡頭之處，即基督教要安置祭台的地方。教會要求信眾作禮拜時都應面向祭台，便要把會堂的橫列改為縱列，兩寬邊開窗而無門，兩窄邊一端開門另一端置祭台，使信眾入門後，眼光便隨兩邊高窗與柱列而直視祭台。但近年的研究還發現，羅馬會堂形制也有一類是縱列的，僅見於皇宮中的接見廳或寶座大廳，它一端置寶座，對面一端開大門，臣民入廳後便向寶座中的皇帝頂禮膜拜，這種接見廳顯然才是基督教堂直接採取的模式，何況基督教也有把教堂比喻為上帝殿堂之例，更容易把皇宮大廳改作信眾禮拜上帝的殿堂。無論如何，當君士坦丁下令為聖彼得建大教堂時，教會人士和負責施工的宮廷匠師想到的最佳方案，不外這類縱列的巴西利卡。按通例，巴西利卡式的會堂由一主廳兩側廳構成，主廳高側廳低，可在其上開高側窗為主廳取光。但聖彼得教堂的規模空前宏大，接待的信眾也非常多，遂把一主廳兩側廳之制擴大為一主廳四側廳，即兩邊各附兩個側廳，廳內都用柱列為支撐，便有四列柱子，這是基督教堂規格最大的制式，一般則仍保持一主廳兩側廳之制。由於祭台及其周圍地區非常神聖、重要，在聖彼得教堂中這一帶還用來存放聖徒與歷代教皇的棺槨、墓碑以及其他聖物，是信徒列隊巡遊朝拜之處，於是就另

闢為一橫廳，它以橫列之勢和主廳的縱列形成十字交叉，且與主廳等高，照樣附以側廳和其上的高側窗。橫廳之制最初可能是為解決聖彼得這類最大教堂信徒巡迴參拜的問題，所以一般教堂用之不多；但日後教會人士如安布羅斯等，卻發現它這種主廳橫廳縱橫交叉的圖案正好象徵基督教的十字架，由於耶穌是被釘死於這種十字架上，十字架或十字形到這時已被當作神聖之物，所以安布羅斯等人對教堂的類似形制偏愛有加，大力提倡，終於成為中世紀教堂最為通用的形制。

君士坦丁和早期基督教時期的聖彼得教堂，由於日後被完全拆除，它的細部我們能精確知悉者已不多。當時文史著述已趨衰微，我們從少量的時人記敘和其他建築遺物的例證比較中只能知其大概。這座大教堂門前有一個廊廡環繞的寬大的四方庭院，可能仿效羅馬皇帝廣場皆有柱廊環繞的庭院之制。庭院內設水泉，前沿中央又築高大的門樓、賓館等等，以寬闊的台階和城區街道相連，遠望氣勢雄偉，近看則可見它是一庭院幽深而門面浩闊的龐大建築群，在那兵荒馬亂的年代很能給信眾一個氣宇非凡的印象。從庭院往裏走，人們首先看到的是一列五個大門的教堂正面，中央大門通於主廳，兩旁四門則分別連接四個側廳。人們由大門進入堂內，但見大理石的列柱密布如林卻又井然有序，完全把觀眾視線引向前方，亦即教堂盡頭的祭台，若在中央主廳之中，還可見到兩旁列柱之上又有頂牆，開著一系列高側窗，主廳和橫廳相結之處立一大拱，仍仿羅馬紀念建築之例稱之為凱旋門，凱旋門之後，便可看到標誌著基督教勝利榮光的祭台，是放著聖十字架、燭台、聖杯、聖經和其他道具的大桌子，後面半圓形凹廳（亦稱耳室）內排著主教和執事們的座椅。在凱旋門大拱之下往左右看，還可見橫廳的

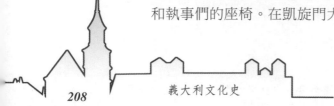

明窗高牆闢出了另一個神聖境界，那兒沿牆一溜兒排列著聖徒、教皇和教會顯貴的石棺和墓室，而在主廳與橫廳的交叉點，整個教堂最神聖的中心處，立著華蓋般的石雕聖閣，表示在它下面就是埋葬聖彼得的墳墓。從平面布局看，聖彼得大教堂可說是把巴西利卡式的十字教堂形制發揮得盡善盡美了。然而，在最能反映建築水平的屋頂結構技術上，它卻有意和羅馬當時已是相當先進的水泥交叉拱頂唱反調，完全採用保守的木構形式，無論側廳、主廳、橫廳的屋頂全以木梁支撐，只有祭台後面那間半圓形的凹廳耳室才蓋以一個小小的磚砌半圓頂，而且屋頂之下不再鋪天花板，梁檁之類便以素面朝天暴露於外。前已提到，羅馬自圖拉眞、哈德良之世以來，水泥結構的屋頂技術已相當發達，君士坦丁雖然已處帝國後期，文化大不如前，水泥工程之類技術卻仍有可取之處。君士坦丁就把他的前任已開工的一處水泥結構的大會堂——羅馬廣場上的馬克森西——君士坦丁大會堂予以完工，開創了用水泥磚砌交叉拱頂建造大會堂的先例，它的中央主廳拱頂高達五十三公尺，側廳拱頂亦有二十五公尺高，被譽爲羅馬廣場所有建築中最宏偉的結構，可是此會堂完全用於異教的帝王崇拜，自然被基督教嗤之以鼻。按當時情況，教會既有足夠的錢財，也能利用君士坦丁宮廷匠師的技術，建造類似的水泥結構交叉拱頂於聖彼得教堂之上應無大困難。但教會卻反其道而行之，採用在異教工程界看來已屬過時的木構屋頂，顯然是出於宗教上反異教傳統的要求。既然聖彼得大教堂立此榜樣，日後的聖保羅、聖瑪利亞以及大大小小的早期基督教巴西利卡式教堂，都一律用木構屋頂了。流風所及，帝國後期尚稱發達的水泥工藝與石造屋頂技術竟在義大利和西歐各國逐漸失傳，從而在中世紀的義大利文

化史上和歐洲文化史上引起各種變化。就歐洲而言，純木構屋頂的教堂在戰亂中既易損毀，在觀瞻上亦有欠堅實宏偉，所以各地在十世紀後逐漸撥亂反正、經濟復甦，興起大建教堂熱潮時，便重新探討建造石砌拱頂的問題，於是先後有羅馬式與哥德式兩大建築風格的興起，是歐洲中世紀文化史上的兩大盛事。但就義大利而言，以聖彼得大教堂為代表的巴西利卡式木構屋頂的傳統，幾乎有神聖不可侵犯的權威意義，甚至變成了義大利的民族傳統，因此義大利雖然也經歷了類似羅馬式和哥德式的歷史發展，石構拱頂卻未受到普遍注意，巴西利卡仍然盛行不衰，從而構成了義大利的羅馬式和哥德式不同於西歐法、德等國的特色。

在義大利早期基督教文化中，與上述對石造水泥拱頂結構不感興趣相聯繫的審美傾向，則是把古典神廟注重外部造型和雕刻裝飾之美的傳統傾倒過來，要求基督教的教堂外表必須樸實無華，不加雕飾，內部則不妨彩繪豐富，金碧輝煌，這種要求也是為了和教會強調人的皮肉身軀不值一顧，只有內在靈魂才是神恩關注的宣傳相合拍。因此聖彼得大教堂的外牆全是一溜的灰石粗砌，庭院的門樓也很簡樸，只有在教堂大門的門廊和門面高牆之上，人們才會看到一些表現基督、聖母和聖徒的鑲嵌畫；但進入大門後，景象頓時改觀，列柱以上的檐部和高側窗的間壁皆布滿表現聖經故事和基督生平的圖畫，細部鑲以黃金寶石，通向祭台的凱旋門大拱上的圖畫尤為光彩照人，它們既顯示了教堂作為靈魂之家的豪華與高貴，也向信眾作天堂優美無比、聖教光輝永恆的宗教宣傳。可惜的是，聖彼得教堂內部這些極有代表性、內容也極為豐富的裝飾畫、鑲嵌畫，統統都隨其拆建而完全毀失了，雖然代之而起的聖彼得新教堂也

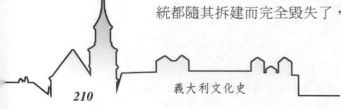

是文藝復興和巴洛克藝術的最大傑作，這些早期基督教圖畫的消失卻不能不說是義大利文化史上一個無法彌補的遺憾。此外，同樣裝飾豐富的拉特朗諾的聖約翰教堂和城外的聖保羅教堂，其鑲嵌原作也損壞很多，目前唯一尚有少量完整原作留存的，便只有那座聖瑪利亞大教堂了。

鑲嵌畫（音譯馬賽克）在羅馬時期已有較大發展，龐貝城遺址中就有不少鑲嵌傑作出土。不過羅馬鑲嵌畫主要用作地板裝飾，作於牆上類似壁畫者絕少。但在基督教文化中，鑲嵌畫卻備受重視，原來基督徒和教會發現這種工藝質堅價昂，經久耐磨，且閃閃發光，出奇入幻，比壁畫更適合於製作那種宗教觀念要求的、既珍貴堅固、又永久光亮的圖畫，至於鑲嵌工藝造成的圖形較呆板的缺點，也和教會主張的反異教特色不謀而合。於是鑲嵌畫代替壁畫成為早期基督教的主要藝術手段，廣泛作於教堂牆面，尤其是重要顯眼之處，嵌塊也全以彩色玻璃和珍貴石料製成，呈三角形和多角形，更能反射光亮，有時還配以黃金、珠寶。從聖瑪利亞大教堂現存的鑲嵌畫作品看，它們已有成龍配套的系列，用連續的畫面分別表現上帝創造世界的神話、以色列人的歷史和耶穌的生平故事，亦即聖經中舊約與新約中和基督教神學教義最有關係的那些傳說故事，便於向絕大多數都不識字的信徒群眾作宗教宣傳。此外，在一些重要的牆面，例如大門檻部以上的門面大牆、凱旋門大拱的雙肩月牆和祭台後面半圓形耳室的牆面和屋頂等等，都可裝飾以形象更豐富、內容也更濃重的宗教寓意畫，如聖徒朝拜耶穌、基督復活顯靈、聖母加冠、最後審判之類，中央最高點還可出現上帝的形象，更具宗教上的啟示意義和說服力量。這些圖畫，無論故事與神蹟，都完全遵照教會宣傳的要求，絕不用古典藝術

擅長的寫實手法，而皆以圖解鋪陳為主，人物是程式化的，動作也盡量簡單，一切以能把故事情節交代清楚為限。好在這時處於帝國後期的羅馬藝術也大大退化了，例如君士坦丁建於羅馬廣場旁邊的那座君士坦丁凱旋門的浮雕，人物只按主題一字兒排開，姿式呆板千篇一律，它們就和基督教提倡的宗教程式圖解相當接近。這樣一來，我們就不難想見從聖彼得大教堂到聖瑪利亞大教堂，這些鑲嵌畫的大作無不走著一條和古典藝術的寫實傾向完全背道而馳的抽象化、程式化的道路，它們也為中世紀藝術奠定了基本的風格特色。

不過，從義大利文化的全局看，早期基督教建築中並不只是聖彼得大教堂一系的巴西利卡制式，雖然它們占有統治地位，仍有少數基督教建築是採用了圓頂乃至水泥結構的，其中包括洗禮堂、烈士紀念堂、顯要教徒的墳墓等等不歸入主流教堂的門類。洗禮堂因須配置水池、水盆、水管之類，與羅馬盛行的浴室建築接近，故多用圓頂；烈士紀念堂與顯要墳墓也多仿照羅馬陵墓之制取圓頂圓形，因此它們在早期基督教建築中自成一格，只是日後未能得到發展而隨水泥技法的失傳銷聲匿跡了。但它們中亦不乏佳作，在義大利文化史上有其重要地位。其中著例在羅馬者可舉康斯坦扎教堂，它建於羅馬城外，原是作為君士坦丁女兒的陵墓，此女後來被封為聖徒，墓室亦闢為教堂。它是一個典型的圓形圓頂建築，堂內以一列雙排圓柱承其圓頂，柱列外築一較矮的圓形側廳，故圓頂同樣可用高側窗取光。它約建於三五○年前後，設計簡潔、結構堅固，殘存的側廳拱頂鑲嵌畫亦堪稱精美。這種圓頂教堂的最佳傑作則可推米蘭的聖勞倫索教堂，它建於五世紀，以水泥結構築其交叉狀拱頂，四壁承以半圓形的凹廊，其外再接以較矮的半圓形

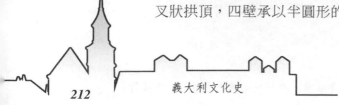

側廳，但側廳轉角處又呈直角形。因此這個教堂從外面看四壁呈方形，入內則見主廳柱廊呈圓形，而屋頂又呈八角形，巨拱交叉其間，結構之精巧牢實在當時可謂首屈一指。從這一點看，當時的義大利建築仍有能工巧匠，只是這類精巧結構全與水泥工藝有關，日後這種工藝失傳，這類圓頂式教堂也就從基督教建築中消失了。

　　綜上所述，可見在興建教堂的熱潮中，當時的義大利仍取得不少優秀的成果。相比之下，當時的文學和學術著述就可憐得多了。帝國後期的戰亂和蠻族王國的此起彼伏，幾乎扼殺了一切文學與學術活動的生機，除了基督教的神學著述還有一個堪稱大手筆的奧古斯丁而外（但他只能算半個義大利人），已很難找到值得一提的文人學士，整個社會的文化水平也大大下降，不識字的文盲占人口總數的百分之九十五以上。因此，作為一個時代的象徵，人們往往喜歡把五世紀的羅馬元老、史學家卡西奧多盧斯（Cassiodorus, 約 490-583）稱為最後一位古典文人，在他之後，文學與學術傳統斷絕埋沒竟有好幾個世紀之久。在羅馬帝國滅亡後，取代奧多亞塞而興的東哥德王國一度號稱強盛，統治了義大利的半壁江山，其王狄奧多利克（Theodoric, 約 454-526）在南征北戰、勇猛凶殘之餘，尚比較注意保持羅馬體制，在政治上籠絡羅馬貴族、尊重元老院，文化上則提倡蠻族接受古典遺產，遵守法律秩序，優待文人學士。他也重視王國首都拉文那的建設，王宮的華麗宏偉在蠻族中傳為美談。卡西奧多盧斯便是以博學多才、文辭優美受到狄奧多利克的重用，長期擔任宮廷秘書官，與國王時常談論古典哲理與掌故遺聞。顯然，像狄奧多利克這樣的比較穩定、開明的蠻族統治，不失為天下大亂的黑暗混沌中的一縷光明，卡西奧多

盧斯也希望東哥德人的政權能起撥亂反正、繼往開來的作用。因此他在受狄奧多利克之命撰寫的十二卷《哥德史》中，強調哥德人源出羅馬拉丁世系，正如當年羅馬史家把羅馬拉丁的起源託之於特洛伊英雄伊尼阿斯那樣。狄奧多利克死後，卡氏避居鄉間潛心著述，寫了簡明羅馬史、教會史等書，他繼續提倡東哥德人是羅馬帝國合法繼承者之說，企望文明傳統在蠻族侵擾的陵谷巨變中得以一息苟存。但他這種奢求只能被殘酷的現實粉碎得一乾二淨，狄奧多利克死後，東哥德王族就陷於越演越烈的內部紛爭和血腥仇殺之中，不到三十年便爲拜占庭（東羅馬帝國）所滅。卡氏所寫的《哥德史》及其他著作也全都散失，只有個別段落殘留於後人引述之中。

從七世紀到十世紀的四百年間，義大利陷入了文化上更爲複雜零亂的時期，這種文化上的複雜零亂是和政治上的四分五裂相適應的。拜占庭滅東哥德後，以拉文那作其義大利總督的首府，但不久之後新來的蠻族倫巴德人占領了北部義大利的廣大地區，建立倫巴德王國，因此北義以米蘭爲中心的一片地區至今猶稱爲倫巴底（Lombardy）。倫巴德人在文化水平上比較落後，他們在北義立足兩百餘年（568-774），且控制中義一些地區，但除了和其他蠻族一樣帶來一些蠻野風格的藝術文物而外，文化建樹不多。這時羅馬教皇在中義已統治相當大的一片地區，爲了制服蠻野不馴的倫巴德人，教皇與教會都注意拉攏立國於法國的法蘭克人，支持法蘭克吞併倫巴底，法蘭克國王則正式承認教皇在羅馬和中義的統治，建立所謂教皇國家。到八世紀末，法蘭克王查理終於消滅倫巴德王國，教皇利奧三世則在八○○年聖誕節在羅馬聖彼得大教堂爲查理加冕，號稱查理大帝（Charlemagne），亦即中文通稱的查理曼。查理曼的加

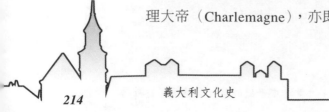

洛林帝國包括北部義大利在內，但帝國中心在法德之間的萊茵河流域，帝國疆域則幾乎擁有全部西歐和中歐。但查理曼的統治並不穩固，他死後帝國迅速瓦解，西法蘭克成為今日的法國，東法蘭克則為德國和奧地利，處於東西之間的荷、比、瑞士、義大利則歸屬無定，更趨混亂。因此義大利在九、十世紀間是處於地方割據無序狀況的谷底，中義的教皇國盤據羅馬和周圍廣大地區，北義、中義各地又分別有法蘭克、日耳曼、倫巴德各系的蠻族爵爺據地自立，南義和西西里島一直在拜占庭手中，後來北非的伊斯蘭教阿拉伯人還進占西西里，使義大利土地上更添一支外來勢力。十世紀後期，德國的奧托（Otto）一世建立神聖羅馬帝國，又把義大利劃入其帝國範圍之內，每個德國皇帝都要來到義大利加冕。但這個帝國只是一個空架子，皇帝在其德國本土已被割據四方的諸侯鬧得焦頭爛額，對義大利的治理更有「天高皇帝遠」之嘆，因此從十一世紀一直到文藝復興的十五、十六世紀，名義上屬於皇帝的義大利一直是政治分裂最為嚴重的國家。

從文化史的角度看，七到十世紀的複雜零亂也為義大利的文化傳統增添了斑駁陸離的色彩。拜占庭文化以拉文那為中心，一度曾達到很高的水平，後來雖然人去樓空，光輝似乎沒有那麼持久，但其影響卻是很深遠的。至今在拉文那還可見到兩座非常美麗的教堂——聖維塔利（Vitale）教堂和聖阿波利納雷（Apollinare）教堂。它們早在六世紀便已建立，一直是義大利的拜占庭建築的榜樣。聖維塔利是一座中心大廳呈八角形的、結構奇巧的教堂，它以八個大拱承接圓頂，拱外側廳又築成上下兩層凹廳樓廊，虛實相間，光影幻變，拱壁和祭台的牆面和屋頂施以極其華麗的、珠光寶氣般的鑲嵌畫，被譽為鑲嵌

裝飾最成功的傑作。聖阿波利納雷教堂則屬常規的巴西利卡式，但也有非常富麗華美的鑲嵌畫。聖維塔利教堂把外表樸實、內部絢麗的宗教藝術原則發揮到極致，儘管西方教會對拜占庭文化存有門戶之見，對這個教堂的成就卻極表佩服；查理曼在萊茵河腹地的亞亨（今德國境內）營建帝國首都時，便把聖維塔利教堂作爲他的宮廷禮拜堂（一說陵墓）的樣板，由此也可想見它在義大利和歐洲各地影響的深遠。那些在義大利土地上立足生根的蠻族，無論他是西哥德人、東哥德人、法蘭克人、倫巴德人，也無論他是由西還是由東進入義大利，他們自身雖無文明傳播可言，卻帶來了遊牧民族的文化和草原藝術的風格。原來，早在公元前後的幾個世紀，處在歐亞之間廣大草原平川地區的印歐語系各族，在沒有建立國家的情況下卻能遨遊千里，聯繫四方，形成從中亞到西歐皆互相有所交流的蠻族文化，其中偏東的一系以活動於亞歐之間的斯基太人爲主，他們吸收了古代東方文明的一些影響，而創立了獨具一格的斯基太藝術風格；偏西的一系則以活動於法、德、英的凱爾特人爲主，他們吸收了希臘、伊特拉斯坎以及羅馬的影響，而創立了凱爾特藝術風格。兩系蠻族風格都擅長以誇張手法刻畫動物，既能突出鳥獸的特性，又能發揚其蠻野的精力。在蠻族大舉入侵義大利的幾百年間，哥德人諸族帶來的是比較接近於斯基太一系的風格，日耳曼諸族則帶來接近於凱爾特一系的風格，但它們之間一直有交流會同，總的說來是在義大利文化中注入了蠻族藝術的新血液，尤以在蠻族的工藝品、冠盔、武器、馬具等等的裝飾上表現突出。中義以羅馬爲核心的教皇國，則是向四方發射教會文化的總燈塔，它雖已沒有早期基督教那種開拓的勇氣和勝利的豪邁，在鞏固成果的基礎上仍不斷向義大利各

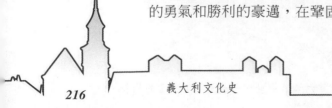

地城鄉滲透，和羅馬城內不斷增修補建大教堂的活動相並行，義大利各地大大小小的巴西利卡也如雨後春筍般不斷湧現，儘管戰亂頻仍，教堂、修道院的毀而又建，越建越多則是教會統治永恆的規律。甚至伊斯蘭教和阿拉伯文化也是義大利這時曾予接納的一個因素，阿拉伯人曾在西西里島上停留兩個世紀，他們的商業活動、建築風格和工藝技術已成為西西里島和南義一些地區的社會文化生活中引人注目的成分。到十一世紀時，從北歐繞大西洋渡地中海而來到西西里的諾曼人〔Normans，亦稱維京人（Vikings）或海盜族〕，又使西西里的諾曼王國放射出熔諸種文化於一爐的異彩。諾曼人自己的強悍勇敢為其文化風格奠立豪放的基調，但又能把這兒如走馬燈般層出不窮的拜占庭、蠻族、教會乃至阿拉伯的因素糅和在一起，其龐雜離奇和獨特的成就在世界文化史上也極罕見。從某種意義上說，諾曼王國的文化綜合也是這幾百年間義大利文化的一個縮影，上述多種差異甚大的文化傳統在義大利土地上的交流互補、共棲並存，雖然令人眼花撩亂，卻為義大利的中世紀文化帶來別人難以企及的特色。

從十一世紀到十二世紀，義大利的中世紀文化進入其羅馬式風格階段，十三世紀則是其哥德式階段，這是和西歐各國中世紀文化的發展基本同步的。羅馬式（Romaneque）和哥德式（Gothic）這兩個詞原是指教堂建築風格而言，但近百餘年來，中世紀文化與歷史研究的進展卻使學術界眼界大開，覺得可以用它們泛指中世紀文化的一整個發展階段和時代。一般而言，羅馬式時代是西歐各國開始擺脫早期的混亂落後而走向恢復增長的時期，哥德式時代則是西歐中世紀文明繁榮昌盛的時期。羅馬式、哥德式文化的中心都在法、德兩國，尤其是法國最稱

典型，相比之下，義大利似乎偏處一隅而略欠薄弱，這倒符合它當時政治分裂嚴重、群龍無首的處境。但義大利在這三百年間，也有西歐其他地區難以比擬的發展——它的工商業和城市的興旺發達都在全歐首屈一指，從而爲它最早走向文藝復興準備條件；此外，在義大利土地上，早期基督教的巴西利卡制式始終居主流地位，以及拜占庭、倫巴底、伊斯蘭諸多傳統的雜然並存，也都爲其羅馬式與哥德式文化帶來獨具一格的特色。

義大利羅馬式建築的首例，一般認爲是卡西諾山修道院的徹底重建（1066 年開工）。前已提到，這座修道院是由聖本尼狄克在六世紀首先建立，以作西方教會修道院的楷模和鼻祖的，經過五百年的戰亂毀損，原來的建築已面目全非。但從十一世紀開始，隨著局勢的穩定和經濟的復甦，各地修道院、教堂又掀起重建增修的熱潮。這時任卡西諾山修道院院長的狄西德里烏斯（Desiderius）就是一位很有撥亂反正、重振雄風心志的人，他大力整頓了修道院的秩序，廣收生徒，嚴加教育，重新組建一座規模很大的圖書館，並且積累了豐厚的資財。有這些條件，他重建修道院的工程也以宏偉堅實爲特色，他公開批評現存的修道院堂舍都「既小又醜」，所以大而美成爲新建築的目標，這也是羅馬式獨樹一幟的總的精神風格。卡西諾山修道院建於山頂之上，原來的地基窄小不平，狄西德里烏斯便鑿山開石、大興土木，首先爲整個新修道院建築闢建高大平展的石造台基，又不惜工本從羅馬運來從古建築拆下的石柱、額枋、雕欄以及各色名貴的大理石料。採用古羅馬建築的柱石以作原料，本是早期基督教以來義大利教堂建築的慣例，可是從數百里外的羅馬採來運到山上卻是耗費極大的，這是卡西諾山重建工程開創的又一紀錄。修道院本身的設計是在左邊（北面）營

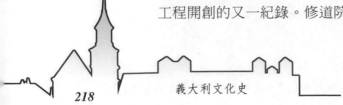

　義大利文化史

造宏大的教堂，右邊（南面）築經院僧舍食堂學校等等，它的教堂直接仿照羅馬聖彼得大教堂的體制，前有四方庭院，以崇階高台通於外，以迴廊列拱連接教堂本身，教堂取有橫廳的巴西利卡式，仍用木構屋頂，但窗戶高大，屋宇明朗寬敞，堂內外遍施鑲嵌畫裝飾，柱列規整而有古典風味。當時義大利缺少製作精良鑲嵌畫的高手，狄西德里烏斯遂從君士坦丁堡請來拜占庭專家。他還令手下的修道士向建築技師和拜占庭專家學習各種工藝及其規程，再向義大利各地的修道院傳授。總的說來，除了木構屋頂這一點外，卡西諾山修道院的總體規劃、建築形象和裝修都具有新的羅馬式的特點。它的教堂長五十公尺、寬二十公尺、高十四公尺，作為修道院教堂而論也是空前浩大的規模。雖然後世又不斷修整增補（其中最近一次是二次大戰被砲火毀滅後的重建），羅馬式時代奠定的基礎卻保證了它一直是義大利修道院建築的楷模。

隨著城市的興起，義大利的羅馬式教堂也以城市教堂為主，形制有所改變。堂前有一方形庭院的已很少見，教堂直接面對大街或廣場，大門前立柱廊或拱廊，門面高牆也用多層樓廊裝飾，柱拱如林，雕飾精美，改變了早期基督教以來教堂門面樸實無華之例。堂內主廳仍多用木構屋頂，側廳則用石造拱頂，但已開始有主廳也用石造拱頂的少數佳作，反映了石造拱頂是羅馬式建築主攻方向的時代主題。這些教堂不用法、德等地常見的在門面兩邊置兩座高塔（鐘樓）的形式，而把鐘樓高塔作為一個獨立建築放在教堂之旁，成為義大利的一大特色。在北義的倫巴底地區，這時還形成一種名叫康馬斯內（Commacene）的石匠工藝，它把古羅馬時期傳入民間的石砌技術和倫巴德等蠻族帶來的細密圖案工藝結合起來，還學習了拜

占庭鑲嵌畫的手法，在結構上善用拱券，在裝飾上則喜歡把拱券作構圖單元排比層疊大量使用。並以方圓角弧等圖案組成彩色石料拼砌的牆面和地板，類似鑲嵌畫，但風格卻粗獷規整得多。這種康馬斯內工藝與羅馬式風格配合得很好，倫巴底石匠和康馬斯內工藝師在義大利各地都很受歡迎，經他們設計和裝飾的教堂皆可油然而生清亮堅實之感，最能體現羅馬式風格的要旨。這類屋宇高敞而裝飾精美的羅馬式教堂，至今猶是所在城市的著名景觀，深受市民推崇，其重要代表在北義可舉莫德納（Modena，建於 1099-1120 年）、帕爾瑪（Parma，建於 1058 年）的主教堂，以及維隆納（Verona）的聖澤諾教堂（San Zeno，建於 1070 年）；在南義則有特拉尼（Trani，建於 1098 年）主教堂和巴里（Bari）的聖尼古拉教堂（建於 1087 年）。這時已躍升為義大利城市中最為輝煌的明星的威尼斯和佛羅倫斯，也結合自己獨特的地方傳統而建造了兩座著名的教堂——威尼斯的聖馬可教堂（建於 1042-1085 年）和佛羅倫斯的聖密尼亞托教堂（San Miniato，約 1090 年動工）。威尼斯是歐洲與東方貿易的主要口岸，和拜占庭聯繫密切，它的聖馬可教堂就是按後期拜占庭的十字形五圓頂模式建造的，但其門面卻採納了羅馬式的柱廊，外觀華美寬敞，堂內則金光閃亮，在所有義大利教堂中最稱富麗。佛羅倫斯的聖密尼亞托教堂則正好相反，它不僅規模很小，也只以淡雅取勝，它的門面構圖簡單和諧，上下兩層分別用淺雕柱廊承接古典神廟式的頂閣，雖然手法仍是羅馬式的，情調卻頗具古典韻味，因此這個小教堂日後很得文藝復興大師們青睞，奉之為古羅馬的嫡傳。不過，若要在所有現存的義大利羅馬式建築中選兩個最美麗的典範，那麼我們還得推出佛羅倫斯旁邊的海港城市比薩的大教堂（它的鐘

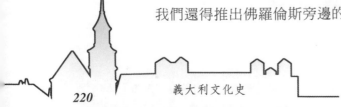

　義大利文化史

▲ 威尼斯聖馬可教堂（圖片提供：李銘輝）

樓就是那座譽滿天下的比薩斜塔），以及前已提到的西西里島上
諾曼王國的驚人傑作——西西里首府帕勒爾莫（Palermo）海灣
邊的孟利阿萊（Monreale）大教堂。

比薩（Pisa）這個海港城市在航運發達和商業興旺方面，甚
至要比佛羅倫斯在時間上還早許多，十一世紀時它在地中海上
已很有名氣，一○六三年，比薩海軍取得了對阿拉伯艦隊的一
次重大勝利，城市共和國政府和全城商旅便決定建造這座完美
的、奉獻於聖母的教堂以作紀念。大教堂在一○六三到一○九
二年建成，它仍用傳統的巴西利卡形式，主廳為木構屋頂，橫
廳卻向兩邊跨出許多，外觀呈明顯的十字形，裝修華麗。它的
大門前有雕花石柱，門面高牆用四層較小拱廊全部上下覆蓋，
拱廊與牆面靠得很近，像一層大理石的薄紗花邊把整個教堂裝
飾起來，效果極佳，這也是中世紀教堂外表之美超過內部的首

例。受大教堂建築成功的鼓舞，數十年後（1174年）又在教堂東南面建造鐘樓，並一反鐘樓呈方形的慣例，把它設計為完美的圓形，除基層外，以上各層也像教堂門面那樣全用拱廊圍繞，塔頂放鐘之閣亦為圓形，因此整個圓塔有六層拱廊纏繞，靈巧空透美麗異常。但動工不久，基層只建到十一公尺高度時，地基突然陷落而出現明顯的傾斜，然而工程仍在進行，只不過要求基層各層拱廊略作調整，以保證塔雖斜卻不倒，到一二三四年六層拱廊已全部建成，一三五○年又完成了鐘閣，舉世聞名的斜塔便屹立於這個「奇蹟廣場」（Piazza dei Miracoli）之上了。雖經調整，它的南北兩面仍不是一樣高，塔頂在北面高五十五點二公尺，在南則為五十四點五公尺，頂層南面欄杆挑出塔基之外幾近兩公尺，因此正好為日後伽利略（參看本書第314頁）作落體力學測驗提供最佳場所，而斜塔也變成科學史上的一座著名建築了。此外，按當時大教堂前應配洗禮堂之制，還在教堂西門外建造了圓形圓頂的洗禮堂（1153-1278），它也是一座非常美麗的建築物。這樣三廈鼎立，再加上它們北面的「聖地墓園」還有比薩商船真正從耶路撒冷的骷髏山（傳說中耶穌殉難之地）運來的泥土，「奇蹟廣場」就完全名副其實了。至於西西里島上的孟利阿萊大教堂（建於1174-1232年），那是在諾曼人的統治下，把拜占庭的豪華、伊斯蘭的精巧、羅馬人的規整和諾曼人的驃勇「奇蹟」般結合起來的建築，所以義大利人喜歡把它稱譽為「世界上最美的神殿」（Il tempio piu bello del mondo）。它的門面牆基厚實，且有雙塔夾峙，可能是諾曼人從北歐或法國諾曼底地區帶來的制式，但上層牆面卻採用了伊斯蘭瓷磚砌成的尖拱圓花的阿拉伯圖案，這種圖案在教堂背面祭台樓閣部分就反賓為主，成為鋪天蓋地的圖案裝飾，

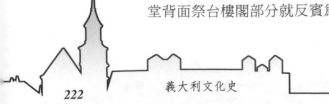

但又以交錯排列的尖拱
作結構性的主題，使非
常精美的瓷磚圖案和拱
柱的裝飾結構虛實結合
起來，有旋律而不顯堆
砌零亂，成為中世紀教
堂壁面最美麗又最有異
國情調的裝飾樣式。內
部仍用巴西利卡的木構
屋頂，但梁柱拱緣皆貼
金雕花，所有牆面都在
阿拉伯圖案的框邊之內
製作金碧輝煌的拜占庭
鑲嵌畫，華麗之餘又很
有氣魄，一般而言，歐
洲的羅馬式建築粗壯有

▲ 比薩斜塔（圖片提供：李銘輝）

餘而秀美不足，義大利上述兩個羅馬式的傑作卻突破了這個規
律，無怪乎人們認為義大利的羅馬式風格已代表著它的中世紀
建築的高峰，再下一步就不是哥德式而是文藝復興的突起了。

　　義大利人對哥德式確實沒有很深的感情。哥德式一詞原意
即蠻族樣式，最初也是文藝復興時代的義大利藝術界用起來
的，他們認為這種從法國傳來的建築按古典標準看來荒誕不
經，野蠻無文，而義大利歷史上最出名的蠻族首推哥德人，遂
以哥德式呼之，其實純屬張冠李戴，因為哥德人在當時已消失
幾百年之久了。但這個有貶義的名詞卻大為流行，等到人們弄
清真相後已改不過來了。這段歷史因緣也告訴我們，哥德式對

於義大利人來說是外來樣式，它不像義大利的羅馬式那樣植根於本土，也沒能廣泛流傳。從文化史的角度看，哥德式不外羅馬式的合乎邏輯的發展，在建築上是把羅馬式對拱頂結構的探討發揮到極致，使用了尖拱和有肋拱的十字拱頂，同時又撐以飛扶壁，遍置彩色玻璃窗，於是廳堂可以建得非常的高，而光影效果又非常神秘、強烈；而在其他文化領域，這時是中世紀的神學達到集大成的發展，出現了大學教育、騎士詩歌和城市文學的時期，代表著中世紀文化的全面高漲。這樣看來，儘管不太典型，義大利的中世紀文化仍有它的哥德式階段。哥德式建築最早形成於法國，時在十二世紀中葉，十二世紀末傳入義大利，因此義大利的哥德式時代一般是指十三世紀，但從十三世紀末開始，義大利已進入新的文藝復興時代，所以它的哥德式時代很短暫（在法、德等國哥德式建築一直流行到十六世紀）。義大利的哥德式色彩只表現在尖拱、肋拱的應用和某些細部圖案上，但也不乏因地制宜而產生的佳作；至於神學的發展，大學與文學的興起等等，在十三世紀的義大利卻是很突出的，所以總的說來，義大利仍有其獨具特色的哥德式文化。

義大利為數不多的哥德式教堂中，最能引人遐思的莫過於中義山區小城阿西西（Assisi）的聖法蘭西斯科（Francesco，一譯方濟各）教堂了，它建於一二二八到一二五三年間，就是為了紀念這位生於斯、死於斯的聖徒。法蘭西斯科（1181-1226）是這個小城的呢絨商人之子，青年時還是市民運動的積極分子，曾參加城市起義和對外作戰，但他的宗教思想發展起來後，就毅然與父親、家庭決裂，新創一個宣揚「清貧福音」的教派，麻衣赤足、托缽行乞，面向市民尤其是下層勞苦大眾宣傳。他的教派很受歡迎，到他死時已是義大利一支重要的教會

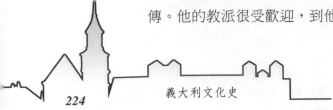

勢力，也掌握了大量財
富，和他生前渴望的
「與貧窮結婚」不可同
日而語了。這座大教堂
就在他死後第三年由他
的教派出巨資興建，在
這個偏僻小山城中可謂
規模空前的大工程。整
個教堂分上下兩層，於
山坡壘砌高台，列拱如
林，蔚為壯觀。下層教
堂幽深玄秘，上層則寬
敞明亮，它使用的哥德
式拱頂跨度大而方正，
牆面卻只開窄長的尖拱
窗，留出大片壁面作

▲ 米蘭大教堂（圖片提供：李銘輝）

畫，這是義大利哥德式的特點，後來完成這些壁畫的已是文藝
復興的先驅大師，這座教堂在文化史上也就帶有過渡性質，並
且符合於新教派重視市民生活情趣的教義。中義的其他兩座著
名的哥德式教堂——西埃那（Siena，建於 1245-1380 年）和奧
爾維埃托（Orvieto，建於 1290-1350 年）完工時都已在十四世
紀，文藝復興的色彩更見濃烈。至於北義最著名的哥德式建築
——米蘭大教堂，則開工於一三八五年而完成於一四八五年，
那已是文藝復興大為發展之際，米蘭公爵力求在他的首府搞個
哥德式的傑作，本有和文藝復興中心佛羅倫斯唱對台戲的意
義，因此特請德、法高手來設計監造，促成這座以廳廊眾多、

雕飾豐富見稱的大理石教堂，可是它體現的廣延與繁複之美，已和一般哥德式的高聳玄秘大異其趣，實際上也在不知不覺間揉進了文藝復興新時代的色彩。

　　神學上的集大成者是義大利的神學權威托馬斯‧阿奎納斯（Thomas Aquinas, 1225-1274）。他的父親阿奎納斯伯爵的領地就在上述的卡西諾山附近，因此托馬斯從小就在這個著名的修道院傾心苦學達九年之久，以後又到那不勒斯大學讀書，十九歲成修道士，立志終身鑽研神學，二十歲到巴黎大學深造，從名師學藝，終於在十二年後成為巴黎大學的神學教授。這時他已精通義大利和法國神學界的套數，但卻厚積薄發，不作高談闊論，人呼為「啞牛」。後來他又回到羅馬，任教廷神學顧問與教授達十個春秋，神學思想成熟，體系完密，有關著述受到教會高度重視。他的主要著作《神學大全》被奉為經典和正統，他本人日後也被封為聖徒。其實，從文化史的角度看，他的神學體系不過把早期基督教開始的宣揚信仰萬能、神恩至上的努力，經過近千年的鼓吹而給予一個總結，教條不變但說法卻有改進。早期基督教視古典為大敵，必須滅古典才能興神學，托馬斯卻強調可用古典哲學為神學服務，盡可能以哲理（實際上是歪曲哲理）來論證教條，例如對上帝的存在，他就從第一動力、終極原因、必然歸宿、至善典型和永恆目的等等理論予以認證。儘管今天看來未免強詞奪理且膚淺繁瑣，他的神學著作仍不失為義大利中世紀文化的一個總結性的豐碑，影響不可小視。但從他之強調利用古典和處處援引亞理斯多德看，他代表的經院哲學實際上已默認歐洲文化的進一步發展，將不得不回到古典的道路，因此他的神學也和同時代的哥德式建築那樣，不知不覺地帶有過渡到文藝復興的色彩了。

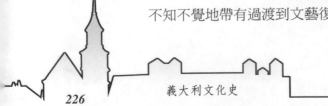

第七章

文藝復興的萌發與義大利文化的突起

在義大利文化史上，文藝復興的萌發具有非同尋常的重大意義，它不僅開啓了義大利文化最爲光輝燦爛的時代，對西方世界，乃至對整個人類的歷史都具有關鍵意義，因爲文藝復興的開展意味著人類社會邁入近代化──現代化進程的第一步，它在義大利的發軔較西歐各國早了兩三百年，帶動了西歐首先進入近代社會。雖然義大利不像日後的英、法等國是在完成民族統一的基礎上走向近代化，只以少數幾個先進城市實現擺脫中世紀的歷史突破，但它們在經濟、政治、文化諸方面都顯示了較明顯的新社會的特質：資本主義的經濟、共和政體與公民政治、提倡民主與科學的文化，因此麻雀雖小，肝膽俱全，成爲封建社會中首先閃現新時代曙光的亮點。相比之下，本來在封建社會時代一直是繁榮先進的東方尤其是我們中國，卻突然在義大利文藝復興的光輝面前顯得有點黯淡落後了。例如，就科學技術而言，正是在文藝復興時期，西方開始有了近代的自然科學，以前在科技方面一直領先的中國就陷入了有點令人摸不著頭腦的「李約瑟之謎」中。這是著名的中國科技史專家、英國的李約瑟博士（Needham Lee）提出的問題：爲什麼近代科學在文藝復興時誕生在歐洲而不誕生在中國？這個問題正引起中外學術界濃厚的興趣，但其複雜與不易解答也使它獲得「難題」或「謎」之稱。由此可見，我們對義大利文藝復興的瞭解，也不得不與解答此謎的探究和努力有關。

義大利文藝復興包括十四、十五、十六世紀的三百年，通常也按這三個世紀而分之爲三個階段：十四世紀是初始期文藝復興，十五世紀是早期文藝復興，十六世紀是盛期文藝復興。在這三百年間，義大利仍如中世紀時期那樣全國四分五裂，名

義上是德國皇帝的神聖羅馬帝國的一部分，實際上卻天高皇帝遠，群龍無首，割據嚴重。然而，義大利在分裂割據嚴重而導致封建統治相對薄弱的同時，卻得天獨厚地擁有工商業經濟最爲發達的特點，因而在中世紀中期以後的發展突破了一般慣例。通常封建國家中經濟發達地區也是統治中心所在，或是首都或是各地軍政首府，這些城市要擺脫封建統治而獨立發展是不可能的。但在義大利卻出現了封建統治薄弱而經濟高度發展的稀有現象，於是義大利城市經過幾次反皇帝鬥爭，便從取得自治而進一步走向獨立，建立城市共和國，從而使工商業經濟取得更大的發展。這樣一來，城市中的資本主義經濟便由萌芽發展爲比較成熟，無論在數量或品質上都具全歐之冠，而城市政權也帶有資產階級政權的性質，成爲近代國家的雛形。經濟政治而外，義大利作爲羅馬帝國腹心之地的歷史傳統，又使它在文化上有較豐富的古典文化遺產的存留，義大利人莫不驕傲地自許爲羅馬的兒女，即使有宗教上對異教的歧視，當城市和市民們要發展自己的世俗文化時，他們的眼光就自然而然地投向古典文化，很快就領悟古典文化中的「德先生」（民主）與「賽先生」（科學）正是他們夢寐以求的東西，所以古典文化成爲他們的良師益友，古典的文學成爲他們的「生活百科全書」，古典的科學與哲學著作成爲他們瞭解宇宙萬物和人情世故的「嚮導」，羅馬法成爲管理城市和整治市場的「圭臬」，而古典的建築與雕刻更是新藝術的「典範」……如此等等，人們不免會覺得他們自己的新文化不外是古典的再生，從而有了「文藝復興」這個詞（英、法文中的文藝復興 Renaissance，源出義文 Rinascita，原意即「再生」）。實際上，文藝復興、哥德式、中世紀、黑暗時代這幾個詞都是在當時由義大利人首先提出來，

它們也互相聯繫而構成一個新的歷史觀，即認為古典是光明的，中世紀夾在古典與當代之間是黑暗的，哥德式是野蠻的，而他們的當代是古典的重光與再生，也就是文藝復興，它代表著與中世紀有別的新時代——近代。由於有古典的先導，義大利新文化的發展無論在速度和水平上都有如虎添翼之勢，不僅穩居歐洲前列，也一躍而超過了東方的封建大國。在這裏，我們還要看到義大利城市的新經濟、新政治、新文化是同步加速、互相促進的，它們由於少有的歷史機緣而能結合在城市共和國這種小而全的模式中，通過三方配合激勵而獲得更突出的進展，形成我們通常所謂的「一加一大於二」的超常規的社會躍進，難怪有人形容說，文藝復興時期的義大利像是喝了烈酒而興奮得一往直前！

這種政治、經濟、文化都同步飛速發展的最典型代表當首推佛羅倫斯。佛羅倫斯這個城市位居托斯卡納地區的中心，亞諾河穿城而過，在托斯卡納的眾多城市中有其飛黃騰達的地理優勢，但這些優勢也只在新形勢下才能發揮出來。原來，中世紀的托斯卡納城鎮通常都建在丘陵山區，亞諾河兩岸則因低濕多沼澤，既易受洪水之災，又難免疫癘之苦，很少有大的居民點。建在丘陵山區的城鎮多選擇有水源的山頂台地，連數丘而建一城，形勢險要易於防守，卻也因地形狹窄難以發展，例如西埃那、科爾東納等城便是如此。佛羅倫斯因其臨河而居，只是一個河邊小鎮，它的歷史雖可追溯到羅馬時代，在中世紀時卻人煙稀少，未能改變沿河低地不宜人居的條件。等到義大利經濟漸有起色、商業興旺、人口增加，河川沼澤的開墾亦漸有成效時，佛羅倫斯這個濱河市鎮宏圖大展的機會就到來了。不過，這時義大利首先以沿海港口和北義大平原的城市如威尼

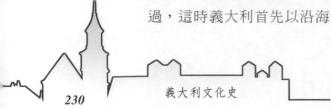

斯、熱那亞、比薩、米蘭等最稱發達，佛羅倫斯在其中尚只能忝居末列。但它臨河而雄踞托斯卡納中心平原的地理優勢卻開始發揮作用：水源充足對發展毛織工業相當重要，也為城市人口猛增時提供較好的生活與衛生條件，近郊平原的農業更為城市的大發展保證衣食之源。因此佛羅倫斯在十三世紀開始經濟起飛（比米蘭、比薩等晚了一兩百年），卻能憑靠當時義大利城市工商業普遍高漲的好形勢，再加上它自身掌握的一些特殊的歷史機遇而後來居上，由末尾而突然躍居先進前列，它掌握的特殊機遇有兩大方面：一是它靠本城的技術力量和國外市場的有利條件，建立了當時歐洲規模最大、水平最高的毛織業；另一則是它利用與教皇結盟的方便，控制了教會的國際匯兌業務，並結合毛織業的發展在歐洲各地建立了佛羅倫斯的錢莊銀號，從而擁有歐洲最大的銀行業和國際金融業。到十四世紀初年，佛羅倫斯的毛織業有工場作坊兩百餘座，年產呢絨八萬匹，價值達一百二十萬佛羅琳金幣，全城有三萬人靠此行業謀生。其他進口毛呢加工業與絲織業的興盛亦旗鼓相當。它的銀行錢莊亦有八十座之多，辦事處或分號遍布全歐名都大邑，它鑄造的金幣佛羅琳成為西歐各國通用的國際貨幣，有如今日之美元。當然，更重要的是，這些毛織業工場的生產和銀行商號的企業管理已帶有資本主義的性質，毛織業的生產共分二十六道工序，從清洗梳毛、抽條紡線、織成毛呢、染色加工和成品修整等等，皆由企業主派專人監工派活，而所有勞作都僱用工人擔當，雖然這些工人有的是在工場集中幹活，有的是領活回家分散幹活，或在小作坊中承包訂件幹活，反映了這時的資本主義生產的早期特點，但從頭到尾企業主擁有原料和一切重要的工場設備，產品歸他所有，工人只領工資，無疑已屬資本主

義性質的生產關係。當時佛羅倫斯全城人口約十萬，靠毛織業謀生者即達三萬，可見這個資本主義性質的行業在全城經濟生活中比重之大。有了這樣規模的毛織業和發達的銀行業，再加上其他工商百業，佛羅倫斯這個城市是近代意義的工商業城市殆無疑義。此外，佛羅倫斯的郊區農村也起了很大變化，共和國政府於一二八九年明令取消農奴制，農民與地主是租佃關係而無人身隸屬，可以自由進入城市作工，既爲城市工業提供大量勞力，也使郊區農業經濟逐漸近代化，被一位西方學者形容爲「資產階級的托斯卡納農莊的成功」[1]。這樣一來，城鄉經濟都在邁向資本主義方面走了一大步，再加上城市政權已完全控制在毛織業、銀行業爲首的七大行會資本家手中，它作爲「第一個近代國家」的歷史地位遂爲世所公認。

佛羅倫斯的七大行會包括毛織業、銀行業、毛呢加工業、絲織業、醫藥香料業、皮毛業和律師業，它們並非一般的中世紀手工行會的組織，而是掌握城市經濟命脈的企業家和資本家的組織，類似今日的工商業聯合會，只有大業主、大股東才能入會，不僅工人絕對無緣，連高級職員和技師也不准加入。七大行會的組成是得到政府正式承認的，一開始就以其根深葉茂、財大氣粗而在城市政治舞台上舉足輕重。從一二八二年起，城市政府的行政首腦便由七大行會推舉，其首長會議的六位成員必須是七大行會的會員。一二九三年，佛羅倫斯政府制定了帶有憲法性質的「正義法規」，進一步加強七大行會對政府的控制，並且把一切貴族世家、豪門大族列爲專政對象，規定任何貴族都不能任政府要職，也不能參加市民武裝的高級會議，被指定爲貴族或大族的家族必須交納人質和押金，具結守法，若作亂犯事則予嚴懲。所以我們說，「正義法規」是以憲

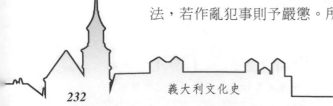

法形式肯定了佛羅倫斯城市共和國的階級性質：它標誌著這個城市政權已完全落入七大行會的資產階級手中，「這個政權已具有資產階級專政的性質」[2]。它一方面嚴格限制貴族，另一方面也嚴厲鎮壓工人，以此兩刃之劍保證資產階級穩坐江山。儘管此後整個十四世紀佛羅倫斯的政治歷史仍有很多動盪曲折，但沿「正義法規」而定下來的這條七大行會緊握政權和嚴治城市貴族的基本國策卻始終未變，並且全力執行，所以文藝復興的政治學大師和史學家一再強調：「在佛羅倫斯，平民成了勝利者，貴族被剝奪了參加政府的一切權利。」[3]當然這兒所謂的平民只是指他們與封建門第無緣，實際上卻主要是腰纏萬貫的企業家和銀行家。這一基本國策和有關方針政策的執行，使佛羅倫斯不像米蘭、帕多瓦等許多城市那樣政權最終落入個人獨裁者之後，而是保證了它的資產階級始終能站穩腳跟，牢牢掌握政權，所以佛羅倫斯的新政治不僅持久，而且資產階級色彩最濃，它同時也為佛羅倫斯的新經濟，特別是新文化的發展提供巨大支持和廣闊天地，從而形成我們前面所說的那種政治、經濟、文化都高度綜合發展的典型，所以布羅代爾斬釘截鐵地說：「從十三世紀起，特別在十五世紀，佛羅倫斯是個資本主義城市，不管人們賦予資本主義什麼含義。」[4]

從文化史的角度看，義大利城市在獲得政治自主之後，也同時擁有對文化的控制與領導之權，而像佛羅倫斯這樣的中心城市成為資本主義城市之後，其文化的發展自必帶有資本主義的或近代的特點，這正是文藝復興始終以佛羅倫斯作為發源地和最大代表的歷史背景。在歐洲中世紀，文化的控制權和領導權主要掌握在教會手中而不是封建帝王手中，這是它和中國的封建社會很不相同之處。佛羅倫斯這樣的資本主義城市在文化

上表現的新時代特點，除了城市政府牢牢掌握文化領導權而外，便是以提倡、恢復古典文化來排斥、改造封建的教會神學文化。這裏面有兩點值得注意，其一是這種排斥、改造不等於反對教會，更不是取消基督教，恰恰相反，由於義大利城市需要利用教皇和皇帝的矛盾以求發展，佛羅倫斯的金融業更需依靠教會在歐洲各地的匯兌和代收稅款業務，所以它和教皇、教會的關係不僅不敵對，反而比較密切，而當時城市和市民群眾，包括文藝復興新文化的一切著名代表人物，也都是信奉基督教的，宗教活動在城市中仍然相當活躍，只是與教會神學控制一切的中世紀情況有了很大不同。另一則是提倡、恢復古典，也就是文藝復興本身，絕非單純的復古，實際上是一種新文化的創造。當時人學習古典確實非常熱心，但他們主要是學習古典的精神風貌與價值取向，也就是通過古典文化中德先生（民主）與賽先生（科學）的啓示，建立以這兩者為核心的近代文化。因此文藝復興的精華，是形成了吸取古典的人本主義和理性精神而帶有新時代特色的人文主義（Humanism），但它並不反對基督教，只是以人文主義來改造、革新了基督教。

前一章已提到，在十三世紀時，義大利也同其他西歐國家一樣，流行著以教堂建築為主要代表的哥德式文化。城市對文化的影響，已表現在義大利的哥德式文化具有了和法、德等地大異其趣的特點。除了建築風格的具體差別而外，最大的、帶實質性的變化，就是教堂的建造已不由教會主持。雖然教會人士仍參與其事，教堂諸項法事仍由神職人員經辦，但工程的領導者則是城市政府，建造資金則由城市大行會捐募。這樣一來，城市新建的大教堂就被全體市民當作城市美化的首要標誌，成為本城實力與威望之所寄，也可以說，這些傾全城人力

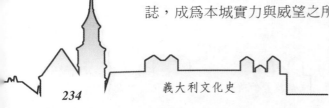

財力而建成的教堂，就像城市政府的大廈那樣，雖仍有其宗教作用，在市民眼中卻主要看重其代表城市共和國的政治實力與經濟發達的意義，儘管它仍被教會不厭煩地稱爲永恆的耶路撒冷的象徵，實質上卻不啻是城市威信的象徵和財力的廣告牌。因此各城市無不把建造和管理本城的主要教堂作爲新的文化建設的首務，雖然當時的建築風格仍按原制是哥德式的，它的精神風貌卻有所變化，其著例如西埃那大教堂，我們在前一章談義大利的哥德式建築時已介紹過了。佛羅倫斯與西埃那相隔不到兩百里，兩城且都以替教皇經營銀行業務起家，但佛羅倫斯發展更快，並憑其無與倫比的毛織工業邁入了新時代，所以佛羅倫斯在西埃那建其大教堂數十年後，準備大興土木建自己城內的大教堂時，它的設想已開始突破哥德式的框框。佛羅倫斯政府在一二九六年作出決定，要把城內原來比較簡陋的大教堂全部拆掉，另在其地新建一座可以反映佛羅倫斯當前大發展氣魄的天下最壯觀的教堂。政府決議中明確指出：新教堂必須具有人們能想像的絕頂宏偉豪華之貌，其美麗壯觀也應該窮盡人所能有的智力與創造。所以大教堂反映的應是佛羅倫斯的富強以及人類智力的偉大，其宗教意義反而退居次要了。在政府作出這個重要決定後，具體的建造工作由政府指定的名爲「大教堂工作組」（Opera del Duomo）的委員會負責。工作組負責從籌集資金、設計方案到施工建成的全部事務，政府官員自然參與其中，但由於關鍵問題是籌集資金和具體施工，所以工作組實際上是在捐助資金最多的兩個大行會：毛織業行會和毛呢加工業行會的支配之下，行會頭領實際上是工作組的領導。城市政府和工作組都一再強調，建築事務全歸政府經管，教會不得干預，工作組及其聘用人員都不得聽從教會指揮。因此可見，佛

羅倫斯大教堂的建造，就像它的政府已歸行會的資產階級掌握那樣，標誌著文化上的領導權也已落入這些一身數任的市民階級——資產階級手中。

佛羅倫斯大教堂的建造工程於一二九六年啓動後，最初負責設計的是建築家兼雕刻家的阿諾爾孚·地·坎比奧（Arnolfo di Cambio, 約 1250-1310），他是在十三世紀末就已成名的最早的文藝復興藝術家之一，正由於其最早，因而也帶一定的過渡色彩。阿諾爾孚的雕刻已開始注意學習古典，但他在建築方面的素養不出哥德式的傳統，他作爲助手曾參加前述的西埃那哥德式大教堂的建造。然而，佛羅倫斯政府有關新教堂必須空前宏偉的決定，卻使阿諾爾孚大受鼓舞，爲此他和大教堂建造工作組共同設想了一個前所未有的絕頂宏偉的藍圖：教堂的主廳和側廳都要比一般的哥德式建築寬敞許多，每個拱架的跨度也超越一切已知的尺寸，尤其要在教堂的十字交叉點上建造一個寬度等於主廳和兩側廳加在一起的空前高大的圓頂，而所有哥德式教堂的十字交叉點上的圓頂只有主廳之寬，可見這一設想確實非常大膽。儘管阿諾爾孚還沒有考慮這空前高大的圓頂該如何建造，他死時教堂工程的進展也只是打下了地基，但這些設想卻爲佛羅倫斯大教堂突破哥德式的框框打下基礎。以後這個教堂經過一百多年才告完工，它那個空前高大的圓頂終於由第一位文藝復興建築大師布魯內萊斯奇予以完成，而這個大教堂也成爲文藝復興建築的第一個偉大傑作（參看下文）。如果說大教堂工程阿諾爾孚只開了一個頭的話，那麼他經手的第二個佛羅倫斯建築工程——城市政府大廈，卻在他去世時已基本大功告成了。這座大廈今天通稱舊宮（Palazzo Vecchio），但它建立時的正式名稱是「首長會議宮」（Palazzo dei Priori），即佛羅倫

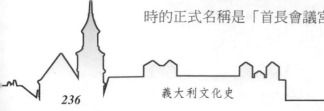

斯政府首腦和重要機構辦公之處。在大教堂動工之後第四年，即一二九九年，佛羅倫斯政府決定建此辦公新廈，它的原址就選在過去曾是市民最憎恨的一個封建貴族的府邸之上，在十三世紀的多次市民鬥爭中，已把這座封建老窠夷爲平地，變成市民集會的廣場，因它正好處於城中心，遂決定建一座可和教堂的空前宏偉媲美的政府大廈，仍由阿諾爾孚主持設計。由於政府直接抓這項工程，進展很快，十九年便告完工（1299-1318），它不僅在規模上是義大利各城市同類建築中最大的，氣魄的宏偉也無出其右，而整個建築的風格也開始具有文藝復興的特色。這座大廈全用石料砌築，外形方整，主體分爲三層，每層都高達十五公尺，有一般樓房四、五層之高，所以三層大廈已相當一座十五層的高樓，屋頂上又加蓋一座刺破長天般傲然矗立的鐘樓，它的塔頂距地面竟有九十二公尺之高，更使整個政府大廈具有摩天高樓的雄姿。整座大廈的牆面以突露的粗石砌成，有點仿效古羅馬城防建築喜用粗石之例，和大教堂牆面劃分準備採用古典框格一樣，都是建築中開始有仿古典風格的萌芽表現。它的非常雄偉的鐘塔在塔身部分亦按中世紀傳統築成方形碉樓之狀，下層牆面嚴密，開窗既小又少，中層築成托梁石夯堞廊，與大廈本身的堞廊相呼應，上層也就是鐘樓，才用四根圓柱組成空敞的亭閣，柱子有明顯的古典樣式，從地面仰望它已高踞於雲霄之中。而且這座鐘塔不只是爲了壯觀，也有警鐘響徹雲霄的政治作用，每逢共和國有緊急軍事行動，它就敲響大鐘，號召各行會的民兵武裝到廣場集合，所以它和整個大廈一樣都是共和國雄強興旺、堅不可摧的象徵。無怪乎有位著名的藝術史家稱讚這座政府大廈說：「它的單純與雄偉，它那種對人的高貴與自信自強、自己管理自己的能力作出

的凱旋般的肯定，都是爲了表徵這個共和國經過十三世紀末的一系列激烈內部鬥爭後，取得了太平穩定的勝利。這座建築也可看作佛羅倫斯藝術即將進入它的一個最偉大時期的序曲與導言。」[5]

城市新文化的發展還表現在教育的普及和教學內容的革新上。中世紀的歐洲在教會統治下幾乎只有教士才識字，一般貴族都純屬武夫而不通文墨，商人識字極少，工農群眾更全是文盲，可以說當時人口識字率低到不出百分之五以上。城市興起後，由於工商業活動和城市政治的需要，識字的俗人增多，才有教育普及可言。但在這方面取得突破，仍有待於佛羅倫斯這樣最發達的城市共和國從新社會的需要發展教育之後。當時佛羅倫斯城市人口大增，農村居民退居次位，市民中無論貧富識字者皆較普遍且日益增多，遂有和中世紀截然不同的教育普及的飛躍。據當時佛羅倫斯歷史家喬凡尼·威蘭尼（Giovani Villani, 1276-1348）的記載，在一三三六到一三三八年間，佛羅倫斯全城讀書上學的兒童約有八千至一萬名，學習珠算和算術的兒童約有一千至一千兩百名，而在較大的學堂進修文法和邏輯的學生則有五百至六百名[6]。他提供的這些數字不僅具體而且相當可靠，使我們看到了很有近代意義的教育發展情況。他所說的第一項——有近萬名兒童讀書上學，就反映了全城市民識字率已相當的高，因爲當時佛羅倫斯總人口不過十餘萬，少年人中學齡兒童依此推算最多不過兩萬人，那麼它的兒童入學率當高達百分之五十，兒童識字者必更多，這也意味著總人口中識字者已相當普遍。不僅大行會的企業家必須有文化（當時有民謠說商人手上沾滿墨水，因必須記帳、寫商業信函、訂合同），甚至普通店員、技師、學徒、幫工等也得粗識文字，佛羅

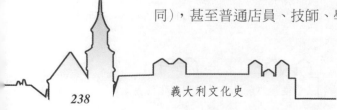

倫斯現存司法檔案中，就有一件外地打工學徒因請人教他識字讀書，交了學費卻未能學成而告狀的事[7]，可見徒工須補習文化已屬常例。因此人們推測佛羅倫斯全國人口的識字率已在三分之一以上，男性人口中的比例更要高得多，這不僅在當時整個歐洲是數一數二的，連十九世紀的許多歐洲城市也難以作到。威蘭尼說的第二項和第三項——學珠算數學的學生和進修文法邏輯的學生人數也很可觀，但更重要的是它們的教學內容。頭一類學生近似於今之初中或職業中學，以實用科目為主，除經商理財必不可少的算術外，還有一些商業簿記、合同文書的內容；後一類學生則近似於今之高中和大學預科，因佛羅倫斯當時尚無大學，所以等於城內的較高學府了，而它強調學習的是文法修辭，尤其是古典的修辭學，這些學問最能適應城市政治經濟發展的需要，於經濟能提高書信宣傳乃至廣告招貼的寫作，於政治則能作好會議上的發言和法令文告、外交文書，而且修辭學的範本全取自古典著作，它也成為時人學習古典、瞭解古典的捷徑，所以它起了人文主義溫床的作用。十三世紀後期佛羅倫斯文化界的代表人物拉丁尼（Brunelto Latine, 約1220-1294），在其主要著作《寶庫》的末篇〈論城市政府〉中便特別強調：「與城市政府最有利害關係的首要學科是修辭學，亦即語言的科學。」[8]他還進一步補充說：「如果沒有起良好作用的語言，城市便無從存在，也不會有公正和人與人之間的合作。」[9]按當時人的理解，修辭學是以情動人、以理服人，而此情此理不外人情世道的學問，與宗教神學教條無關。所以它是最能體現新文化的世俗精神、理性主義和古典傾向的學科。修辭學而外，拉丁尼還強調要學習古典倫理學和政治學，這也是中世紀神學最為忽視的學問。在拉丁尼影響下，佛羅倫

斯這些稱爲「學習班」（studia）的高級學堂的教學內容，便轉到以修辭學爲主，即使是教會辦的學習班也不得不開設這類新科目，拉丁尼自己更是致力於以修辭學爲綱培養新時代的人才，其中最著名的便是詩人但丁。他提倡修辭、開拓新文化的成績得到佛羅倫斯市民很高的評價，威蘭尼在他的《年代記》中就稱讚他說：「拉丁尼既是高超的修辭學大師，也是偉大的哲學家，他是第一位教導佛羅倫斯人掌握語言藝術和文雅風格的人，也是第一位教導他們按正確的政治原則治理共和國的人。」[10] 由於教學內容的革新，儘管佛羅倫斯當時尙無大學，卻能新人輩出，在政、經、文各界皆有精英。據說，有一次教皇召開國際會議，歐洲各國使團都請佛羅倫斯人作顧問，有的乾脆代理大使，以致教皇稱譽佛羅倫斯是「第五元素」，因古人有世界由土、氣、水、火四大元素組成之說，譽其爲第五元素就有極端重要和無所不在之意。實際上，從某種意義上說，佛羅倫斯當時沒有大學，對新教育的發展反而是有利的，因爲義大利最早建立的大學如波隆那大學（建於 1158 年）、帕多瓦大學（建於 1228 年），都以講授神學和經院哲學爲主，受教會控制更嚴，積習太重，反不如佛羅倫斯的新派學習班得風氣之先，所以一代新人主要是從這些學習班培育出來。十四世紀後期，佛羅倫斯人文主義思潮已趨成熟，那時正式組建的佛羅倫斯大學可請薄伽丘等新文化名人作教授，遂開倡了新的高等教育體制。

教育的普及與革新和城市共和政治的開展，使佛羅倫斯形成了比較開放寬容、奮發向上、面向市民、雅俗共賞的文化氛圍；工商業的發展又促使人們講究實利、重視科技，因此，總的說來，這時在佛羅倫斯已出現了一個有利於新文化發展的大

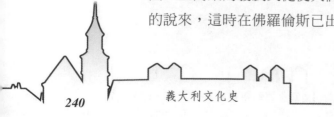

氣候、大環境。從文化史的角度看，這一點是非常重要的，它要比一些西方研究者喜歡說的「義大利人民的天才」等等實在得多，其實，正是它們才是義大利文化得以突起的基礎。這種大氣候、大環境的突出作用，首先就表現在市民社會素質的大大提高，他們重視自由、善於創新、尊重人才、追求財富，而且作為佛羅倫斯人說來，還特別讚賞智慧聰敏的氣質和高品質、高效率。正如他們對大教堂的要求所說，關鍵是窮盡人的智力與創造，作為佛羅倫斯經濟命脈的毛織業的崛起，主要就在於它無人能比的高品質——既是工藝的品質也是美感的品質。這種氣質與要求的結合，使佛羅倫斯人（推而廣之，也可說是文藝復興時期的義大利人）特別看重藝術與科學，尤以對科技的重視成為社會風氣，反映了當時社會文化氛圍最具有近代特色。據說，在一三〇六年，一位名叫喬爾達諾（Giordano da Pisa）的比薩神父在佛羅倫斯布道時就驚呼：「這裏每天都有新發明、新技藝問世。」他雖是神職人員，卻情不自禁地為佛羅倫斯技藝發明層出不窮大唱讚歌。他在演說中還特別提到眼鏡這個在佛羅倫斯大受歡迎的發明：「製造眼鏡的技藝發明不到二十年，它能使人的視力大為改進，是世界上最好也最有用的技藝之一。我本人就親眼見過那位發明和經營這門技藝的師傅，並且和他談過話。」[11] 可見不僅科技成果受到重視，科技人才也得到尊重，和中世紀教會統治下的黑暗愚昧判然有別了。雖然當時佛羅倫斯的教堂仍比學校多得多，市民也無不信奉基督教，但這種社會風氣的變化卻決定了文藝復興運動到十五世紀後期，便會最早產生近代的自然科學，科學的火炬從佛羅倫斯而傳遍全義，最後燃及全歐，終於使歐洲站在世界前列。同樣地，也是這種大環境促使佛羅倫斯的文學藝術有了飛

速的發展，在十四世紀初期，出現了但丁的詩篇和喬托的繪畫，而在十四世紀後期則有佩脫拉克的人文主義和薄伽丘的小說。

但丁（Dante, 1265-1321）作為拉丁尼的高足，修辭哲理無不精通，被譽為拉丁尼之後佛羅倫斯最有學問的新秀；他同時還是當時的新詩派——「清新體詩派」的傑出代表，寫有《新生》這部很受歡迎的愛情詩集；更重要的是，作為七大行會之一的醫藥業行會的成員，他還是一位擁有房產、股權和田莊的中產市民，積極參加了佛羅倫斯的政治活動，從基層民兵、行會幹部一直到被選為城市政府的最高領導成員——每屆任期兩個月的「首長會議」的首長之一，那時正好是一三○○年，佛羅倫斯城內興起白黨和黑黨之爭，黑黨完全聽命於教皇，而當時的教皇卜尼發斯八世又是野心勃勃，總想插手干預城市政治，白黨則與黑黨作對。但丁服膺於老師在《寶庫》中發揮的政治理想，認為在城市執掌政權的首務是公允執法，因此主張杜絕黨爭，對黑白黨皆予處分，但他最反對的仍是教皇的干涉城市政治，所以黑黨恨之入骨。次年黑黨得勢，完全控制佛羅倫斯政府，但丁即被缺席審判，終身流放，若進入佛羅倫斯即判死列。從此決定了但丁餘生始終過著流亡生活，也決定了他對佛羅倫斯那種又愛又恨的複雜感情。在長達二十年的辛酸痛苦的流亡生活中，他寫下《神曲》這部不朽詩作，以無比博大精深的內容和鮮明生動的詩句，反映了那個處於新舊交接點上的時代。

在義大利文化史上，沒有任何一部作品可以擁有像《神曲》那樣崇高尊榮的地位。從歷史意義看，它既是中世紀的終曲，也是新時代的開篇，但新時代的一面卻是其本質與主流。《神

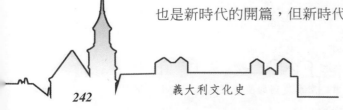

曲》的故事是說詩人夢遊地獄、淨界和天堂，最後在天堂見到了上帝，整體結構顯然不出宗教神學的套路，但神遊中的詩人自己卻是飽嘗新時代城市生活的愛與恨的新詩人。我們可以說，沒有佛羅倫斯這個城市，就沒有但丁和《神曲》，正是城市密切的人際關係、活躍的感情交流、激烈的政治鬥爭和沸騰的經濟生活，爲但丁的前無古人的紀念碑偉業奠定了基礎。而佛羅倫斯已達到的那種「一峰獨秀」的新時代特徵，則決定了詩人思想感情的取向與主調。具體地說，詩人入地上天神遊三界的故事無非詩人內心最大渴望的表白：他希望以此爲他的愛人貝亞德（Beatrice）建立一座任何女性都未能獲得的最宏偉的紀念碑。因此，貫穿於《神曲》的主軸就是詩人的愛心——對貝亞德之愛，對文明之愛，對生活之愛，對哲理之愛，當然，也有對上帝之愛。照但丁的理解，愛是生活的最高本質，人與人關係最神聖的核心，因此愛既是最高貴的人性，也是神和上帝。在《神曲》凡談到上帝之時，他都稱之爲「愛」[12]。他認爲愛是統攝宇宙、主宰三界的動力，也是構成天地、遍布人寰的經緯。在《神曲》的最後一段詩句中，談到詩人已洞悉那「全宇宙的結」的時候，他寫道：「我看到宇宙紛散的紙張，都被愛合訂爲一冊。」[13] 但他所說的愛並不囿於聖經所說的神即是愛或愛從神來等等神學含義，卻把它和發自他內心最深處的對貝亞德終生不渝的愛情聯繫起來，所以《神曲》不是獻給上帝的紀念碑，而是獻給貝亞德這位生活中的眞實具體的女性的紀念碑。這一人間的愛才是貫穿但丁文學創作的主線，早在青年時代，他的《新生》詩集就以對貝亞德的愛爲主題，《神曲》則是這種愛的最高昇華。貝亞德這位佛羅倫斯姑娘是銀行家之女，比但丁小一歲，在他九歲時兩人見了一面，但丁是一見鍾

情，貝亞德似乎天眞無知，以後他倆在佛羅倫斯街頭偶有邂逅，卻始終無晤談之機。結果貝亞德和一位年輕的銀行家結了婚，不久就死去了。可是但丁對貝亞德的愛卻越來越深，她成爲他心中唯一的偶像，詩人在《神曲》中夢遊天堂，而在天堂門口迎接他的就是貝亞德，引導他歷經九重天見到上帝的也是貝亞德，因此我們可以說，沒有對貝亞德的愛，既不會有《新生》，更不會有《神曲》，甚至也不會有但丁心目中作爲「全宇宙的結」的上帝。但丁所說的愛實質上就是日後人文主義者津津樂道的「人性」，神聖之愛不過人間之愛的昇華，所以他說「無論造物主和造物，不能離愛而存在。」[14] 而他在《神曲》的結尾高歌「宇宙間紛散的紙張都被愛合訂爲一冊」，實際上等於向世人表白這種愛的觀念就是詩人新思想的核心，是其最重要的部分。

　　但丁從這種愛的觀念出發，他的思想已可達到人文主義的高度，雖然他尚不知道人文主義這個詞，史家也不把他歸入人文主義者之列，但人文主義的一些主要特點都可在《神曲》中找到。例如，他對教會統治便深表不滿，對教皇的淫威與教條的束縛不屑一顧。他把那位支持黑黨、作惡多端的教皇卜尼發斯八世放到地獄中去，怒斥這位教皇「使世界變得悲慘，把善良的踏在腳下，把凶惡的捧到頭上。」[15] 教會的腐敗和墮落已使基督原來美稱的爲民牧首的榮譽喪失殆盡，教會宣揚的神學教育自然也只會起誤導作用，因此他形容教會的現狀是「所有的牧場上充滿穿著牧人衣服的貪狼。」[16] 他痛恨在神學禁慾主義教條下玩弄的誣蔑人性、反對科學、摧殘文化、愚弄群眾的把戲，針鋒相對地提出人應該通過愛而達到歡娛與幸福——「像弓弦之力帶著離弦的箭達到一個指定的地點一般。」[17] 他不

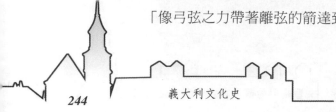

認為禁慾修行是人生的鵠的，而把自己理想中的英雄描寫成那些努力奮鬥、立功建業、青史留名的世俗人士，他鼓勵人們振作有為、敢想敢幹，提倡自由意志而反對宗教宿命，所以《神曲》就整體而言是對人的頌歌，是對人性和個性的肯定。再如，但丁對古典文化的崇敬，更具有鮮明的新時代特色。他把古典詩人維吉爾作為自己名副其實的嚮導，遊歷地獄和淨界時就靠維吉爾帶路，他更尊稱這位古典詩人為「我的老師、我的模範」、「我的光」、「我最親愛的父親」，甚至「勝於我親父」[18]。他立志要站到荷馬、維吉爾為首的古典詩人的行列中，在五位古典大師之後自居第六位[19]。他以加入古典行列表明了新文化與古典文化的親切和認同，因此《神曲》雖按基督教的構想描寫地獄天堂，卻大量引用古典作素材，藉古典而透露時代心聲。而且，通過對古典的尊重，就又表明了對學術的尊重、對科學的尊重和對文明的尊重。但丁堅決反對教會的愚民政策，因此也就特別重視文化的普及。他強調《神曲》是為市民群眾而寫，堅決不用古雅的拉丁文而用佛羅倫斯流行的托斯卡納方言。在這一點上，《神曲》的成功已不僅限於古文與俗語之爭，而是涉及到建立義大利民族語言的豐功偉業。通過《神曲》的創造，詩人極有遠見地為義大利民族語言奠定了一塊至關重要的基石。我們甚至可以說，有了《神曲》才有義大利文學、義大利語言，乃至推而廣之的義大利民族文化，他在這方面的貢獻確非其他新文化人士所能及。

喬托（Giotto, 1266-1337）在繪畫方面的貢獻，可以說是和但丁在文學方面旗鼓相當，佛羅倫斯同時出現這兩位文藝偉人，說明文藝復興在這裏已有了多麼長足的進展。正如但丁有拉丁尼為老師那樣，喬托也有像建造了佛羅倫斯大教堂和政府

大廈的阿諾爾孚，以及阿氏師從的比薩雕刻家尼古拉‧比薩諾（Nicola Pisano, 約 1205-1280）為先導。比薩諾首先在雕刻中開拓學習古典之路，阿諾爾孚則將此新風傳於佛羅倫斯。這時，在佛羅倫斯繪畫界，也出現一位有探索精神的過渡大師契馬布埃（Cimabue, 1240-1301），首先將生活氣息引入宗教畫幅。據說，出身農家的喬托從小就喜歡在牧羊時就地寫生，恰巧有一天契馬布埃路過，看到這牧羊少年出手不凡，便收他為徒，把他帶到佛羅倫斯專門習藝。而對寫生情有獨鍾的喬托卻進步神速，不久便有「青出於藍」之譽，到十四世紀初年已被目為最傑出的新畫家，因此但丁在《神曲》中寫道：「契馬布埃在圖畫界裏可稱獨霸了，然而今日喬托的呼聲更高，竟蓋過了前一個的榮譽。」[20] 實際上，但丁與喬托確實是志同道合的好友，因為他倆各自的文學與藝術實踐都遵循著文藝復興獨具一格的創作道路：寫實求真藝術手段的提高是和新的人文主義思想的體現密切結合的，因為人文主義無非對人性、對自然、對現實生活的肯定，而文學藝術作品中越有生動精確的人物形象和生活情景的表現，就越能反映作者的新思想、新感情。但丁的《神曲》是在文學創作上樹立了這方面的典範，其寫情敘事的生花妙筆是與博大精深的思想內容互為表裏，相得益彰，顯示了創作手法與思想內容極為緊密的結合。喬托也是以寫實而振興藝壇，並且使他的「面向自然」的藝術成為新文化的旗手，以至於日後人們談到文藝復興首先想到的就是他的藝術。畫家既以新藝術的面向自然反對了中世紀的拘於神學程式，同時也就以真實生動的人物形象體現了新的、鮮明的人文主義思想。正是這一點決定了喬托藝術和但丁詩文比肩而立的劃時代意義。

喬托的繪畫作品主要是壁畫，它也是日後文藝復興繪畫中

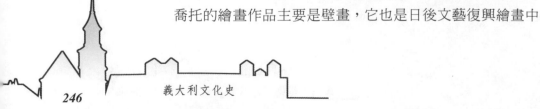

最重要的畫種，油畫只在文藝復興後期才見使用。喬托在佛羅倫斯和許多義大利城市都作過壁畫，但他在羅馬、那不勒斯等地之作早已蕩然無存，佛羅倫斯雖有少數殘存，卻已被後人修飾過甚，因此他現存壁畫最完整的，當推帕多瓦的斯克羅維尼禮拜堂〔亦稱阿累那（Arena）禮拜堂〕的數十幅連環成套之作，它們約作於一三〇五到一三〇九年間，分別表現聖母和基督的生平故事。它們雖屬宗教內容，畫幅卻無不展現人間世態，通過聖母和基督風風雨雨的一生，表現了各種社會生活情景，所以薄伽丘稱讚他說：「喬托生而具有超群的想像力，凡自然界的森羅萬象，他無一不能用他的畫筆描繪得維肖維妙，栩栩如生。」[21] 喬托能作到這一點，除了始終堅持他在牧童時即已嶄露頭角的寫生寫實的傾向而外，還有賴於他已開始讓圖畫具有三維空間的真實感，他有意讓畫幅中的景物像舞台般展現在觀眾眼前，主要人物一律處在與觀眾視線齊平的位置，他們渾圓的體形、凝重的神態和端莊的動作引人注目，再加上前景後景或遮或掩排列有序，空間深遠關係交代清楚，中世紀宗教畫的抽象圖解便完全被真實而幾乎可以觸覺的畫面代替。這數十幅壁畫每件都是佳作，其中尤以「金門相會」、「逃亡埃及」、「猶大之吻」、「哀悼基督」最為著名。它們或表現老年夫婦突聞喜訊奔走相告的激情，或刻畫山林羈旅而母子平安的吉祥風景，或描寫基督死後親人哀悼的極為悲痛的場面，或揭露耶穌就義前叛徒猶大卑鄙無恥的嘴臉，都是以主題突出、構圖講究、神態端莊、動作自然而樹立了新藝術的楷模。儘管喬托這時尚未掌握完整的透視畫法，也沒有人體結構的科學知識，他卻以其渾厚樸實、強健有力的風格，使日後許多技巧上比他高出許多的大師甘拜下風。

被譽爲「人文主義之父」的佩脫拉克（Petrarch, 1304-1374），他父親就是和但丁同案遭流放的佛羅倫斯律師，因此他青少年時代是在法國度過，成名後也在義大利各地奔波，一生中能在佛羅倫斯落腳的時間並不多。可是，與但丁同命運的家史卻令他永遠以佛羅倫斯的新人自居，而且由於懷念與企望故鄉的情結，加上他廣泛的遊歷和見識，更能使他體會到新時代的需求與脈搏。他從小就愛讀古典書籍，長大後更是嗜古典成癖，尤其崇拜維吉爾的詩、李維的歷史和西塞羅的散文，自己也大搞仿古典的拉丁文學創作。三十多歲時，他就以無與倫比的古典學識和大量的拉丁古文著作名噪一時，人們專爲他在一三四一年舉行千年不見的授予桂冠詩人的典禮。這個在羅馬古城按古典風習舉行的儀式，被不少史家當作文藝復興學習古典正式開始的劃時代事件。所以佩脫拉克比但丁更鮮明地高舉「以古典爲師」的旗幟，當時人沒有誰能比他在這方面作得更傑出、影響更巨大。推崇古典自然就意味著對視古典爲邪物的教會文化的批斥，因此他第一個站起來怒斥中世紀爲黑暗時代，對比於光輝的古典古代，他感到自己仍生活在中世紀的陰影裏，因而對古典的嚮往與日俱增。另一方面，他也從佛羅倫斯和但丁等人身上看到了新時代的曙光，所以他形容自己似乎站在兩個國家（亦即兩個時代）的邊境上，既瞻前又顧後。在文藝復興運動日益發展的時候，人們便把他這些思想發展爲一套完整的歷史觀，認爲古代是光明的，中世紀歸於黑暗，新時代則復興古典而重現光明，此種三段論的看法一直主宰著近代史學界，它雖然有點簡單化，卻把新舊文化的對立提高到時代劃分的根本立場上，對後人啓迪極大。由於把復興古典、批判中世紀和建立新文化聯繫起來，佩脫拉克也對自己的思想學術活

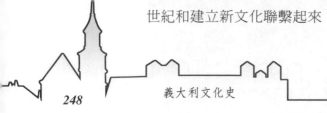

動有了新的認識，他覺得自己和同時代人的新學問已大大超出修辭學的範圍，應該用更全面的名稱予以概括。他在新發現的西塞羅文章中找到了「人文學」（Studia Humanitatis）一詞（例如他一三三三年在法國列日發現的西塞羅演說詞〈爲阿奇亞辯護〉的第一、三節都出現此詞），頓生豁然開朗之感，便決定把新時代的學問統稱爲人文學，亦即人性之學，以和中世紀的神學相區別，儘管佩脫拉克還沒能發展到反對神學的地步，但他高舉人文學的大旗，實際上已取消了、動搖了神學至高無上的權威。當然，人文學就是我們所說的人文主義，雖然主義之名是在十九世紀才使用。通過人文學這面旗幟，新時代以學古典開始，以建立自己新文化爲鵠的的運動便有百川歸海的氣勢，也使當代人士心領神會、充分接受。所以十五世紀人文主義的偉大代表布魯尼（Bruni，見下文）就稱頌說：「佩脫拉克這位建立了人文學的大師，不僅是在這些學問湮沒無聞之時重新恢復了它們，並且向我們指出了一條爲我們自己發展學術文化的道路。」[22]

在義大利文化史上，佩脫拉克的傑出貢獻不僅在於他開創了人文主義，還在於他用方言口語寫的抒情小詩（十四行體短詩），用這種小詩抒寫愛情和其他生活感受，雖不自佩脫拉克始，卻只有他寫得最爲成功，奠定了這一文學體裁在歐洲詩歌中的重要地位，並使他繼但丁之後，爲義大利民族語文的形成奠立基石。他的現存詩作約有三百餘首，中心主題也如但丁之寫貝亞德那樣，他歌詠的也始終是他的戀人勞拉（Launa）。這位法國姑娘也是一直未知曉詩人熾烈的愛情，卻染時疫而去世。佩脫拉克在詩中直言不諱，坦陳暢述自己對勞拉的愛戀，其中既有極樂與極苦，也充滿渴望與沮喪，歡欣與悲傷，雖不

如但丁的博大與豐富，卻更眞實、更直接、更具體。勞拉的平易單純、溫柔開朗和詩人的情眞意切、直率熱烈，成爲義大利文學和西方文學中兩個最早具有現代性格的典型，而這些小詩體現的新的人文主義思想也更爲鮮明、更爲自覺。無怪乎有位著名的研究者評論它們是「靈魂深處的許多美妙的圖畫」，並且強調：「這些描寫一定都完全是他自己的，因爲在他之前，沒有任何人作過任何這種描寫，而他對於他的國家和全世界的重要意義就在於此。」[23]

作爲佩脫拉克的摯友和文學事業上的副手，薄伽丘（Boccaccio, 1313-1375），是以小說開闢了新文學最廣闊的天地，他的傑作《十日談》這部總數達百篇的小說集，帶著佩脫拉克的熱誠和直率，卻以五彩繽紛的散文描寫了無比豐富的社會生活。它以佛羅倫斯十位男女青年爲避瘟疫而聚居鄉間，每日一人說一個故事的形式，集十日之功而得此百例短篇小說。儘管故事內容無所不包，也仍以男女愛情趣事爲主，把薄伽丘作爲銀行業行會成員和毛呢大商號經理的市民氣質和盤托出，而且筆調通俗詼諧，敘事妙不可言。一般而言，中世紀後期隨城市發達而興起的市民文學，就以好談軼聞趣事爲特色，但薄伽丘小說中對市民生活和愛情故事的傑出描繪，卻站在更高的水平上。它們體現著鮮明的人文主義精神，這既是薄伽丘作爲佩脫拉克戰友而必備的特色，也爲小說集帶來不朽的生命力。薄伽丘在《十日談》中大寫特寫愛情故事，就像但丁、佩脫拉克的詩篇那樣，是以愛情闡述人文主義和抨擊禁慾主義，但這種愛情更市民化、更群眾化、更帶泥土草根的凡俗氣，也更帶粗樸眞純的人情味。他高歌愛是人的天性，所以愛的旗幟就是人性的旗幟，愛的勝利就是人性的勝利。他的小說寫得亦莊亦

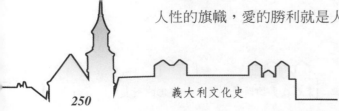

詼，雅俗並陳，情景交融，褒貶鮮明，從內容看則各種風流韻事無所不包，既有逢凶化吉、喜出望外的鬧劇，也有如願以償，有情人終成眷屬的結局；有悲痛不幸的戀愛悲劇，也有幸福美滿的大團圓；有男女互相作弄、偷情賣俏的笑話，也有可歌可泣、勇毅堅定的英雄作為；但在一切離奇情節和滑稽笑談中，作者都毫無遮攔地顯露他的思想傾向：他對市民群眾是深切的理解和善意的表揚，對堅貞的愛情和崇高的個性更予以熱烈的歌頌，他更藉風流趣事的舞台揭露了教會的偽善墮落、貴族的倨傲愚鈍和神學教條的荒謬可笑，因此這部小說集也是投向教會的一把利劍，教會多次把它列為禁書。無論是歌頌還是揭露，《十日談》都充分顯示出它的近代特質和階級歸屬，近年來有的研究者說它是「商人的史詩」[24]，更有人具體點明它是「義大利資本主義的偉大史詩」[25]，都突出了它作為第一部近代小說傑作的劃時代意義。不過，就薄伽丘而言，只提《十日談》也遠未能反映他在義大利文化史上的全部貢獻，因為他也如佩脫拉克那樣是一位博學的人文主義者，他自撰的墓誌銘甚至認為平生主要貢獻不在文藝而在人文學術。他同樣熱烈搜求古典遺篇，以維吉爾為師撰寫古典拉丁詩詞，並寫了《但丁傳》，在佛羅倫斯擔任教授、主持《神曲》講座，所以當代人士也主要把他看作與佩脫拉克並肩而立的人文學大師，而《十日談》不過是錦上添花，使薄伽丘在文藝復興運動中的地位更見輝煌罷了。

十四世紀是義大利文藝復興的開拓與發揚，十五世紀則是它成熟高漲之時；不過，比起十六世紀的鼎盛與完美，十五世紀又有其猶待發展之處，因此文化史家通常把十四世紀稱為初始期文藝復興，十五世紀為早期文藝復興，十六世紀才是盛期

文藝復興。然而十五世紀新文化的發展也很有自己的特色,它那種邁向高峰的努力、探索的勇氣、精益求精的韌勁更有引人入勝之處,更不消說它取得的遠比十四世紀豐富多彩的成就了,因此有些研究者甚至認為,十四世紀不過是文藝復興的序幕,文藝復興的真正開始是在十五世紀。

十五世紀的人文主義運動仍以佛羅倫斯為中心,但也逐漸傳播於義大利各地。十五世紀的百年中,佛羅倫斯的人文主義持續高漲,並和城市政治建立了更密切的聯繫,一方面是在佩脫拉克和薄伽丘培養指導之下,佛羅倫斯在世紀之交已有一批水平不低的人文主義學者,他們又陸續培育新人,世代相傳,使佛羅倫斯始終保持一支強大的、高品質的人文學者隊伍。例如在世紀之交的著名代表就有薩琉塔蒂(Salutati, 1331-1406),他的學生中尤為傑出的是布魯尼(Bruni, 1370-1444)和布拉丘利尼(Bracciolini, 1380-1459),在十五世紀中期和後期則有曼內蒂(G. Manetti, 1396-1459)、帕爾梅里(Palmieri, 1406-1475)、里魯西尼(Rinuccini, 1426-1499)、阿查約里(Acciaiuoli, 1429-1478)等人。他們不僅是著名學者,同時在佛羅倫斯長期擔任要職,薩琉塔蒂擔任佛羅倫斯文書長近三十年,布魯尼等人也長期擔任此職,於是文書長由人文學者任職已成慣例。本來,佛羅倫斯經選舉產生的行政首腦如首長會議成員等任期極短(兩個月),唯獨文書長一職行聘任制,任期一年且可一直連聘連任,反而成為政府決策班子中的一個常任要員,很有影響。此外,人文學者任政府首長和駐外大使的也屢見不鮮。另一方面,這些身任要職的學者也確實能用他們的人文主義學識為政府服務,功效昭然,使佛羅倫斯朝野上下都深知人文主義在內政外交上都大有用處。米蘭公爵就曾說過,薩琉塔蒂用新學識

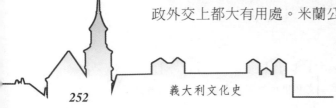

寫的外交文書比他手下的千軍萬馬還有力量。十五世紀初年，這位米蘭公爵一心要吞併佛羅倫斯，他的軍隊在托斯卡納地區橫衝直撞，已對佛羅倫斯形成包圍之勢，這時人文主義就在對內動員群眾和對外爭取盟友方面起了很大作用。他們把保衛佛羅倫斯說成是保衛共和國的獨立、民主、自由和新文化的鬥爭，佛羅倫斯就是當代的雅典，不僅佛羅倫斯人民要誓死為其獨立自由而戰，一切熱愛文明尊重民主的人士也應站在他們一邊。這一陣宣傳動員攻勢確實深入人心，也在佛羅倫斯掀起了一個新的人文主義高潮。這次鬥爭因米蘭軍隊發生瘟疫和公爵病死而突然結束，但卻也充分顯示了人文主義的威力。以後又連續有幾次這樣的「兵臨城下」的危機，人文主義宣傳都起了巨大作用，於是城市政府視之為濟世之寶，人文學者自然大受重用。人文主義和城市政府這種同命運、共呼吸的緊密聯繫，被學術界稱之為「市民人文主義」或「市政人文主義」。有了這種聯繫，人文主義和文藝復興新文化的蓬勃發展自必穩操勝券，不僅在佛羅倫斯如日中天，而且迅速擴及義大利各地，所以史家喜歡說義大利的十五世紀是人文主義世紀。

　　以佛羅倫斯為中心的十五世紀人文主義高潮，首先表現在學習古典的空前發展，作學問必首先引述古典，形成「言必稱希臘羅馬」的風氣，而且來勢迅猛，無處不在。古典的拉丁文固然已是學者的首務，但希臘文的學習也提到日程上來。中世紀西歐幾乎無人能懂希臘史，因此十五世紀的義大利學者除了鑽研古典拉丁文外，通曉希臘文也成為緊迫任務。薩琉塔蒂為此特請佛羅倫斯政府出面從拜占庭聘來專家講授希臘文，而布魯尼等便成為第一批掌握希臘文的人文學者，學習固然艱苦，成績也非常可觀。此後必須精通希臘拉丁便成為一切學者首要

的基本功。古文的攻讀是和古籍的搜尋、發現、翻譯、編訂同樣狂熱地進行，每個學者都把找到一篇亡佚的古籍當作自己學術事業最大的榮譽，在這方面成績斐然的當首推布拉丘利尼，他除了在義大利訪查文物、收集碑銘、廣求古籍而外，還藉出訪歐洲各國之便專找古籍古物，果然在法、德、瑞士等地的古老修道院塵封廢棄的故紙堆中發現不少佚亡的古典名著，例如昆體良的《修辭學教程》、維特魯威的《建築十書》等等，尤其是昆氏之書學術界需求最殷，但中世紀以來只見殘篇或別人引述的片言隻字，布拉丘利尼卻發現了一部完整無缺的善本，消息傳到佛羅倫斯，立即引起轟動，布魯尼寫信向他祝賀，稱他為古籍名著的再生父母。通過人文主義運動百餘年的努力，現今傳世的希臘羅馬古籍有一大半已在當時搜集到了。古籍名篇既已成林，自然產生圖書館的籌建以及向公眾開放等等對學術研究至關重要的事。佛羅倫斯的統治者、銀行巨頭美第奇（Medici）家族首斥巨資建造了一座圖書館，後來羅馬教皇也籌建了著名的梵蒂岡圖書館。與此同時，人文主義的教育體制也漸趨完備，它提倡的是通才教育，即培養德、智、體、美都充分發展的人才，和我們今天說的素質教育理想相近，但側重希臘羅馬古典語文的訓練則是其最大的特色。這些都為日後歐美各國的近代教育奠定基礎。隨著學習古典的深入開展，各具體學科的研究也漸有眉目。中世紀時神學統治一切，哲學、史學皆是神學的婢女，政治、經濟的研究更無從談起，所以文藝復興幾乎是從零開始建立自己的各門學科，而學習古典也就成為學科建立的第一步。然而，由於有古典作為良師益友，各學科的發展又是比較快的，十五世紀時，義大利在哲學、史學、政治學、經濟學等等方面，都有名家大師和重要著作，跟中世紀

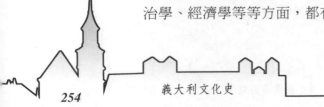

的「萬馬齊暗」完全不同了。但若總觀人文主義在文化史上的貢獻，最重大的仍不外兩方面，其一是它肯定人性、尊重個性的基本思想，意味著它對中世紀過去的批判；另一則是它之提倡民主與科學，亦即德賽二位先生，意味著它對近現代未來的指引。有此除舊布新兩方面的創舉，儘管十五世紀的人文主義仍有許多不足和局限，它在義大利文化史上乃至整個歐洲文化史上的貢獻，真可說是與日月同光了。

人文主義關於人性偉大崇高的思想，自但丁以來便一直是新文化的一面最鮮明的旗幟，也是一把投向宗教禁慾主義的利劍。十五世紀時，這種思想和理想的發揚更達於登峰造極之境，其初年有薩琉塔蒂、布魯尼等鼓吹於前，他們強調積極生活和社會實踐的重要，反對中世紀把修行冥想看得高於一切；他們以「偉大的公民」駁斥神學教條認為人皆有罪的謬論。其後則有曼內蒂的名文〈論人的尊嚴與卓越〉，在十五世紀中葉高歌人性之偉大。最後，又有米蘭多拉（Pico della Mirandola, 1463-1494）在十五世紀末年留下了那篇〈關於人的尊嚴的演講〉，發出了人文主義歌頌人性崇高的最強音。曼內蒂的論文是直接反駁一位中世紀教皇的「最高聖旨」，原來，教皇英諾森三世曾寫了一篇名叫〈論人的藐小和對塵世的蔑視〉的文章，把教會有關人性邪惡、人生慘苦、人世無足輕重的種種論調羅列一番，曼內蒂此文便針鋒相對大唱人的偉大，被公認為一篇所向披靡的戰鬥檄文。他撇開一切繁瑣辯論和玄妙推理，就以無所不在和人人能見的事實——人類雙手締造的文明世界證實了人的偉大與卓絕。因此他大聲疾呼：「世界形成之後產生的一切全是我們依靠智慧的特殊敏銳性所發現、完成和使之精美的。我們在周圍見到的所有東西，所有房屋、樹木、城市和地

上的一切建築，全是我們的，亦即人類的，因爲都是人創造的。這一切東西是如此的多，如此的好……甚至可以被認爲不是人的、而是天使的作品，我們的繪畫、雕塑、藝術、科學，我們的智慧，我們幾乎所有的發明，我們的創作——語言莫不如此。」[26] 曼內蒂是以鐵的事實粉碎禁慾主義的叫囂，而米蘭多拉的演說則以流星爆發般的雄辯肯定人性崇高可及九天，他可以成爲天之驕子，成爲「在天父的孤獨縹緲中與上帝爲伍，超乎萬有、邁逾群生的一個神靈。」[27] 人可達於神明，人性通於神性，可以說是釜底抽薪般最後終結了一切有關人的藐小的謬論。人文主義關於公民政治和民主自由的理想，從根本上說也是人性崇高理論在政治領域的落實，但十五世紀初年那場保衛佛羅倫斯的鬥爭，卻使其呼聲有空前絕後的提高。當時人文主義陣營人才濟濟，而搖旗吶喊、奮勇直前最爲突出的是布魯尼，他寫的〈佛羅倫斯頌〉就是一篇新時代的政治宣言，以擲地有聲的鏗鏘詞句一再強調：「在佛羅倫斯，一切之中最重要的是保證公正的法律居於至高無上的神聖地位，沒有公正就沒有城市，或者說，如果那樣佛羅倫斯就沒有資格稱爲一個城市。其次要提供自由，如果沒有自由，這個城市的偉大民眾將會覺得生活毫無意義。這兩大原則結合在佛羅倫斯政府確立的一切制度和法規中，它們幾乎如旗幟和招牌那樣盡人皆知……更重要的是，每一位公民都享有平等的權利，因此佛羅倫斯國家尤爲注意保護貧弱百姓。」[28] 在這裏，布魯尼是把佛羅倫斯的公正、自由和平等說得過於理想了，但它對日後歐洲民主運動卻有深遠的影響。如果注意到佛羅倫斯在十五世紀中期建立了銀行家美第奇的統治，雖然共和體制仍然保留，民主呼聲已趨消沉的變化，他這樣鼓吹自由平等更有「市民人文主義絕唱」

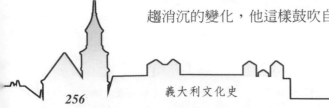

的意義，構成了新時代政治思想最有價值的遺產。同樣地，有關科學精神的提倡，也是以其具有一定超前意義的強烈呼聲指引了新時代的發展方向，至於人文主義與科技發展的實際聯繫，則史家見仁見智爭論甚多。有的研究者認為人文主義只重視古典古籍的書本知識，因而對科技推動不大，這種看法顯然是片面的。因為古籍中就有不少是科技著作，尤其在數學幾何天文地理等基本理論上貢獻巨大。近代自然科學所以能在十五世紀後半期首先在義大利形成，便是把古典科學理論與義大利資本主義萌芽以來的社會經濟與科技生活的實踐結合起來的結果，既是結合，那麼人文主義學習與恢復古典就有其功績，何況不少優秀學者一貫主張文理並重，強調科學與文學相輔相成。例如布魯尼就曾號召人文學者「要汲取各方面的科學知識，使我們的思想豐富多彩，而不至於感到空虛貧乏。」[29] 總的說來，人文主義不僅重視科學，而且它的發揚古典理性精神就是一種帶根本意義的科學態度，所以它的高漲與實用方面的技術與工藝的進展是相得益彰，從而結出近代自然科學之果。它表現在十五世紀末發生的兩件劃時代意義大事上：其一是哥倫布發現美洲，這個發現除了經濟原因外，另一重要條件就是當時義大利地理學界對地球形勢的科學瞭解。原來，早在十五世紀之初，有一位遠赴君士坦丁堡尋訪希臘古籍的義大利學者安吉羅（Jacopo Angelo），在一四○六年發現了一部西方毫無所知的科學著作：羅馬天文學家托勒密的《地理學》。托勒密的天文學著作當時早已被奉為最大權威，可是他這部在地理學方面也有同樣權威意義的著作卻一直失傳，因此它的發現立即引起轟動，極受歡迎。究其原因，除了其中豐富的地理知識而外，更重要的是，它突出介紹了科學的製圖（繪製地圖）的方法，

它從確認地球是球形出發，總結了運用數學、幾何學和測量數據畫出準確的球面大地實況的方法論原理，並且介紹了兩種科學平面投影畫法。這些不僅是義大利人聞所未聞，而且能以小見大，領悟以理性和科學精神觀察世界的奧妙。這樣一來，地理學界就認識到從歐洲向西航行也可到達遠東的中國這種大膽設想的科學性，例如佛羅倫斯的地理學家托斯卡內利（Toscanelli, 1397-1482）就力主此說，他把自己的想法告訴哥倫布，並送給他一幅正確投影畫出的地球圖，哥倫布發現美洲的遠航就是在這種科學理論啓發、指引下出現的（當然也包括一個不可避免的時代錯誤，因爲人們還不知道歐洲與中國的大洋中間另有一個美洲大陸）。與此同時發生的另一件大事，就是佛羅倫斯培育了第一位眞正的博學多能的科技大師：列奧納多‧達文西，到十五世紀末年，達文西的許多科學發現和重大的技術發明已見端倪，雖然有關他的偉大貢獻我們將在下一章詳細介紹，在這裏卻正好作爲一個標誌，看到了十五世紀人文主義與科技實踐相結合的必然碩果。實際上，不僅是達文西這個「巨人」的出現使我們看到了近代自然科學絢麗的朝霞，當時義大利科技已走在東方之前的形勢也爲世人公認。例如，十五世紀中葉來義大利訪問的拜占庭大主教貝薩里昂（Bessarion），就曾寫信給東羅馬皇帝，敦促他速派青年到義大利留學，專學西方在機械、冶煉和武器製造方面的先進技術[30]。這位博學的大主教當然深知在過去都是義大利人和西歐人到拜占庭乃至阿拉伯學這些技術，現在則風向陡變，義大利反而走在前面，這豈不是如「一葉知秋」般點明了賽先生已在義大利落戶了麼？

從前舉列奧納多‧達文西的例子，我們已可以想見在十五世紀的義大利文化中，僅次於人文主義和科學發展的，就是藝

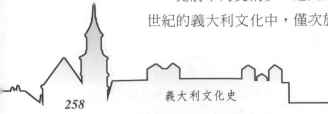

術的精進。有的學者甚至認為，義大利藝術在十五世紀一百年間的成就，甚至比人文主義更為偉大，因為生於一四五二年的達文西首先就是一位最傑出的藝術大師，而他的師友同事也無不是立足於佛羅倫斯卻名揚天下的大藝術家。在人才眾多、成果豐富、開拓創新突出等等方面，十五世紀的義大利新藝術確實是無與倫比的，它也奠定了日後十六世紀的盛期文藝復興文化是以藝術領先的局面。此後歷經巴洛克時期，義大利始終以其藝術在歐洲影響最大。三百年間在義大利文化史上藝術總居群龍之首，這在世界其他國家、其他時代是極少見的，而開拓此長期優勢的就是十五世紀的新藝術。究其原因，除了前面說的藝術上寫實求真水平的提高，是和體現人文主義新思想互相結合這個根本特點外，十五世紀的藝術還有許多得天獨厚之處，因而其發展遠較一般學術部門突出，而且大大超過了文學。十四世紀的義大利文學連續產生但丁、佩脫拉克和薄伽丘三位偉大作家，十五世紀時卻沒出現一位可和他們相比的巨匠，而藝術的情況卻正好相反，十四世紀的新藝術有喬托這位大師，但十五世紀可和喬托相比甚至超過喬托的新藝術家卻大有人在，因此藝術領域（包括建築、雕刻與繪畫）出現了空前的繁榮。那麼，十五世紀藝術得天獨厚之處又有那些呢？首先，十五世紀人文主義掀起的學習古典高潮，以藝術受惠最多最優，希臘羅馬古典藝術水平之高是人所共知的，它在建築上通過古典柱式體系、在造型藝術上通過人體雕像，為十五世紀的新藝術樹立了學習的典範。新建築學用古典柱式而形成新的美學標準，把中世紀傳統徹底改造；新雕刻和新繪畫則以學習古典雕像而塑造新的人物形象，更鮮明地體現人性崇高偉大的理想。而且，藝術上直接學習古典模式沒有語言的壁障，較文

學更能有好效果，因此文學在十五世紀由於太熱中學習古拉丁文，創作上也多用拉丁，反而使作品遠離生活和群眾，藝術就沒有這個問題，它學古典學得越好就越能走向生活，走向新時代的現實主義。第二個優點，也可說十五世紀新藝術的最大優點，就是它和科學結合得異常緊密，藝術的寫實求真通過新的科學手段而得到根本的提高，科學也通過這些提高實現它觀察客觀世界的任務。當時科技界出現的兩大進步：一是重視技術實踐和實際觀察，另一則是形成了專搞技術發明和解決技藝難題的高級技師，這兩點都和藝術有關，而且培養藝術家的作坊同時也是培養技術人才的學校，大師們一身二任，既是藝術家又是科學家，幾乎成為十五世紀藝術界特有的規律，從而決定了文藝復興藝術可憑其科學技法超越一切古代與中世紀藝術的時代特點。最後，還要看到藝術在所有新文化部門中是最接近群眾，最能發揮宣傳教育作用的。當時城市尚缺乏音樂、戲劇、歌舞、體育等活動，市民群眾能接觸到的新文化媒體，主要就是能公開在街頭巷尾看到的教堂、官邸等新建築和陳列其內外的雕像、壁畫，而它們又無一不是水平很高的新藝術傑作，正好以其震人心弦的力量恪盡新時代主要傳媒之功效。例如，十五世紀初期幾度出現、一浪高過一浪的保衛佛羅倫斯的鬥爭中，人文主義宣傳便主要靠新藝術的開展而落實，因此那二、三十年間藝術發展最快、也最得群眾歡迎。此例既開，城市當局無論是共和國還是獨裁之主，都注意利用藝術作為爭取群眾，樹立良好形象（或說裝點門面）的手段。佛羅倫斯十五世紀中期和後期都處於銀行家美第奇祖孫三代的統治下，但美第奇卻為此而大事利用、扶持新藝術，以致有人稱讚其統治有如奧古斯都的黃金時代，而米蘭公爵、羅馬教皇也競相效尤。

這樣一來，雖然也使新藝術帶上一些為君主、貴族服務的保守色彩，卻繼續發揮其城市文化主軸的作用，益見繁榮昌盛。所以總觀十五世紀的義大利文化，人們不得不對其新藝術的發展留下最深刻的印象。

十五世紀初期新藝術蓬勃興起的大好局面，是由四位佛羅倫斯大師開拓出來的，他們中有建築家布魯內萊斯奇（Brunelleschi, 1377-1446）、雕刻家基培爾蒂（Ghiberti, 1378-1455）、多納太羅（Donatello, 1386-1466）和畫家馬薩喬（Masaccio, 1401-1428）。布魯內萊斯奇年歲居長，還是多納太羅和馬薩喬的老師，同時又是佛羅倫斯科技界的領袖，因此新藝術與科學聯盟首先由他發起，他不僅是文藝復興建築的開山祖師，還通過透視法的發明而對繪畫雕刻產生革命性的影響。布氏以金銀工藝學徒出身，又刻苦學習古典著作，建築、繪畫、雕刻莫不精通，幾度到羅馬實地考察古典建築，於數學、幾何、力學、化學、冶金、解剖、透視、工程等學科皆有深入研究，技術發明更是他的專長，他設計製作了許多精良美觀的鐘錶，還發明起重機、齒輪車床、運河閘門和各種建築施工機械。有了這些豐富學識和深厚的科技基礎，就為他解決當時建築界的最大難題——佛羅倫斯大教堂圓頂的建造——準備了條件。前已提到，這個大圓頂的規模是空前的大，底邊圓形面積的直徑達四十六公尺，比古羅馬最大的圓頂建築——萬神祠還多出三公尺，高度更增加一倍還多，幾近百公尺。最初設計時立下了這個可以驚天地動鬼神的規模，卻一直沒拿出具體可行的施工方案，到布氏接手之時，大教堂工程已進行百年之久，圓頂下的牆垣已基本建成，圓頂本身卻仍然毫無眉目，成為佛羅倫斯朝野上下都非常關心的大難題。這個大圓頂的設計要求

宏偉堅牢，足以反映佛羅倫斯的國威和實力，但它施工中的最大困難則是無從構築如此龐大的腳手架，因為按當時工藝傳統，建圓頂拱券必須先搭好尺寸同樣巨大並能支撐石料的木構架子，可是由於它規模太大，這個木構腳手架本身就無從搭起，據說砍光佛羅倫斯周圍山上林木也不夠用，更不必提石造圓頂本身了。然而，面臨這些看來無法解決的困難，布氏設計的方案卻完全出人意料，他竟大膽拋開木構架子的問題，提出了全新的不用腳手架而直接建造圓頂的方法。這是他經過周密測算，參考了古羅馬和當時流行的各種技藝，再通過反覆實際驗證而得出來的，果然工程進展迅速，效果極佳，十多年間大功告成（1420-1436）。佛羅倫斯市民都把這座凌雲摩天的大圓頂看作新時代、新文化取得空前成就的象徵，其轟動與持久的效應可與今日之宇宙航行、登月成功相仿。布氏的新創在於他把八角形的圓頂全用內外兩層牆壁砌築，以八條大肋拱和十六條小肋拱為支撐，同時在內牆厚壁中砌以橫向拱扶壁，還用鐵鉤木梁對之加固，所以圓頂本身就像有鐵箍那樣自行固緊，逐層往上砌築既不用腳手架還特別輕巧牢實，從而在速度之快、用料之省、品質之精、形象之美和氣魄之大方面皆創紀錄，被時人讚為當代奇蹟。布氏的其他建築設計，如佛羅倫斯育嬰堂、聖勞倫索教堂、聖斯彼里托教堂和帕齊禮拜堂等等，則更為全面、精確地採用了古典建築柱式，既有古典的均勻和諧之美，也體現了人文主義的理性精神，是在藝術構思方面為文藝復興建築樹立了範例。至於他發明的透視畫法，影響就更為廣泛和深遠。他之領悟焦點透視原理可能受到古典幾何學和光學理論的啟發，但更重要的是通過建築測量與製圖的實踐，使他掌握了以焦點透視製作逼真實景的科學方法。因此人們普遍認

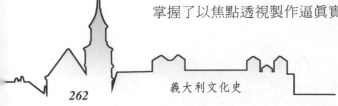

爲歷史上第一幅按透視法畫出的城市街景（佛羅倫斯禮拜堂和市政廳廣場的實景）便出自布氏之手，他又將此傳授於多納太羅和馬薩喬，指導他倆各自在雕刻和繪畫領域掀起劃時代的革命。從世界歷史上看，古代與中世紀的東西方藝術，包括寫實水平很高的希臘藝術，都未能掌握完全科學的透視畫法，所以文藝復興藝術有了它，便開闢世界藝術史上的一個新時代，使西方藝術發生根本變化。但透視法的意義還不僅限於藝術，它也意味著一種按科學方法正確觀察和反映客觀世界的態度，具有科學世界觀的意義，所以有位西方研究者斷言：「透視法的發明即使沒有改變西方歷史的進程，至少改變了它的道路和模式。」[31]

布魯內萊斯奇多次到羅馬對古典藝術作實際考察時，就有他的忘年交的摯友——雕刻家多納太羅同行，布氏鑽研建築，多納太羅則傾全力學習古典雕像，他倆在古羅馬廢墟中流連忘返，如此入迷，以致被誤認爲掘墓挖寶之人。但他們這種深入實際的考察觀摩確實找到了古典藝術的寶藏，多納太羅在羅馬之行以後，雕刻水平便有了極大的提高，他學習古典的心得集中表現在創作逼眞生動、優美堅實的新時代人物形象上面。他刻製的衆多雕像都放置在佛羅倫斯鬧市中的教堂外壁，供市民公開觀賞，表現的雖是基督教的聖徒，卻塑造成新時代的英雄人物，是當時保衛佛羅倫斯的鬥爭作宣傳號召的「城市雕像」中的精品，而其尤爲傑出之作則是一四一七年完成的「聖喬治像」。聖喬治是基督教傳說中一位殺毒龍救公主的青年英雄，多納太羅的雕像則是應佛羅倫斯的兵器業行會之請而作（這個行會奉聖喬治爲保護主），因此實際上是刻畫一位佛羅倫斯民兵戰士的形象，以其俊秀英武和大無畏的神態，完美地體現了人文

主義有關人性崇高偉大的理想，時人稱讚他的雕像「使頑石具有生命」。他所以能作到這一點，除了充分學習古典寫實風格而外，更由於他重視實際觀察人體，並進而認識到要精確生動表現人體必須掌握解剖學，一般認為他是最先實行屍體解剖以瞭解人體結構的藝術家。通過對人體結構的科學掌握，雕像的栩栩如生就有了顛撲不破的基礎，它和透視畫法共同組成新藝術最重要的兩種科學表現手段。這時多納太羅也從布魯內萊斯奇學會透視法，「聖喬治像」基座上有一幅浮雕表現他屠龍救人的情景，背景上的樹林與建築就用透視法表現得精確逼真，這幅浮雕也是現存最早運用透視的正式藝術作品（此前布氏作的透視圖畫皆已失傳）。因此，多納太羅的雕像傑作被當時人公認為已有接近古典甚至超過古典的水平。此後，年輕的畫家馬薩喬又在布氏指導下，將透視法正式用於教堂壁畫，他於一四二五到一四二八年間在佛羅倫斯的聖瑪利亞諾微拉教堂畫了宏偉的壁畫「三位一體圖」（高六點六七公尺，寬三點一七公尺），同時又在同城的卡明尼教堂畫了「納稅錢」（寬五點九七公尺，高二點四七公尺）和「亞當夏娃被逐出樂園」等畫，都是在紀念性壁畫首次運用透視的佳作，空間深遠關係精確無比，人物造型則雄強壯偉，並且自然樸實不加虛飾，豪邁堅定之餘絕無華麗乘巧之處，被認為是最能體現文藝復興蓬勃向上氣質的圖畫。他完成這些壁畫後被邀往羅馬工作時罹疾去世，死時年僅二十八歲，所以他也是藝術史上生年最短卻影響最大的畫家，不僅以後整個十五世紀的佛羅倫斯畫派皆向他學習，十六世紀大師如達文西、米開朗基羅等，也對他讚不絕口，他的繪畫也如多納太羅的雕刻那樣，以其超越古典的水平而開創了一個新時代。四位大師中的基培爾蒂則是終生致力於浮雕藝術，他先

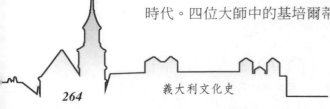

用二十年的時間（1404-1424）爲佛羅倫斯洗禮堂雕刻一座青銅門，以後又用二十七年時間（1425-1452）再爲這座洗禮堂雕刻一座更精美的青銅鍍金之門，被米開朗基羅讚爲「天堂之門」，認爲它的完美可放在天堂之上。頭一座青銅門刻二十八塊浮雕，尚保留一些哥德式風格的殘餘影響；後一座「天堂之門」則只刻十塊大浮雕，表現從創造亞當到所羅門王的聖經故事，數以百計的人物無不優美自然，而且非常傑出地運用了科學透視法，歷來被評爲西方浮雕藝術最精彩的傑作，而藝術家幾乎用五十年光陰完成這兩件作品的毅力和專心更使後人敬佩，所以不少人目之爲浮雕中空前絕後的精品。

出現這四位大師之後，文藝復興新藝術在十五世紀中期和後期興旺發達的大勢便基本奠定。出身於佛羅倫斯大企業家族的阿爾伯蒂（Alberti, 1404-1472），這時以人文主義學者、藝術理論家和建築家的三重身分，活躍於義大利各地，他的博學與多才多能（除文藝、學術外，還精通音樂、體育與經濟），使他成爲第一個人文主義理想中的「全面發展的人」，但在藝術和建築方面貢獻尤大。他發表了《繪畫論》、《建築論》、《雕像論》三部理論著作，強調新藝術要學習古典，同時力主藝術與科學的聯合。他在《繪畫論》的卷首獻詞中，把布魯內萊斯奇發明透視當作藝術上的最大革命，以此形成西方第一部科學的繪畫理論，因此他給繪畫下定義說：「所謂繪畫無非是一個視覺角錐體在一定距離上的橫斷面，有一定的中心和適當的光照，並以線條和色彩在一定平面上表現出來。」[32] 這是古今中外給繪畫作出的最有科學意味的定義，對西方藝術一直到現代抽象派之前都有重大指導意義。阿爾伯蒂的建築傑作則有佛羅倫斯的盧西萊依宮和曼圖亞的聖安德烈教堂，前者完美地運用多層古

典柱式於宮室立面，後者則在教堂內外都採用古典拱券和凱旋門結構，皆有開風氣之先的典範意義。在他的帶領下，文藝復興建築在採用古典風格方面更見深入。十五世紀中後期的繪畫、雕刻發展的總趨勢，則是進一步運用透視和人體解剖學科學技法於創作實踐中，以新技法在寫實求真方面取得更大成果；新藝術的最大中心仍是佛羅倫斯，但威尼斯已開始形成自己的新畫派，米蘭、曼圖亞、費拉拉等和中義的烏爾比諾、卑魯吉亞等地也有了新藝術的發展。佛羅倫斯藝壇始終保持人才輩出、百花爭艷的繁榮，藝術家有的偏重以新法改造舊傳統，有的全力投入新技法的探索，並且互相促進，在創新方面皆獲豐收。前一類的著名代表是安哲利科（Fra Angelico, 約 1400-1455）和利比（Fra Fillipo Lippi, 約 1406-1469）；後一類的名家則有烏切洛（Uccello, 1397-1475）、卡斯塔尼奧（Castagno, 1423-1457）和波拉尤奧洛（Pollaiuolo, 1429-1498）。分別在中義和北義活動的著名大師則有弗蘭切斯卡（Piero della Francesca, 1416-1492）和曼太尼亞（Mantegna, 1431-1506）。到十五世紀末年，佛羅倫斯又出現四位偉大畫家，幾乎是總結般綜合融會前人成果，又為十六世紀的鼎盛開闢道路。他們中最著名的是波提切利（Botticelli, 1444-1510），他的藝術最具意境與風態之美，也最善於運用線條，傑作「春」和「維納斯的誕生」被譽為十五世紀新繪畫最迷人的神品。其餘三位委羅基俄（Verrochio, 1436-1488）、吉蘭達約（Ghirlandajo, 1449-1494）和皮魯季羅（Perugino, 1445-1523）分別是達文西、米開朗基羅和拉斐爾的老師，他們的藝術都有兼收並蓄、精益求精、構圖完善、人物優美的特點，因此良師出高徒，引導三位盛期大師功不可沒。然而他們每人也都有自己獨特的風格，委羅基俄繪畫

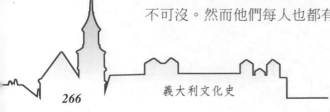

雕刻皆精，尤注意科技研究，吉蘭達約畫風精細認眞，皮魯季羅則追求和諧秀雅之美，因此他們的創作使十五世紀藝壇更見豐富多彩，也爲十六世紀的全面繁榮準備了條件。

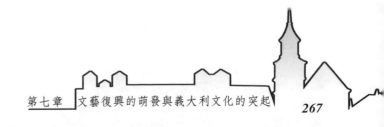

註釋

1 布羅代爾，《十五至十八世紀的物質文明、經濟和資本主義》，三聯書店，1993 年版，第 2 卷，第 304 頁。

2 朱龍華，《義大利文藝復興》，商務印書館，1964 年版，第 14 頁。

3 馬基雅維利，《佛羅倫斯史》，商務印書館，1982 年版，第 122 頁。

4 布羅代爾，《十五至十八世紀的物質文明、經濟和資本主義》，第 2 卷，第 642 頁。

5 哈爾特（Hartt），《義大利文藝復興藝術史》，1980 年英文版，第 63 頁。

6 喬凡尼·威蘭尼，《佛羅倫斯年代記》，第 11 卷，第 94 章。

7 堅尼·布魯克爾，《文藝復興時期的佛羅倫斯》，朱龍華譯，三聯書店，1985 年版，第 314-315 頁。

8 《寶庫》，卡莫迪（Camody）編定本，美國加州大學，1948 年版，第 317 頁。

9 《寶庫》，卡莫迪（Camody）編定本，美國加州大學，1948 年版，第 317 頁。

10 《年代記》，第 8 卷，第 10 章。

11 西波拉（Cipolla），《工業革命之前──1000 至 1700 年歐洲社會與經濟》，1976 年英文版，第 156 頁。

12 如《神曲》天堂篇 29 歌稱上帝為「永久的愛」，30 歌稱「愛」，32 歌稱「原始愛」等等。本書引用的《神曲》中譯文，據王維克的散文譯本，作家出版社，1954 年版，第 1 冊即地獄篇，第 2 冊淨界篇，第 3 冊天堂篇，篇下分歌。

13 《神曲》，天堂篇，33 歌。

14 《神曲》，淨界篇，17 歌。

15 《神曲》，地獄篇，19 歌。

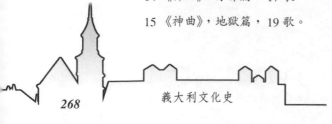

16 《神曲》，天堂篇，27 歌。

17 《神曲》，天堂篇，1 歌。

18 《神曲》，地獄篇，1 歌；淨界篇，6、30、23 歌。

19 《神曲》，地獄篇，4 歌。

20 《神曲》，淨界篇，11 歌。

21 《十日談》，黃石中譯本，開明書店，1939 年版，第 529 頁；方平、
王科一中譯本，上海譯文出版社，1981 年版，第 421 頁。

22 布魯尼，《對話》。據加林（Garin）編《十五世紀拉丁散文選》，米蘭
版（無年代），第 94 頁。

23 布克哈特，《義大利文藝復興時期的文化》，中譯本商務印書館，1979
年版，第 309 頁。

24 布蘭卡（Branca），《薄伽丘：其人及其時代》，1976 年英文版，第 16
頁。

25 拉爾納（Larner），《1290-1420 年的義大利文化與社會》，1971 年英文
版，第 214 頁。

26 中譯文據張椿年，《從信仰到理性》，浙江人民出版社，1993 年版，
第 54 頁。

27 中譯文據布克哈特，《義大利文藝復興時期的文化》，第 351 頁。

28 據科霍爾（Kohl）及維特（Witt）編，《世俗共和國》，1978 年英文
版，第 169、174 頁。

29 中譯文據哈伊，《義大利文藝復興的歷史背景》，三聯書店，1988 年
版，第 138 頁。

30 西波拉，《工業革命之前》，第 206 頁。

31 埃特吉頓（Edgerton），《文藝復興對透視法的發現》，1975 年英文
版，第 3 頁。

32 《繪畫論》，據格萊遜（Grayson）1972 年英譯本，第 49 頁。

第八章

盛期文藝復興──義大利文化最輝煌的時代

十六世紀的盛期文藝復興以其璀璨奪目的成就，不僅在義大利歷史上空前絕後，在世界歷史上也是極其罕見的。這時的義大利產生了西方最偉大的三位藝術大師：列奧納多・達文西（Leonardo da Vince, 1452-1519）、米開朗基羅（Michellangelo, 1475-1564）和拉斐爾（Raphel, 1483-1520），還有被西方尊為「政治學之父」的馬基雅維利（Machiavelli, 1469-1527），他不僅建立了近代意義的政治學，在史學、文學方面也有很高造詣。這四位盛期文藝復興的偉大代表，像我們通常所說的那樣，都是在思維能力、熱情和性格方面，在多才多藝和學識淵博方面的巨人，而在他們周圍同時還活動著許多水平不低、成果豐富的藝術家、文學家、史學家和科學家。即使就藝壇而論，培養上述三位大師的佛羅倫斯畫派固然是人才濟濟，高手如雲，而威尼斯畫派也迎來它如日中天的興盛發達時代，在十六世紀先後出現了好幾位可和佛羅倫薩大師旗鼓相當的最優秀的藝術家，例如十六世紀初期的喬爾喬涅（Giorgione, 1477-1510）和藝術生命極為豐盛的提香（Titian, 1488-1576），在十六世紀後期則有韋羅內塞（Veronese, 1528-1588）和丁托萊托（Tintoretto, 1518-1594）。然而，就是這個義大利文化最為輝煌的時代，從民族氣運和國家大勢看又有其很暗淡、很不幸的一面，馬基雅維利曾用他的春秋史筆對自己的時代作了如下的總結：「（從十五世紀末年以來）巨大的災難接踵而至，罪惡之樹開始發芽，不久就毀壞義大利並使之長期頹敗荒蕪。」[1] 因此，文化尤其是藝術的極頂輝煌是和災難、罪惡、頹敗、荒蕪同時並存的，這種反差的強烈以及由此而導致的盛期時間的短暫（一般認為它只包括十六世紀初期的三十年），在世界歷史上也是不多見的。

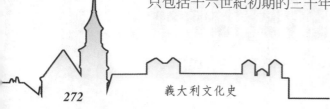

馬基雅維利所說的災難和罪惡，主要指義大利在外敵入侵時束手無策、任人宰割。在一四九四年，法軍首先入侵，四分五裂的義大利竟任其長驅直入，翻過阿爾卑斯山後從北義一直攻入那不勒斯，以後西班牙和德國也在義大利用兵，和法國大打「義大利戰爭」，無論哪方得勢，受罪的卻是義大利的百姓和城市。佛羅倫斯雖然力圖掙扎，兩度起義推翻美第奇家族的統治，美第奇卻依靠西班牙武力復辟，最後在一五三〇年乾脆取消共和體制，由受封為公爵的美第奇作國家之首，佛羅倫斯共和國變成了公爵國，一般就以這一年作為盛期文藝復興時代的結束。總的說來，從十五世紀末法軍入侵到十六世紀二〇年代，是法國盤踞米蘭及北義，西班牙占領那不勒斯及南義。此後西班牙國王查理被選為德國皇帝，擁有西班牙、德國、尼德蘭和新發現的美洲大陸，富甲天下，法國失利退出北義，西班牙遂成為義大利的主宰。當時有一首義大利民謠形容其氣焰之盛說：「西班牙人在西西里猛啃骨頭，到那不勒斯吃上正餐，來米蘭就大擺宴席、飽享口福。」這種情況一直繼續到十七世紀，米蘭和那不勒斯一北一南既在西班牙箝制之下，佛羅倫斯作為公爵國最多只有半獨立地位，威尼斯雖保持共和體制卻已孤掌難鳴，義大利走向近代化的道路就顯得異常曲折複雜了。這一點是慧眼獨具的馬基雅維利早就預見到的，所以他的結論是「長期頹敗荒蕪」，只是他對這個長期到底有多長還難以逆料罷了。

　　在世界各國的文化史上，許多傑作佳構都是在逆境中拚搏而出，挫而不餒，困而益堅，應了司馬遷那句名言：「蓋文王拘而演《周易》，仲尼厄而作春秋；屈原放逐，乃賦《離騷》，左丘失明，厥有《國語》……詩三百篇，大抵賢聖發憤之所為

作也。」[2] 然而這往往指藝術家個人及其作品，至於以文化史上一整個時代爲單位，政治經濟大勢「長期頹敗荒蕪」爲一方，藝術科技的勃興繁榮達於頂峰爲一方，由此顯示反差強烈的逆境中的文化高漲，像十六世紀的義大利這樣的情況卻不多見。我們固然也可用太史公的發憤而作的原理說明這種反差、尤其是空前絕後的藝術繁榮，看作「反逆境和反逆流的戰鬥火花」，強調藝術大師們「必須以自己的光輝創作和鬥爭熱情，同逆流展開不屈的鬥爭。時代的要求迫使大師們面對現實，勇敢前進，這就產生了藝術上前所未有的繁榮景象。」[3] 這樣的理解雖然有點簡單，卻觸及了問題的實質，基本上是正確的，西方研究者也有相近的提法，不過避免用「火花」之類詞句罷了。例如，美國研究義大利文藝復興藝術的權威哈爾特，便把我們所謂的火花稱之爲「象徵的或幻想的回應」，他在一篇論文中解釋有關問題說：「盛期文藝復興的宏偉浩大，無論是在佛羅倫斯或在羅馬，都可看作是代表著一種象徵的回應，既是對幻想的回應，也是對危機的回應。而這些危機是不管佛羅倫斯共和國和羅馬教皇如何盡其最大努力，也無法在現實中予以解決的。」[4] 哈爾特言外之意已在暗示：義大利現實中無法解決的危機，卻在盛期文藝復興藝術的宏偉浩大中，得到積極而堅定的象徵性回應，或者說藝術的宏偉浩大已撇開了危機或克服了危機。無論怎樣理解，中外研究者都已注意到盛期文藝復興之偉大，便在於它不爲現實左右並加以反抗甚至克服的基本特點。這也正是它那高於生活，超越凡俗的無與倫比的藝術特質之所繫。

可是，從文化史研究的角度看，盛期文藝復興所以能具有這些特點和成就，又仍然和整個文藝復興文化所憑靠的更基本的「現實」有關，那就是十四、十五世紀以來義大利文藝復興

歷史的發展，已形成了一個政治、經濟、文化都高度綜合、興旺成熟的新社會模式，雖然它只存在於像佛羅倫斯、威尼斯之類城市之中，卻已為歐洲走向近代化開闢了道路。十六世紀義大利由於外敵入侵而在政治、經濟方面大受挫折，但文化特別是藝術卻能憑十五世紀打下的基礎而更上一層樓，只是這更上一層並非簡單的積累，而是青勝於藍的辯證發展，所以時代的挫折對它起不了什麼抑制摧殘作用，客觀上反而益增其辯證的飛揚。因此，新文化和新藝術在十六世紀的頭三十年始終繼續其超越十五世紀的飛揚，它們前進的方向是一致的，但精神和風格卻有了更大的提高。例如，在學習古典方面，隨著發現的增多和研究的深入，十六世紀便更能體會古典文明的理性原則和人本精神，對古典藝術的學習也進入領悟和諧之美的最高理想。此時（1506）「拉奧孔」群像恰好在羅馬出土，立刻轟動全城，極得米開朗基羅等大師的讚賞，而對藝術界最有啟發的便是這尊被譽為古典最大傑作的雕像，無處不體現著寫實與加工、動態與感情、體形與氣韻、具象與理想之間的和諧、平衡與完美，所以精神的啟發遠大於具體的模仿。在建築上，人們也從柱式的具體使用進入掌握古典的宏偉氣魄。同樣地，對藝術反映現實、接近自然的理解，十六世紀也不限於十五世紀全力以赴掌握科學技法以求逼真傳神的路子，現在透視學和人體解剖兩大科學技法的難關可說基本克服，創造新的完美典型的任務已擺在面前，因此藝術家想到的已不僅僅是反映生活，還要高於生活。用達文西的話說，那就是「畫家與自然競賽，要勝過自然」[5]，或者，用拉斐爾的話說，就是要在寫實之餘尋助於理想：「為了創造一個完美的女性形象，我不得不觀察許多美麗的婦女，然後集中最美之貌於畫中之人。然而，美人不

多，選中更難，因此我在創造時還不得不求助於我頭腦中已形成的或正在搜尋的美的形象。」[6] 這兩位大師都提出了藝術高於生活、勝過自然，要用理想之美提高生活之美的盛期文藝復興原則。因此，在具體的創作實踐中，盛期大師們總是在十五世紀前輩的基礎上有所揚棄、誇大、突破與改進，人物形象力求高大碩壯、頂天立地般占滿畫幅與空間；集中於典型的創造，角色越少越好，卻能以一當十，五、六個群眾的形象便能顯出千軍萬馬的力量；構圖穩重均衡，三角形的組合最受青睞，但對稱呼應的關係卻從不呆板而呈現出辯證的統一；筆墨奠基於堅實的線條，色彩卻微妙得有如生命血氣的顫動，輪廓若隱若現，人景交融，萬物沐浴於無所不包卻又遼闊空敞的氛圍之中——這些就是十六世紀大師們追求的風格特點，也是日後人們稱為義大利典範藝術的最有價值的遺產。所以盛期大師們總是極精妙地掌握各種科學技法，卻又自由地甚至隨意地運用它們，規矩尺度與靈活變通互相結合，有時甚至破壞局部的規矩以達到藝術表現更高層次的合理與正確。另一方面，塑造完美典型的任務又與藝術家獨特的個性與專一的氣質相結合，各有所好，絕不雷同，看似對立，實為互補，從而組成五彩繽紛的藝術繁榮。這樣一來，我們在義大利文化這個最輝煌的時代中，可看到達文西是以其科學的精深與藝術的完美，塑造典型環境中的典型性格，一切無不微妙和諧而又豐富精絕；米開朗基羅則顯示著鬥爭理想的升華與創造熱情的高揚，雄偉堅強，無敵無畏，足以扭轉乾坤，力克鬼神，以其勇毅與信心进射出整個時代最灼人的火花；拉斐爾則又兼收並容、善於綜合，最能體現秀美典雅之美與和諧清純之風，凝聚著新時代對人的美好理想和完善發展的願望。在他們之外，威尼斯畫派又如另一

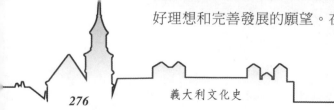

座海上仙山，以其瑰麗的色彩和多變的光影展示天外有天的境界，而且大師們同樣有其豐富而獨特的個性，在喬爾喬涅的詩情畫意、優雅自然旁邊，就是提香的豐滿健美、富麗堂皇，更不消說在兩大巨星周圍閃爍的群星了。所以，在義大利文化史上，人們對這個美不勝收、光彩炫目的時代總難免有掛一漏萬之嘆。

列奧納多·達文西在進入十六世紀時已快五十歲了，這說明他既在十六世紀巨人中年歲最高，也有很長時間早在十五世紀就取得了具有十六世紀特色和水平的成就，所以有位專家評論說，他是真正走在時代前面的人[7]。他不僅是在十五世紀即取得十六世紀的成就，而且他的某些科學想法和技術設計直通我們今天，不少是在十九世紀乃至二十世紀才付諸實踐的。何況以成就論，他還不只在科技方面無所不包，在藝術方面也是空前絕後，他完成的繪畫作品為數甚少，可是每一幅都有後人難以企及的水平，「蒙娜麗莎」一畫甚至被譽為世界繪畫中最著名的傑作。這一切已使他在文化史上具有別人絕對無法相比的地位，但更難得的是他把科學和藝術結合得這麼好，那是只有文藝復興時代的義大利才能產生的奇蹟。他強調一切知識來源於感覺，認為只有實驗證實的科學知識才屬可靠，這種徹底的、近代的科學觀，為他的一切科研活動打下了新時代的烙印。由此出發，他對物理、力學、光學、化學以及解剖、生理、地質、地史、植物、動物、天文、數學等等，幾乎當時所有處於萌芽狀況的自然科學的學科都有濃厚的興趣，展開實際的考察和研究。作為建築師和技術專家，他的技術設計更為廣泛，從城堡橋梁到水陸軍械，從灌溉工程到慶典設備，各種能工巧匠秘不示人的絕活，他都能用科學的圖解加以分析和改

進，同時他也開始設計那些直接通向近現代的機械：起重機、紡織機、木軌輪車、沖床機床、齒輪螺旋等等，其中最發人遐想的是他研究的飛行器、潛水艇、降落傘、自行車、機器人等等，那超前的眼光已想到幾百年後的發明了。可是這些科技研究除了見之於他的內容非常豐富的筆記而外，並未寫成論文或著作，我們反而可以說，它們作為整體而言，只落實在達文西的藝術創作中，只落實在他的繪畫上。因為達文西認為科研的任務無非是認識人這個小宇宙和自然這個大宇宙，而繪畫要表現的也就是這大小宇宙，所以繪畫是科學。他的科研首先使繪畫獨具慧眼，他在人體解剖方面實踐之多、觀察之精、論述之詳，在當時都是創紀錄的，但這個創紀錄不僅表明他在解剖學和生理學方面的成就，更重要的是使他繪畫的人物形象塑造奠定在最高度的科學水平上，畫中仕女絕非一般的筆墨油彩，而是洞悉生命之妙的小宇宙，所以無處不顯示出極度的精確和無比的生動。同樣地，山川林木森羅萬象的自然界也是通過礦物地質動植物乃至古生物等學科的瞭解，而使它成為在永恆運動中的大宇宙，細部的切實結合著哲理的幽深，從流水行雲到岩層地貌都蘊含著滄桑巨變的玄機，所以這大宇宙也無處不有其氣韻。達文西的藝術實踐正是憑科學的翅膀而翱翔於盛期文藝復興的太空，但是徹底的鑽研精神也使他認識到科學的眞實不等於藝術的眞實，藝術要超過自然還得加上自己的創造，因此這位最重視也最善於掌握科學的精確表現的大師，同時卻強調含蓄和靈活是藝術的生命，形似之上壓倒一切的是神似，所以他的圖畫最迷人之處是氣韻的微妙和意境的縹緲，「蒙娜麗莎」的千言萬語都含於一絲微笑之中，而那永難猜透的微笑之妙就在笑與非笑之間……

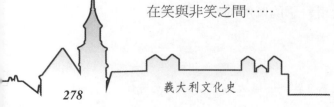

達文西在佛羅倫斯完成學業之後，有二十年之久是在米蘭工作（1482-1500）。作爲公爵府的工程師，他用於繪畫的時間不多，完成的作品主要只有兩幅：「岩間聖母」（1483-1485）和「最後晚餐」（1495-1498）。這兩幅作於十五世紀的圖畫是公認的第一批十六世紀風格的代表，前者以其人物的含蓄優雅，後者以其構圖的完整統一，開啓了新藝術「高於生活」的新階段。此後有六年之久他主要活動於佛羅倫斯（1501-1506），這也是佛羅倫斯文化史上最後一個「金色的黃昏」，米開朗基羅、拉斐爾、馬基雅維里等都同時在此工作，達文西的藝術創作進入頂峰階段，「蒙娜麗莎」便作於此時（1503-1505）。當時佛羅倫斯市民已將美第奇家族驅逐，恢復了共和政府，當局邀達文西和米開朗基羅爲市政廳的大會議堂作畫，各據一面牆壁，都以佛羅倫斯戰事爲題，一時傳爲藝壇最大盛事，雖然這兩幅畫都未完成，卻被譽爲天下藝林的學校。以後隨著局勢的動盪，達文西輾轉於米蘭、羅馬之間，最後遠走法國並死於其地，他晚年唯一完成的巨作是「聖母與聖安娜」（1508-1510）。總觀達文西這四幅最有代表性的作品，「岩間聖母」、「聖母與聖安娜」屬於宗教畫中的聖母像類型，「最後晚餐」則是義大利文藝復興最擅長的紀念性壁畫，「蒙娜麗莎」，原是一幅女性肖像畫，但在達文西筆下，它們都突破了傳統的框框，無不體現著達文西在描繪自然和人類、亦即大小宇宙方面的科學與藝術的最高綜合。「岩間聖母」以一片岩窟幽暗、花草遍地的背景顯示聖母、聖嬰和天使，幾個人物組成緊湊而穩定的三角形構圖，人景的交融已使它和一般聖母像大不相同，但更出色的是，他用自己獨創的煙霧般的筆墨把一切渲染得恰到好處：幽岩風光和洞外的奇山秀水、聖母的慈祥謙和與天使的優雅寧

靜，都是一筆不苟卻又氣氛靈動地表現出來。這幅早期作品已顯示了達文西那種達於極度精確之後又以含蓄恍惚若煙霧之筆出之的特色。「聖母與聖安娜」則是對人物三角形構圖最複雜最困難情況的一種突破，因為畫題要求祖孫三代人都聚集在一個三角形中，包括聖母的母親、聖母和耶穌。聖安娜把聖母抱在膝上，但瑪利亞還要去抱拿著羊羔的耶穌，兩個大人一個小孩擠在一個簡單的三角形裏，同時又要達到高度的自然和諧，幾乎是無法完成的藝術難題！達文西嘗試解決它先後用了十餘年工夫，其中一幅草圖曾拿到佛羅倫斯展出，引起全市轟動，參觀者非常踴躍。而在完成的這幅油畫上，人物組合天衣無縫卻又莊重親切，被譽為三角形構圖的極致，它在背景上已不用岩窟風光，而變成高遠空濛的萬里雲山之景，把他喜愛的阿爾卑斯峰巒的雄奇峻峭都包含其中，而且和右邊兩棵茂密的栗子樹的濃蔭形成巧妙的對比，所以人們欣賞這幅聖母像時，已很少注意它的宗教含義，而只驚羨於它所顯示的人間藝術的奇蹟。「最後晚餐」是畫在米蘭城內一座修道院的食堂牆上的，教會食堂畫「最後晚餐」本來是基督教的通例，因為它的故事是說，耶穌臨死前最後一次與門徒聚餐時，把酒和麵包分給眾人，並說酒是他的血、麵包是他的肉，意義非常隆重，可是達文西畫的這幅「最後晚餐」卻獨出心裁地突出了故事中的另一個情節：基督向眾門徒說，你們中有一個人把我出賣了！他指的是叛徒猶大，當時仍和眾人一起坐在餐桌上。此語一出，舉座大驚，藝術家全力刻畫的就是這個爆炸性的場面，正好表現眾人各自不同的性格、心理、舉止與氣質，因此構圖也是在統一中顯示豐富的變化。畫中餐桌就沿著修道院食堂牆壁的透視線條一字兒排開，耶穌和他的十二位門徒都坐在面對觀眾的桌

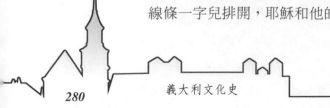

▲ 達文西作品「最後晚餐」（圖片提供：李銘輝）

邊，耶穌居中央，眾人劃為四組分列左右，那句話一言激起千層浪，門徒有憤極揮刀者、有自我表白者、有難信其真者、也有祈求說明者，或沉思、或議論，而叛徒驚惶鄙陋的嘴臉也夾雜其中（把猶大放在眾門徒中不給他另闢一座，也是達文西的獨創）。所以這幅壁畫歷來被評為寫實與構圖的雙璧，而作為達文西藝術「勝過自然」的範例，它更是以其再現典型環境典型性格的卓越成就一直被後世不斷學習、分析，卻無人能夠超過。至於「蒙娜麗莎」一畫，達文西在創作過程中，就已把它從具體的肖像提高到人的無比完美、豐富和複雜的小宇宙的體現。蒙娜麗莎是一位佛羅倫斯銀行家的妻子，姿質容貌皆屬中平，但是達文西在為她作肖像時，卻產生了要藉她的形象表現人的微妙深厚的內心世界的想法，而且突出那種深不可測、妙不可言的極其含蓄而又神秘的意境，因此這幅肖像一畫就是三年之久，而且成為藝術家最心愛的作品，一直留在身邊，他到法國時也把它帶到法國（所以此畫現藏於巴黎羅浮宮）。在畫中，那並不出奇的臉孔卻有一絲魅力無窮的微笑，背後的風景

陵谷幽濛卻又無比的蒼老，這在西方繪畫中都是前所未見的，當時人皆譽之爲神明的創造而非人力所能及。當然，這種讚譽是爲了強調達文西藝術的精絕，但實際上它們又無處不出自極其認眞的經營和科學的分析，例如前舉的微笑之妙，就在於達文西注意到人的心境往往是通過面部表情上嘴唇與鼻子之間的部位的微妙變化傳述出來，有「此時無聲勝有聲」的神奇作用，因此蒙娜麗莎的唇邊嘴角表現得最爲含蓄，使她的微笑似笑非笑，含義無窮，引發思緒萬千。在這裏，手法之精與含蓄之妙皆已達於極境。

米開朗基羅的創作最能體現盛期文藝復興雄偉宏大的風格。他的父親是一位佛羅倫斯律師，曾任小鎮長官，他自己卻是在石匠家中度其童年，石匠之妻是他的乳母，所以他喜歡說他的藝術憑石匠的乳汁而成長，他一生都對社會下層的勞苦大衆有特殊感情，卻總是與權貴鬧彆扭。他對生活毫無所求，一直過著斯巴達式的清苦生活，終身未婚，但對藝術工作卻全力投力，經常廢寢忘食。羅曼·羅蘭形容他這種在藝術史上獨一無二的工作熱情說：「他在繼續不斷的興奮中過生活。他的過分的力量使他感到痛苦，這痛苦逼迫他行動。他只以極少的麵包與酒來支持他的生命，他只睡幾小時，他睡時衣服也不脫，皮靴也不卸。有一次，腿腫起來了，他不得不割破靴子，在脫下靴子的時候，腿皮也隨著剝下來了。」[8] 如果從時代災難的大環境中看待他這種狂熱與痛苦，那就可以理解藝術家正是以自己的創作投入時代的鬥爭，他塑造了那麼多雄偉壯健、力量無窮的英雄形象，正是對時代苦難的「象徵性回應」。還是羅曼·羅蘭說得好：「他要雕琢整個的山頭，當他要建造什麼紀念物時，他會費幾年的光陰到石廠中去挑選石頭，建築搬運石頭的

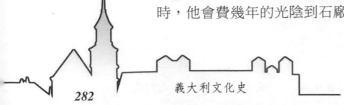

大路；他要成為一切：工程師、手工人、斲石工人；他要獨個兒幹完一切：建造宮邸、教堂，由他一個人來。他甚至不願分出時間去飲食睡眠。他寫道：『我為了工作而筋疲力盡，從沒有一個人像我這樣工作過，我除了夜以繼日的工作外，什麼都不想。』『我在悲慘與痛苦中討生活……我和患難爭鬥。』」[9]這位義大利文化史上最偉大的靈魂，正是通過這種痛苦鬥爭，為我們留

▲ 大衛像（圖片提供：李銘輝）

下了最傑出的作品。他的青年成名之作「哀悼基督」（1498-1500），把聖母撫屍痛苦的悲慟之極的形象予以理想的誇張，把她表現得甚至比基督還年輕，體現著永恆的生命會擺脫歲月的折磨，此像雕刻技藝之高遂被公認為舉世無匹。然而青年藝術家真正的傑作是豎立在佛羅倫斯市政府廣場上的高達四公尺的「大衛像」（1501-1504），這是真正獻給佛羅倫斯共和國的英雄紀念碑，為了放置這尊巨人般的雕刻，達文西和波提切利等大師都參加了專門委員會予以討論。從政府當局到市民群眾，大家都認為此像完美實現了共和國百餘年來，不斷用大衛的英雄事跡進行愛國救民教育的目的。米開朗基羅把傳說中所說的少年大衛表現為一位英俊的巨人，他正在走向戰鬥，眼睛注視前方，意志集中，力量無窮。這是一個傾心盡力拯救祖國並為一

切正義事業奮不顧身的戰士形象，同時也是一個無往不摧智勇兼備的信心十足的英雄形象，他的事業心、責任心與超人的能量，正是整個盛期文藝復興的象徵。就米開朗基羅的創作生涯說，大衛像也奠定了他終生堅持的那種雄強壯偉的風格。他日後的創作生涯長達六十年，卻接連不斷地在好幾位教皇手下工作，由於他的堅持鬥爭，確實爭取到始終按自己的風格精神進行創作的權利，但教皇和權貴們的統治永遠是藝術家痛苦之源，時局的動盪更使他的宏偉計畫一個接一個地淪為「創作的悲劇」。他為教皇尤利烏斯的陵墓作的建築設計和雕像拖了四十年才草草收場，規模已縮小到不及原來設想的十分之一。然而，通過鬥爭，他也在幾乎不可能的情況下，完成了世界上最宏偉的一幅壁畫：羅馬梵蒂岡西斯廷禮拜堂的屋頂壁畫（1508-1512）。整個拱頂壁畫面積達五百平方公尺之巨，米開朗基羅卻獨自一人（不用任何助手），窮四年之力把它全部畫完。畫中央連續以大小九幅構圖表現上帝開天闢地創造人類直到諾亞方舟的故事，周圍又畫以男女先知和裸體青年的形象，全畫有三百四十三位巨人般的人物，無論男女都充分體現其宏偉雄強的風格，尤以上帝和人類始祖亞當的刻畫最為傑出。這幅壁畫奠定了盛期文藝復興在西方藝術史上無與倫比的地位，它不僅是空前的，確實也是絕後的，直到今天無人能再作類似的巨畫。六十歲以後，他又在同一座禮拜堂畫了一幅最大的祭台畫「最後審判」（1536-1541），雖然羅馬和義大利當時已歷經滄桑，滿目淒涼，佛羅倫斯已從共和國變為公爵國，米開朗基羅卻在這幅壁畫中，淋漓盡致地表現了他心目中的英雄與巨人，他們仍以其精力充沛、熱血沸騰的形象，繼續為文藝復興以後的義大利給予鼓舞和期望。他在晚年已不能從事大型壁畫和雕刻工作，

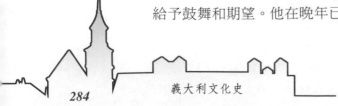

卻全力投入建築設計。他擔任了聖彼得大教堂的建造工程，前已提到，原來的早期基督教時期建造的聖彼得教堂，這時已毀朽而必須徹底重建，盛期文藝復興的建築界，以布拉曼特（Bramante, 1444-1514）為首，對新建的聖彼得大教堂給予了最高的期望，力求設計成體現人文主義理想的中心型大圓頂殿堂，一切規格皆按最高水準，使它成為宏偉高敞、堅實和諧的盛期文藝復興建築的典型。可是布拉曼特在開工不久之後即去世，以後雖有拉斐爾等人為繼，皆難令人滿意，米開朗基羅七十歲以後才接手這一工程，他宣稱只為上帝和自己的信念進行工作，既不領取任何報酬也不容忍任何干擾，重新在布拉曼特原來的基礎上去蕪存菁，大加簡練、加固和提高，因此在他手中聖彼得大教堂獲得了新的藝術生命。尤其是他為大教堂圓頂制訂的方案在他死後不久即全部實現，為我們留下了一個西方建築史上形象最完美、風格最雄渾的圓頂建築，以後歐美各國名都大邑模仿這個大圓頂的作品不計其數，卻沒有一個能在規模、品質和風格方面及得上它，更不消說超過了。

拉斐爾站在達文西和米開朗基羅兩大巨人之間，他的藝術卻另有特色，以致可以達到三傑鼎立的盛況，為盛期文藝復興樹立了第三面偉大的旗幟。他的生活比較順利，性格比較柔和，藝術風格更多側重秀美、典雅、莊重、和諧的方面，最能體現新時代對人和生活的美好理想和充分發展的願望。拉斐爾藝術的高度水平還有賴於他善於學習與綜合，集各家之長又能消化揚棄而進一步提高自己。他出生於烏爾比諾，立志用佛羅倫斯大師的成果武裝自己，便到佛羅倫斯深造數年，那時正好是達文西在這兒畫「蒙娜麗莎」和米開朗基羅完成「大衛像」的時候，拉斐爾對他們傾心學習，盡得其精華卻又不流於抄

襲。他這時在佛羅倫斯畫的許多聖母像已別開生面，把聖母描寫為生活中的年輕母親，溫柔美麗並充滿著母性的幸福與喜悅，他把達文西的三角形構圖和優美如煙的風景納入畫幅，卻更見平易與和諧。他以後也來到羅馬，藝術上大獲成功，訂單如雪片而至，因此在勞累中過早去世（他死時年僅三十七歲）。在羅馬，他最偉大的作品是梵蒂岡教皇宮中的一系列壁畫，皆作於教皇辦公的幾個廳堂上，其中最著名的是「簽字大廳」的壁畫。這些壁畫以卓越的構圖、完美的造型、和諧的色調而取得壁畫藝術中最突出的成就，但它們也吸收了米開朗基羅塑造雄強人物的浩闊渾厚的氣質，同時注意到壁畫與建築裝飾任務的充分協調。「簽字大廳」共有四幅分別表示神學、哲學、詩學、法學的壁畫，拉斐爾用典型人物為其象徵，按人文主義思想把它們作為人類主要的精神活動予以歌頌。例如哲學即以希臘古典哲學大師為主，又名「雅典學派」，柏拉圖、亞理斯多德位居中央，周圍皆是賢哲名流，他們優美莊重的形象和明朗高敞的古典廳堂背景相得益彰，更顯光輝。所以這幅壁畫被公認為盛期文藝復興最有古典精神的傑作。

　　威尼斯在所有義大利城市中是保持獨立最為長久的，整個十六世紀期間，它的共和體制仍相當牢固，因此威尼期畫派也一直繁榮到十六世紀之末。這個城市的波光水色之美和市民對生活的樂觀感受，使威尼斯畫派始終保有明艷健美的風格，油畫技法在這兒也發揮得最完善，於是色彩成為威尼斯繪畫最有代表性的貢獻。早在十六世紀之初，喬爾喬涅的油畫便以奇幻的光色體現著自然風景的美麗多彩，他學習了達文西的煙霧筆法，卻以浪漫的詩情畫意使他的作品更具迷人之美。喬爾喬涅年方三十即去世，他開闢的奇幻色彩之路，由他的同學和助手

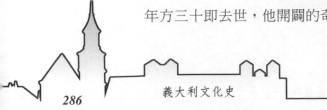

提香加以發揚光大，提香的壽命卻長到九十餘歲，他漫長而勤奮的創作生涯爲我們留下了極豐富的藝術寶藏，因此他是古今以來佳作最多的大師。他的圖畫從古典神話、宗教、歷史到人物肖像幾乎無所不包，卻都能在其藝術表現中突出那些健美的、最有生活氣息的特質，色彩的絢麗熱烈和這些健美特質交互輝映，更增光彩照人之感。作爲盛期大師，提香對佛羅倫斯、羅馬的藝術成就也給予充分的注意，他吸收了米開朗基羅的宏偉風格和拉斐爾的均衡構圖，同時化之於威尼斯自身最爲擅長的色彩之中。他用色之妙，技法之精，已使威尼斯繪畫更接近於日後的西方近代油畫，從而奠定了威尼斯畫派在西方藝壇一枝獨秀地位。經過提香數十年的經營，威尼斯畫派人才濟濟，與漸趨衰落的佛羅倫斯形成鮮明對照，而提香的眾多門生助手中也有不少成長爲獨當一面的大師，其中最著名的就是丁托萊托與韋羅內塞。丁托萊托力求在構圖造形方面趕上米開朗基羅，色彩方面趕上提香，有天下絕藝一手獨攬的抱負。他的作品如疾風驟雨，迅猛異常，在構圖大膽、色彩鮮麗、動作激烈、感情豪放方面無以復加，因此他的風格已有向十七世紀的巴洛克藝術過渡的意義。韋羅內塞也是以豪華富麗見稱，他的圖畫場面宏偉、人物眾多，珠光寶氣的華麗色彩把世俗生活令人留戀之處刻畫得如醉如癡，所以他有兩幅以基督生平故事爲題材卻只畫豪華宴會的巨畫，被譽爲人文主義世俗之歌的最強音，也是西方同類情景繪畫尺寸最大之作。但人們也注意到這兒的世俗生活主要是表現市民上層乃至豪門顯貴的宴飲遊樂，因此也更鮮明地表現了新藝術的階級歸屬和日後的巴洛克藝術的特色。

盛期文藝復興固然以其藝術的輝煌使人們留下最深刻的印

象，但這時期在自然科學和人文學術方面的進展也是巨大的。列奧納多・達文西作爲科學巨人的出現，標誌著近代自然科學已在義大利正式揭幕，他的科學技術活動，無論就廣度和深度論，都不失爲近代科學史上第一面偉大的旗幟。他那種一切從實際感性出發窮根究柢的科學精神，爲近代自然科學劃清了時代的界限，他的許多成就與進展也反映在同時代的其他科學家和技術專家的探討中，因此在整個十六世紀，義大的科學家、技術家隊伍不斷壯大發展，在歐洲各國遙遙領先。在達文西手上以筆記形式反映的廣泛研究課題和初具規模的學科意識，現在已發展爲體系和成果上都更見深入的專科學者，例如，數學方面的名家有達爾塔尼亞（Tartaglia, 1500-1557）和卡爾達諾（Cardano, 1501-1576），他們尤注意於代數學的研究，使這門學科在十六世紀大有發展。冶金學和化學方面有比林古喬（Biringuccio, 1480-1540），動物學植物學方面則有阿爾德羅萬蒂（Aldrovandi, 1522-1605），他們都詳盡蒐集了本學科的考察資料並加以科學整理。有些人文主義學者強調以科學精神研究自然，解釋世界，也參加到科學家和自然哲學家的隊伍中來，例如特萊蕭（Telesio, 1509-1588）和帕特里齊（Patrizi, 1529-1597），他們都像達文西那樣認爲一切知識來源於感性的或實際認知的基礎，要從科學的角度認識大小宇宙。義大利的科學推動了整個歐洲學術界發生根本方向的改變，許多歐洲著名的科學家都在義大利完成其學業和開展新的研究，其中著例如波蘭天文學家哥白尼，窮十年之功在義大利學習深造，爲他日後回到波蘭建立日心說打下基礎。有趣的是，列奧納多・達文西筆記中也有「太陽不動」這類天才的預見，雖然並不直接影響於哥白尼，卻說明當時義大利科學界對有關問題的濃厚興趣。再

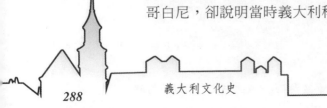

如，瑞士的化學家和醫學家帕拉西爾索斯、英國生理學家哈維（血液循環理論的建立者），也都是在義大利打下其科學發展的根基。同樣地，義大利科學界對外國同行的先進成果也學習甚殷，宣傳尤力，哥白尼的日心說在義大利反應強烈，有的科學家甚至爲捍衛這一科學眞理而獻出自己的生命，其中著名的英烈便是布魯諾（Bruno, 1548-1600），他由於堅信哥白尼的宇宙體系，怒斥按神學劃分自然界的謬論，而被教會燒死於羅馬的鮮花廣場。後來人們在這個廣場上爲布魯諾建立了一座紀念碑，實際上，從他英勇就義的那一天起，科學精神就已在義大利取得了不可逆轉的勝利。

十六世紀人文主義的偉大代表則是我們前面已多次提到的馬基雅維利。與自然科學方面已開始側重具體學科的發展並行，人文學術也有分科發展之勢，哲學、史學、詩學、政治學、經濟學、語言學等等都有專業人才，但成大師者又往往兼通多科，並在學術研究和文學創作方面皆有深造，因此馬基雅維利也像達文西那樣，是一位學識淵博而又多才多藝的文藝復興的巨人。他集政治家、軍事家、外交家於一身，在佛羅倫斯共和國那一段「金色黃昏」中任政府要員，內掌機要，外任大使，美第奇復辟以後，他從政壇引退，避居鄉間而專事著述，由此而成爲著名的政治學家和史學家，同時也是對當代廣泛問題有深入評論的思想家。馬基雅維利思想的特點也像達文西那樣是一切從實際出發，他對國家、社會、歷史、現狀的考察，皆遵循具體問題具體分析的原則，撇開各種神學教條和傳統成見的約束，因而能見前人所未見、發前人所未發。他的人文主義已不限於一般的謳歌人性和崇拜古典，而是指出人性有善惡之別，並且按他對當代現實的考察而偏重於人性本惡之論點。

因此他對政治的考察尤能慧眼獨具，看準政治學說的核心是掌握和保持政權，一切宗教倫理道德觀念皆應服從於此，所以他是第一位完全用人的眼光、亦即現實的眼光觀察國家的政治學家，也是第一位完全獨立地研究政治的人文學者，被西方學術界尊為「政治學之父」。他對政治的研究首先從義大利的歷史和現狀出發，由此他銳敏地意識到義大利當前最大的政治問題是國家分裂、群龍無首，亟須有智勇雙全的人才出來力挽狂瀾，建立強大的統一國家，這種人才城市共和體制已不能提供，他不得不屬意於有專制大權的君主，希望新君主能完成民族統一、國家富強的大業，這實際上就是近代大國如英、法等所走的專制王權的道路。因此他把自己政治學說精華之論稱為《君主論》，強調新君主為掌權需要可以不顧一切，即後人形容的「為了目的不擇手段」的原理。例如《君主論》中有一段著名的討論指出君主可以不守信義說：

> 君主既然必須懂得善於運用野獸的方法，他就應當同時效法狐狸與獅子。由於獅子不能防止自己落入陷阱，而狐狸則不能夠抵禦豺狼。因此，君主必須是一頭狐狸以便認識陷阱，同時又必須是一頭獅子，以便使豺狼驚駭……所以，當遵守信義反而對自己不利的時候，或者原來使自己作出諾言的理由現在不復存在的時候，一位英明的統治者絕不能夠、也不應當遵守信義。假若人們全都是善良的話，這條箴言就不合適了。但是因為人們是惡劣的，而且對你並不是守信不渝的，因此你也同樣無須對他們守信。一位君主總是不乏正當的理由為其背信棄義塗脂抹粉。關於這一點，我能夠提出近代無數的實例為證，它們表明：

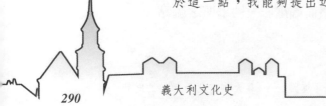

許多和約和許多諾言由於君主們沒有信義而作廢和無效；
而深知怎樣作狐狸的人卻獲得最大的成功。[10]

在這裏，文辭的犀利和分析的透徹可謂珠聯璧合，成為馬氏最為膾炙人口的篇章。但我們也可注意到，他在這裏討論的重點已從政治原理轉到政治手段，和我國常說的「權術」、「霸道」相近，曾有人評之為西方的法家。不過馬氏強調這種新型君主是為建立近代強國服務，倒也抓住了當時義大利政治發展的關鍵，遠見卓識令人佩服。馬氏以他這種政治洞察力用於歷史著述，也為人文主義史學開闢新的境界，他在這方面的大作如《佛羅倫斯史》、《評李維〈羅馬史〉》都有很高的水平，前者述事精彩、剖析入微，後者以古為鑒、發人深省，而兩書論列都觸及城市共和體制發展演變的規律，顯示了史學與政治學的結合。另一方面，這些史書都有文筆優美的特點，風格明確精鍊，邏輯性與形象性皆達上乘，使它們成為義大利散文的典範，對義大利民族語文的發展有其重大貢獻。

盛期文藝復興在佛羅倫斯、羅馬這兩個主要中心是在十六世紀三〇年代宣告結束，此後十六世紀中後期的義大利文化遂有多元發展之勢，威尼斯等地仍繼續其文藝復興的傳統，佛羅倫斯、羅馬等地都流行兩種新的風格，一為樣式主義，一為原始的或萌芽的巴洛克風格，它們都對盛期文藝復興的和諧莊靜原則有所背離揚棄。樣式主義（Mannerism）是對米開朗基羅、拉斐爾的完美藝術的一種物極必反的繼承，或者只學其形式而失其精華，或者標新立異而走向怪奇，總之是由於過度講究樣式而淪入藝術上的倒退。但樣式主義的藝術卻為教會和貴族宮廷喜愛，佛羅倫斯成為公爵國之後，流行的就是這種風格。萌

芽的巴洛克也是對米開朗基羅藝術的一種偏頗失衡的發揚，它特別熱中於米氏強力激烈的一面，唯求動態驚人而失去和諧之美，在風格傾向上與日後的巴洛克接近，但又有其幼稚不夠或熟之處。這兩種風格都表明義大利的新文化、新藝術在發展過程中出現曲折，顯然和義大利整個形勢日趨惡化有關。直到十六世紀末年，外敵入侵稍見緩解，社會漸趨穩定之後，巴洛克風格作為新形勢下撥亂反正的昂揚上升氣勢的代表，全面地成熟起來，才使義大利的新文化、新藝術進入另一個輝煌的時代。

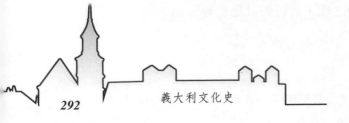

註釋

1 《佛羅倫斯史》，中譯本第 456 頁。

2 〈報任安書〉。

3 《義大利文藝復興》，第 83 頁。

4 哈爾特（Hartt），〈十五世紀佛羅倫斯的藝術與自由〉，載於《卡爾·萊曼紀念論文集》，1964 年英文版，第 117 頁。

5 達文西，《達文西論繪畫》，人民美術出版社，1979 年版，第 42 頁。

6 拉斐爾致卡西利翁（Castiglione）之信，約寫於 1515 年。見凱勒（Keller），《義大利文藝復興藝術》，1961 年英譯本，第 219 頁。

7 哈爾特，《義大利文藝復興藝術史》，第 437 頁。

8 羅曼·羅蘭，《米開朗基羅》，傅雷中譯本稱《彌蓋朗琪羅傳》，見《傅譯傳記五種》，三聯書店，1983 年版，第 252、254 頁。

9 《傅譯傳記五種》，第 252-253 頁。

10 馬基雅維利，《君主論》，中譯本商務印書館，1996 年版，第 84 頁。

第九章

巴洛克時代的義大利

在義大利文化史上，巴洛克時代包括十七、十八世紀。巴洛克（Barouque）一詞，原來只用於指建築和藝術風格，後來越用越廣泛，於是有巴洛克時代的提法，出現巴洛克音樂、巴洛克文學、巴洛克哲學乃至巴洛克政治等稱呼。由於巴洛克發源於義大利且在義大利取得最為典型的發展，文化史研究中對義大利的巴洛克時代便情有獨鍾，不僅認為它是繼文藝復興之後另一個輝煌的時代，而且強調它與近現代義大利文化的直接淵源關係，甚至認為現代義大利在一定意義上說仍是巴洛克時代的繼續。著名的義大利政論家和新聞記者巴爾齊尼（Barzini）就有如下的名言：「義大利的現實一般說來仍然是巴洛克的現實。」「義大利人在最近四個世紀以來，一直生活在巴洛克時代。」[1]

可是，巴洛克一詞的來源卻是很不清楚的，它原被用作貶義詞，後來成為中性詞，近年又躍升為褒義詞，在學術研究中幾百年間變化頗大。就其詞源說，它可能來自以下三個詞：義大利語的 baroco，指中世紀繁縟可笑的一種神學討論；義大利語的 barochio，指曖昧可疑的買賣活動；葡萄牙語的 barocco，指畸形怪狀的珍珠。三詞皆含悖理怪奇之意，因此從十八世紀以來，都有可能被對巴洛克藝術風格抱不滿或偏見的人用作語音相關的譏諷稱呼。在三詞中，葡萄牙語的畸形珍珠之意可能被炒作得最為廣泛，例如現今巴黎骨董舊貨行中仍有稱花式怪樣瓶罐為巴洛克器者，以此類推，藝術行業中把怪奇樣式稱為巴洛克風格也就理所當然了。不過，十八世紀的藝術理論家主要是從古典主義的門戶之見，批斥巴洛克的標新立異和離經叛道，因此他們把貶義加於巴洛克一詞之上不僅於理欠通，也反

映了他們對巴洛克藝術的無知。十九世紀以來，由於研究的深入和對古典派理論的揚棄，學術界開始給予巴洛克藝術和巴洛克文化以積極評價，除了確認其歷史地位而外，還從風格學的角度認識到，十六世紀的盛期文藝復興的典範風格（古典風格）到十七世紀的巴洛克風格的轉化，是藝術和文化發展的一種合乎規律的現象，不僅對義大利，對歐洲各國亦具普遍意義，甚至可發現於歷史上的其他時代。隨著對十七、十八世紀社會歷史瞭解的加深，和它們在近代歐洲歷史發展上所起作用的重新評價，人們開始把這個巴洛克時代看作歐洲各國近代史過程必經的階段，其前是文藝復興，其後是十九世紀更趨成熟的近代文化，因此巴洛克意味著文藝復興之後走向成熟的近代文化的第二階段。文藝復興高舉的學習古典、科學理性的旗幟在巴洛克時期繼續有所發揚，也有所演變，因為它和文藝復興相比是一個比較複雜、曲折的發展階段。文藝復興發源於義大利的城市共和國的環境，資本主義的工商業經濟和市民政治體制都帶有較明顯的近代特色；到了巴洛克時代，歐洲無論義大利還是英、法、德等國，都以君主統治為主，有時還是專制君主統治，新文化中的賽先生（科學）在君主統治下的發展，雖不是不可能卻已大打折扣，德先生（民主）的發展就更不容易了。不過，由於有文藝復興帶頭，新文化在這些君主國中仍是人心所向，王室顯貴也不得不對之加以利用；另一方面，強大的君主國，例如英法的專制君主在推動國家統一和發展海外殖民方面，也有其客觀上的進步作用，城市和資產階級會給予支持，形成所謂君主與市民的同盟，因此巴洛克時期的君主政治和中世紀的封建王權仍有所不同，而帶一定的近代色彩，從而決定了巴洛克文化總的說來是近代文化的本質。在義大利，這種複

雜性、曲折性表現得尤爲突出，因爲這時的義大利在經濟、政治發展上，與文藝復興相比是明顯的停滯乃至倒退，經濟上義大利已遠遠落後於英、法、荷蘭等新興的資本主義國家，政治上則民族分裂加深，佛羅倫斯等城市共和國紛紛淪爲公爵國之類小君主國，羅馬教皇和教會的勢力反而有所加強。所以，從歐洲的全局看，義大利已不是走在時代前列的先進國家了。然而，由於有文藝復興所奠定的強大的新文化基礎，再加以在巴洛克時代義大利的藝術界、文化界仍總是得風氣之先，創造的成果始終可爲歐洲各國的表率，所以義大利，尤其是羅馬城，仍是全歐洲巴洛克文化和藝術的當之不愧的領袖，人們紛紛來到羅馬接受第一流的文化洗禮，其中當然少不了古典的和文藝復興的豐富遺產，但最吸引人的，仍是義大利藝術家在十七、十八世紀已顯窘境形勢下非凡的新創。

一談起義大利的巴洛克文化，人們首先會把眼光投向羅馬。這個偉大的城市在古羅馬時代的光輝燦爛，我們已在前面介紹過了，但人們不太容易想見，中世紀時雖然「神聖的羅馬」如雷貫耳，這個城市卻淪落到如何悲慘的地步。帝國當年百萬人口的天下第一大城，在中世紀衰落到不足五萬人口，城中心的羅馬廣場草深過膝，甚至成爲放牛牧羊之處。早期文藝復興以來，羅馬稍見恢復，但總的說來仍是一個以廢墟爲主的「昨日之都」，使它眞正重振雄風，獲得蓬勃生機並且在全歐洲成爲新風格、新風尚的主導，是從盛期文藝復興開始，而在巴洛克時代達於頂峰。米開朗基羅、拉斐爾、布拉曼特等一流大師雲集羅馬，曠世名作層出不窮，是羅馬躍升爲歐洲新文化領導中心的標誌，但更重要的是，米開朗基羅的雄偉浩大和拉斐爾的和諧秀美，開啓了對全歐洲都有指導意義的崇高典雅的風格，

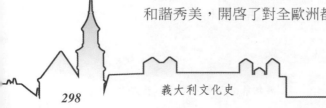

義大利文化史

並爲巴洛克炫艷逞奇的騰飛提供基礎，所以所有巴洛克大師皆奉米、拉二位爲先導，他們都認爲自己的時代無非盛期文藝復興的繼續，或稱之爲「後期文藝復興」，在過去保守的文化史和藝術史研究中，後期文藝復興可囊括米開朗基羅以後直到十九世紀的近代歐洲。當然，對巴洛克的深入瞭解使我們不再把它看作是文藝復興的繼續了，可是一個新的羅馬的崛起仍是連結兩個時代的主線。今天，人們徜徉於羅馬的大街小巷之時，不是驚異於它的巴洛克的激越，便是沉浸於它的文藝復興的溫馨，從而使羅馬再次成爲義大利文化的焦點。

　　在十六世紀時，羅馬的人口已逐漸增加，雖然在一五二七年發生了德國軍隊洗劫羅馬的大災難，教皇和教會的地位卻不斷得到加強。這時德國的宗教改革進行得如火如荼，新教諸侯已占據帝國半壁江山，英、荷和北歐各國也歸屬新教，現在被稱爲舊教或天主教的羅馬教皇、教會，也迫於形勢作一些整頓，鞏固了天主教在義大利、西班牙、法國、奧地利與德國南部的陣地，展開了爭取群衆的宣傳攻勢和文化攻勢。歷史上稱天主教的這些活動爲反宗教改革，但更確切地說，應該是天主教改革，它雖然有加強教會統治的保守乃至反動的一面，例如厲行宗教裁判，殘酷迫害有新思想的人士（前面提到的燒死布魯諾就是最突出的罪行之一），大打宗教戰爭等等，但爲了爭取群衆，教皇、教會和大大小小的天主教君主王侯卻不得不利用文藝復興和巴洛克的文化、藝術，以面貌一新、壯麗非凡的教堂建築和動人心弦、手法高超的宗教藝術（包括雕刻、繪畫和音樂），把信徒重新拉回主的懷抱。所以隨著天主教改革的進展，義大利的巴洛克運動也勃然而興，到十六世紀末至十七世紀初，天主教已穩住陣腳，西方基督教世界內部新舊兩派並立

共存已成定局，誰也不能把對方消滅。這種情況對於教皇說來，實際上意味著轉危為安的勝利，羅局當局自不免喜形於色，洋溢著一種凱旋般的自傲。正是這種情緒使教會把盛期文藝復興開始的重振羅馬的計畫接了過來，而且要以加倍的野心促其實現。到十七世紀，隨著居民增加，人氣漸旺，街道得到修復清理，市面也有點熱鬧起來，羅馬已不再是以廢墟為主的古都了。但這幾十年始終不斷大興土木的仍完全是教會的建築；新的教堂、修道院、神學院、教會機關大樓和主教官邸等等，而教皇所居的梵蒂岡則是重中之重。這塊位於羅馬城西北的高地，它的重要性已遠遠超過中世紀教皇居住的羅馬城南的拉特朗諾宮，這兒已把古老的聖彼得大教堂拆掉重建新的聖彼得大教堂，它要成為基督教最巨大也最壯觀的教堂，布拉曼特為它首擬藍圖，米開朗基羅則為它設計了最雄偉的圓頂，但整個工程仍遠未完成，現在要繼續建成它的主廳、門面以及整個內部的裝修，而且在天主教改革的氣氛中又對文藝復興的理想作了修正，總體規劃有很大改動，所以它實際上要成為巴洛克建築最偉大的紀念碑。同樣地，梵蒂岡教皇宮也是在不斷增修擴建之中，布拉曼特和拉斐爾為它奠定的基礎，還要在好幾代巴洛克大師手上加以發展和美化，終於使它成為歐洲數一數二的宮殿，如果說以後法國的凡爾賽宮比它名聲更大，卻不如它歷史的悠久和內容的豐富。

　　從此貫穿整個十七世紀，不僅梵蒂岡像一個永不歇業的工地，每年都有新項目、新設計露面，聖彼得大教堂和梵蒂岡教皇宮的裝修增建更是層出不窮，但在此之外，羅馬城中大大小小的教堂也在不斷增修新建之中，那些從早期基督教以來已有千年歷史的古老教堂，都面臨著全面整修加固和重新裝飾的徹

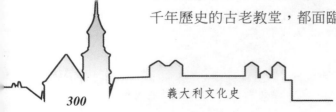

底改變，而天主教改革中湧現出來的新教團、新組織也迫切需要有自己的主堂與總部，其中氣勢最盛的就是耶穌會，這個在一五三四年由西班牙人依那爵・羅耀拉創立的、仿軍隊編制組成的教團，在歐洲各地廣泛活動，又帶頭在美洲、亞洲傳教，明末清初來華的西方傳教士便多屬此會。耶穌會在一五四○年獲教皇承認，遂在羅馬和義大利各地廣建堂院館校，教皇教會皆倚之爲左右手，十七世紀初依那爵等耶穌會頭領又被封爲聖徒，勢力更盛。他們在羅馬總部建的主堂——耶穌教堂，建於一五六八到一五七七年間，從時間上看和從歷史意義上看，都可作爲文藝復興到巴洛克風格的一個過渡。爲信眾聚會聽講布道方便，這座大教堂建有拱券屋頂空透高敞的主廳，兩旁的側廳則縮減爲一連串的小禮拜堂，主廳和祭台統轄一切的效果非常強烈，是宗教感情重新抬頭的反映，它的拱券和柱式、檐部等結構大量襲用古典的、也就是文藝復興的傳統，它的門面也取文藝復興開創的上下兩層旁加渦卷的形式，但柱子的排列和重疊的山牆加強了突出中央的效果，所以整個耶穌教堂顯示了在文藝復興基礎上開始萌生的巴洛克的新特點。由於它是耶穌會的總部主堂，以後耶穌會在義大利、歐洲乃至美洲、遠東建造的教堂，都或多或少仿其制式，其數目成千上萬，遂有耶穌會風格之稱，實質上它也是促成與傳播巴洛克藝術的一大渠道。僅就羅馬一城而言，耶穌教堂之後，在整個巴洛克時代仿其形制的各類教堂，便如雨後春筍般出現於全城的大街小巷，成爲羅馬最普遍的景觀之一。

在布拉曼特和米開朗基羅手下，聖彼得大教堂便改造爲符合人文主義建築理想的古典殿堂，它是一座在中央大圓頂之下四面均等的中心型建築，從地基圖案看，從中心圓頂向四方伸

出的臂膀雖不失十字形狀（這是基督教教堂的基本要求），卻呈四臂均等的「希臘十字形」，而羅馬教會從早期基督教的巴西利卡式教堂承襲下來的，是主廳連接大門一端特別加長的「拉丁十字形」。在天主教改革的保守氣氛中，回到早期基督教的拉丁十字的呼聲漸高，而耶穌教堂的形制就取拉丁十字。這樣一來，儘管米開朗基羅為聖彼得大教堂設計的大圓頂極得好評，其中心型建築的總體規劃卻被教會人士目為異端，要改回巴西利卡式的拉丁十字。這一改動從藝術角度看是極不可取的，因為主廳加長之後，不僅破壞了中央圓頂統轄萬方和諧完美的效果，而且加長之後，大門的門面將阻擋觀眾仰望圓頂的視線，在教堂之前將完全看不到圓頂，即使從廣場遠眺，也只能見其頂尖的一小部分，和米開朗基羅的原設計大異其趣。可是教皇和教會考慮的自然是宗教利益高於一切，所以在十七世紀初由教皇保羅五世親自拍板，悍然推行加長主廳、另建門面的計畫。這個遭後世一致詬罵的計畫由建築家馬德諾（Maderno, 1556-1629）具體完成，應該說造詣不低的馬德諾幾乎是以「知其不可而為之」的心情，完成了這個相當棘手的工程。雖然上述的各種缺點不可避免，他卻以巴洛克的新手法，從其他方面作了盡可能的補救和改進。原來，馬德諾在此之前已設計了一些很有氣魄的早期巴洛克風格的作品，其中最突出的是羅馬的聖蘇珊娜教堂（1597-1603），這個中等規模的教堂是前面提到的如雨後春筍般仿耶穌教堂形制的新建築之一，但它的巴洛克風格更為鮮明，也更見挺拔秀麗。它的上下兩層旁有渦卷的門面布局嚴密，古典柱式規整而又巧加變化對比，牆面劃分在上下呼應的同時又寬窄遞進，配合柱式由單變雙，由平面到半圓到四分之三凸圓等等遞進手法，加強了中央大門的突出與重

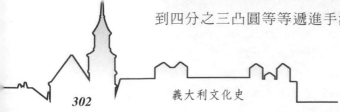

要，而且壁龕、雕像、花飾、重疊和破折山牆等巴洛克式細部運用得相當廣泛和精巧，比起作爲其原型的耶穌教堂，它的動感氣韻、集中效果與華麗裝修都更鮮明地顯示了巴洛克的特色，因此被譽爲巴洛克建築的第一顆珍珠。接受擴建聖彼得大教堂的任務之後，馬德諾實際上就是把在聖蘇珊娜教堂取得的成就，按十倍之大的宏偉規模更爲精彩地呈現出來。由於主廳拉長許多，又加建高大的門廳，竟使這座大教堂包括門廳在內的總長度達二百一十二公尺，寬一百三十七公尺，主廳屋頂高四十六公尺，和米開朗基羅的總高達一百三十三公尺的中央大圓頂相配，組成了基督教最大的教堂，它的平面面積也有一萬五千平方公尺之多，爲其他教堂望塵莫及。但是馬德諾並不僅僅以大取勝，他在發揮自己特色之餘，還注意與米開朗基羅的原有設計配合，他拉長的主廳和門廳內部結構都襲用米開朗基羅在中央大圓頂確立了的巨柱模式，教堂門面則在此模式基礎上，巧妙運用了聖蘇珊娜教堂的遞進手法與富麗的裝飾，因此門面高達四十公尺的巨柱由扁平進於圓凸極富磅礴氣勢，而主廳巨柱與拱券屋頂的連接亦有一氣貫通、傲然頂天的效果，那是在其他教堂上極難見到的。不過馬德諾的擴建從長遠看只奠定了聖彼得大教堂的骨架，它的整個裝修以及門前大廣場的設計，還得依靠一位更偉大的巴洛克藝術大師來完成，從而使它從文藝復興的傑作再躍升爲巴洛克建築最偉大的紀念碑。這位大師便是祖籍佛羅倫斯卻終生在羅馬工作的貝爾尼尼（Bernini, 1598-1680）。

　　經過三百年來的褒貶浮沉，貝爾尼尼今天已被公認爲十七世紀最偉大的藝術家。就建築與雕刻的技藝和對時代的影響而言，他是唯一可和米開朗基羅相比的頂級大師。貝爾尼尼出身

雕刻世家，十歲前後就以神童般的技藝名揚羅馬，人們認爲他那時的雕刻作品已可和成熟的大師相比，教皇保羅五世還特別命令一位紅衣主教專管這位雕刻神童的成長，相信他將來必大有出息。後來這位紅衣主教也作了教皇，他就是烏爾班八世（1623-1644年在位）。據說他被選爲教皇後，包括貝爾尼尼在內的門生故舊都向他祝賀，他卻專門對貝爾尼尼說：大家爲我當選高興，但我更高興的是，在我作教皇期間有你這樣的藝術家爲我們增光添彩；此事雖不見於正式記載，卻流傳極廣，足見朝野上下對他評價之高。烏爾班八世以後的幾位教皇對貝爾尼尼也是寵信有加，因此他在羅馬從青年直到八十二高齡去世時，始終是羅馬藝術界的領袖。他的藝術才能非常廣泛，建築、雕刻而外，還精於繪畫、音樂、戲劇與表演，所以有人說，他是歷史上唯一能身兼編劇、導演和演員、在自己設計的舞台上演出，並連戲院建築、內外雕刻都出自他一人手下的藝術家！他的一帆風順和無與倫比的成功，表明他所奠定的盛期巴洛克藝術既能爲羅馬教會增光，又充分適應了時代的新需要，而他一生藝術創作的精華也始終與聖彼得大教堂有緣。在馬德諾的晚年，二十多歲的貝爾尼尼已成爲他的主要助手；馬德諾去世後，貝爾尼尼立即被任命爲聖彼得教堂工程總監，他擔任這項工作直到逝世時總共有五十年之久。這階段的教堂工程已轉向以裝修和內外環境美化爲主，正好給貝爾尼尼建築、雕刻、繪畫無所不精的廣博而綜合的才能一個大展宏圖的機會。就裝修而言，最大量的工作當然是整個教堂各處內外結構牆面的裝飾和雕刻加工，貝爾尼尼爲它們作了總體規劃和各種依結構特點而制定的裝飾圖案，由於教堂規模極大，不僅在貝爾尼尼有生之年的數十寒暑工程進行不輟，他死後也還繼續加

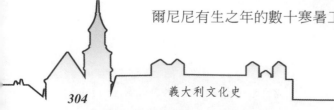

義大利文化史

▲ 聖彼得大教堂前廣場（圖片提供：李銘輝）

工直到十八世紀。今天我們對這座教堂獲得的華美富麗無所不
用其極的印象，主要就是在貝爾尼尼指導下無數能工巧匠盡百
年之力創造的成果。但相比於整個教堂的裝修而言，貝爾尼尼
作為巴洛克大師的突出貢獻，還在於他親手完成了其中的三個
關鍵項目：教堂中央圓頂下的龐大的青銅華蓋（Baldachino,
1624-1633）、教堂最後牆壁上的聖彼得大寶座（Cathedra, 1656-
1666）、教堂前面帶宏偉柱廊的大廣場（1656-1667）。它們在教
堂的總布局中正好扼住前、中、後三大要點，最能予人以深刻
印象，但從製作年代看，中間的華蓋動手最早，又和頭尾兩項
相隔二、三十年，可見藝術家最初是奉命而作，很難有首尾相
顧的一致安排，但是從華蓋的成功取得經驗後，他的風格更趨
成熟，規劃更見全面，當得到製作大寶座和大廣場的任務時，
他就能成竹在胸，把幾十年的經營歸於一和諧的整體，從而使

這三大項目在教堂的總裝修中，既有畫龍點睛的關鍵作用，又顯出珠聯璧合、錦上添花的神奇效果。原來，中央大圓頂之下的華蓋所在之處，就是自古相傳的聖彼得的墳墓，墓室已在地下，其上建此華蓋，意義自然極為重要。按慣例，聖墓之上可建小亭閣以為標誌，以前的聖彼得大教堂在此處就建一四柱小閣，可是現在新建的聖彼得大教堂規模極其宏偉，再依樣畫葫蘆地建一小閣已極不相稱，貝爾尼尼便突發奇想，要以通常放置聖物的錦棚式華蓋取而代之，但這華蓋卻全用青銅鑄就，而且尺寸極其龐大，高達三十公尺，就像一座八、九層的大樓挺立在高可齊天的米開朗基羅的圓頂之下。由於是取錦棚花雕為原型，在極其龐大的結構上便可自由發揮，而青銅的質感又可為它帶來堅不可摧的印象。實際上，貝爾尼尼完成的華蓋是一種全新的建築與雕刻綜合體，它雖以數百噸青銅鑄成，卻最能反映巴洛克藝術逞奇眩幻的特質。它立於四根螺旋形雕花大柱之上，這種柱子據說是以耶路撒冷的所羅門神殿花柱為原型，有神聖的含義，但貝爾尼尼強調的是它那種螺旋上升蓬勃旺盛的氣勢和力度。他把龐大的柱體雕得圓鼓膨脹，纏繞著象徵基督教的葡萄藤蔓，柱頂又取古典的渦卷紋樣，構成既有強烈動感也有華麗裝飾的巴洛克形象。柱子之上，本來是建築結構必有的檐部，卻被雕鑄成類似錦帳花邊垂飾般的欄板，顯示了它作為華蓋的特點，這也是前所未見的一種安排。接著，作為華蓋頂棚的則是四支有優美曲線迴旋上升的卷形花飾承托的透空頂架，其旁各有四位天使銅像輕扶著頂架的花束。頂架之上，就是象徵宇宙的金球，金球之上又立著象徵基督的十字架，整個華蓋便以這個十字架為最後終結，如果考慮到華蓋的隆重紀念意義和它所處的建築環境，我們不能不說貝爾尼尼這個設計

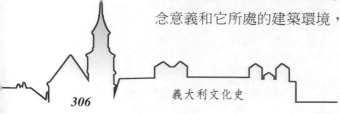

　義大利文化史

的新奇、動感、空透和華麗都無不配合烘托得恰到好處。為了取得這一最佳效果，貝爾尼尼作了長期探索研究，這個華蓋整整花了他十年工夫，他還把華蓋四鄰的圓頂支柱牆面重新設計以求配合，各牆上層壁龕重複出現螺旋花柱和帳緣花邊垂飾等題材，更有豐富的雕像雕飾以為呼應。不言而喻，這個傑作為顯示巴洛克的特質及其與環境相和諧的原則提供了典範，它不僅使貝爾尼尼日後對整個聖彼得大教堂的裝修規劃獲得指導性的經驗，三十年後，當他著手祭壇後牆的大寶座和教堂前大廣場的設計時，遂滿有更上一層樓的把握。

早期基督教的重要教堂常在祭台最後的半圓形部位，安置主教的教座或教皇的寶座，據說原先的聖彼得大教堂就在這兒放著一只聖彼得曾親自坐過的木凳。現在貝爾尼尼是在新建的教堂最後牆壁上製作一個比木凳大百餘倍的建築雕刻綜合體，但已成聖物的木凳仍是其核心，所以有大寶座或大教座之稱。由此可見，這個設計的難度也是非常大的，貝爾尼尼的解決辦法是先製作一個其大無比又極為華麗的寶座，原來的聖物就像小磚頭般包於其內，但這個重逾萬斤的青銅大寶座卻不直接與地面相連，而是懸浮於雲霧之間，它腳下延伸出卷形花飾與奧古斯丁等四大教會神父的青銅巨像相接，可是接合處僅以手指和絲帶表示，益顯寶座空懸之神力。在這寶座之上，是大小天使的貼金泥塑群像組成的光輪，他們歡騰飛舞圍繞著光輪中心代表聖靈的鴿子，這兒是唯一透現窗外陽光之處，由此而向四方放射出金色的光芒，最後從眾天使身後和雲層中射出鍍金銅條組成的光束（表現放射狀的光束是巴洛克藝術的首創）。在這裏，大寶座和光輪一下一上組合人間天上至神至聖的畫面，一切是那麼的真實又那麼的不可思議，最高度地發揮了巴洛克藝

術以眞成幻的感染力。由於華蓋和大寶座都在教堂中軸線上，從主廳遠看就見寶座光輪透現於華蓋四柱之間，渾然一體，相得益彰。這種更高層次的互爲呼應的效果，也被用於教堂前大廣場的設計中，在這兒貝爾尼尼竭盡全力補救了馬德諾加長主廳使門面遮住圓頂的缺陷，他把廣場建築組合成一首動人的前奏曲，以其和諧圓滿預告教堂本身的壯麗輝煌。整個廣場建築分爲主次兩部分，主要部分在前，呈橢圓形，用柱廊環繞，由此進入緊接教堂的次要部分，呈梯形而兩邊有開窗廊房。它們的高度都在教堂門面一半以下，使廣場上的群眾都能見到教堂門廳上層和旁邊的梵蒂岡教皇宮上層樓的窗戶，逢重大節慶教皇會親自在此露面向信眾招手祝福。藝術家尤爲精心設計的是主要部分的橢圓柱廊，它們以弧形列於兩邊，廊內外全用大理石圓柱，分四排總共二百八十四柱，取古典的羅馬多利亞式，柱體粗壯圓渾逾於尋常，排行密集也屬罕見，如林的圓柱又與檐上數以百計的巨人般的聖徒像相呼應。在優美的橢圓曲線上，既有微妙的光影變幻，又有突出的雕刻質感，而橢圓柱廊的輪廓就像藝術家形容的那樣，有如敞開的臂膀在歡迎所有前來的群眾，使信教者意志彌堅而迷途者重歸正道。應該說這個廣場的藝術功能與宗教功能都發揮得極爲出色。綜上所述，可見正是在這三大關鍵項目的設計和完成上，貝爾尼尼爲聖彼得大教堂添加了巴洛克藝術最迷人的光彩，也爲巴洛克風格奠立了最高的典範。它的華蓋花柱、寶座光輪以及物景交融、環境和諧與建築雕刻綜合共通的原則，爲日後一切巴洛克作品承襲。

　　貝爾尼尼的著名建築作品，還有位於聖彼得大教堂和梵蒂岡教皇宮之間的「帝王樓梯」（Scala Regia, 1663-1666），以及羅

馬城內外的幾座小教堂和宮邸建築。帝王樓梯以帝王喻其氣派之盛，它實際上是教皇出宮進入教堂和貴賓入教皇宮的梯道，但地勢卻侷促而不規整，要在其上建如此壯麗的梯道難度極大，而貝爾尼尼常言正是難度與壓力促使他完成此驚人之作。他化腐朽為神奇般，把原來的不規整（上窄下寬）設計成加強透視角度的斜邊，梯道上的柱廊亦依此略微改變其柱徑與柱距，並配以精美的雕刻裝飾和巧妙的光暗效果，於是這個難辦的樓梯由於透視的妙用，反而看起來更覺深遠宏偉，被公認為巴洛克建築的傑作。他設計的小教堂皆有美麗的圓頂和豐富的雕飾，祭台光輪的布置尤見精妙，他的宮邸建築則以門窗的透視布局和巨柱劃分牆面的宏偉氣魄見稱。在他指導下的眾多門生、助手把這些新成果進一步推廣於羅馬城大大小小的建築工程之中，再加上他們自己的創造發揮，遂使羅馬城搖身一變而成為巴洛克藝術最偉大的櫥窗。城內外數以百計的巴洛克教堂爭奇鬥艷，美不勝收，不僅在義大利，而且在整個西方世界都可稱蔚為壯觀。其中尤為傑出的如聖安德雷亞教堂（1624-1665）、聖馬丁和聖路加教堂（1635-1650）、聖維森佐和聖阿那提塔修教堂（1646-1650）、康皮特里的聖瑪利亞教堂（1663-1667）等等，都有多層柱式遞進組成而凹凸曲折動感強烈的門面，宏偉的大廳與高敞的圓頂，光彩動人地顯示著巴洛克藝術的強力與激情。但若從義大利文化史的角度看，我們卻不得不說，與貝爾尼尼同時的另一偉大建築家，是與他的氣質稟性最不相投的波羅米尼（Borromini, 1599-1667）。波羅米尼石匠出身，是馬德諾的助手之一，後來也曾在貝爾尼尼手下工作，但他的個人風格卻與貝爾尼尼格格不入，因此兩人關係很僵，在貝爾尼尼如日中天的情況下，波羅米尼便總有鬱鬱不得志之

感，雖然他仍獲得不少設計項目並得到人們稱讚，他最後卻以自殺了結一生。他孤傲不群的性格正好和他獨特怪奇的藝術風格互為表裏。一般而言，巴洛克藝術就以炫異逞奇為務，但貝爾尼尼及其眾多追隨者組成的主流一派仍很講究典雅均衡，對從希臘羅馬到文藝復興一脈相承的古典傳統也遵奉唯謹，他們著重的是基於傳統的創新，所以又有巴洛克古典主義之稱。而波羅米尼則代表著更為激進的一派，在把巴洛克的特質發揮到極致的同時，已多少有點置古典於不顧的猛勁，所以貝爾尼尼等目之為離經叛道般的怪奇。然而，也正因為這樣，波羅米尼在推動巴洛克風格的發展上有其重大貢獻，新近的研究甚至認為他的貢獻即使未超過貝爾尼尼，也足以和他旗鼓相當。石匠出身的波羅米尼富有手工藝人那種技精膽大的精神，他的建築設計旁逸斜出，立意於前人極少使用的罕見幾何圖形，凹凸變化強烈，極有動感卻又兼具工藝的精美。他的名作有羅馬四泉街的聖卡羅教堂（1638-1667）、教會大學的聖伊俄教堂（1642-1650）和納旺那廣場的聖安妮斯教堂（1653-1666）等等，雖然規模都不大，現在卻都被列入羅馬城中最美麗的教堂之列。例如聖卡羅教堂的門面最具凹凸變幻、波浪起伏之美；聖伊俄教堂的圓頂取六角星形圖案卻又以正反圓弧代其尖角，各邊在最後又統一為頂閣的正圓形，頂閣的外表又採取齒輪狀花形鼓座和螺旋盤升的尖頂；聖安妮斯教堂則以凹入的門面緊接凸現的大圓頂，兩邊又立空透玲瓏的鐘塔，組成了效果最好的有圓頂和雙塔的教堂門面。此外，他對建築細部也常有出人意料的新創，因此他的作品無論巨細，對熱中於巴洛克精神的同仁都極有啓發，對後世影響也最大。和他的風格傾向相接近的瓜里尼（Guarini, 1624-1683）主要在北義大城都靈工作，他設計的教堂

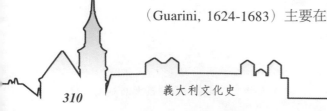

也以離奇的圖案和罕見的圓頂著稱。在威尼斯，也出現了傑出的建築大師隆季納（Longhena, 1598-1682），他把威尼斯愛好華麗建築的地方傳統和巴洛克追求強烈效果的風格結合起來，使這個風光明媚的水上都市又增添了幾顆耀眼的建築明珠。這種情況也程度不等地出現於義大利大大小小的城市中，它們莫不以本城本地的若干巴洛克建築作為家鄉近代文明的榮光。

貝爾尼尼的雕刻甚至比他的建築還更有力地發揮著巴洛克藝術典範的作用。人們普遍認為，若就雕刻技藝而言，貝爾尼尼肯定是歷史上水平最高的大師之一。而巴洛克藝術的前提就是技藝掌握的嫻熟直至爐火純青之境，所以他以無比高超的技藝適應巴洛克風格「語不驚人死不休」的要求，可謂如魚得水，縱橫馳騁而無往不勝。就時代而言，當時義大利雕刻自文藝復興以來已積累了極為豐富的經驗；就個人而言，他從少年作為雕刻神童即有心靈手巧的基礎，以後又勤奮學習鑽研終生不輟，無怪乎巴洛克雕刻在他身上找到了最完美的代表。當時天主教改革相當重視利用雕刻繪畫等造型藝術作宣傳手段，但它對藝術表現的要求卻和中世紀的程式抽象不同，它已受文藝復興的影響而重視真實生動的形象。在十六世紀後期，從決定天主教改革的宗教大會——特楞特會議的有關文獻和教會權威人士的論述中都可看出，他們希望新的宗教藝術能作到明確易懂、真實再現和以情感人，這三點都離不開深厚的寫實功力和成熟的藝術技巧，而這時正在形成的巴洛克藝術無論就技藝基礎和風格傾向而言，與教會的需求可謂不謀而合。但其完美結合是在十七世紀，在雕刻方面，貝爾尼尼就是其最理想的人選，而且在他帶動下，義大利雕刻藝術呈現普遍繁榮。另一方面，從文藝復興以來，在義大利文化中已根深柢固的古典傳統

也爲雕刻開闢新的園地——古典神話、歷史與文學題材的雕像和浮雕，它們著重表現人體之美和生活氣息，雖然教會對之有所壓制，卻不能改變古典傳統與基督教傳統兩者並存平分藝壇的局面。不言而喻，所有古典題材的雕刻作品都是強調眞實生動的，因此它們也在貝爾尼尼身上找到了理想的大師。總觀他一生的雕刻創作，可以說宗教雕刻與古典雕刻皆臻頂峰，而且兩者常有交會促進。貝爾尼尼在他二十四、二十六歲時，創作了兩件令人嘆爲觀止的大理石雕像——「大衛」（1623）和「阿波羅與達芬妮」（1622-1625）。前者以前所未有的激烈動態表現這位猶太英雄，後者則在大理石上刻畫出令人難以相信的動人的瞬間：阿波羅神追逐他所鍾愛的仙女達芬妮，可是她卻因爲害怕而請父親河神把她變成一株桂樹，貝爾尼尼非常巧妙地表現了迎風飛奔的少女身軀手足正在逐漸轉變爲桂樹的枝葉，技藝之精與手法之妙在藝術史上皆無出其右。這兩件傑作分別標誌著盛期巴洛克風格在宗教和古典雕刻上的起步，並爲他日後各類作品精益求精指明了方向。在藝術家越來越得到教皇和教會重用的情況下，他日後的創作以宗教雕刻居多，他爲包括聖彼得大教堂在內的許多教堂製作了數不清的雕像與浮雕，還有他首倡的那些宏大的建築雕刻綜合體，以及好幾個教皇的墳墓雕刻、聖徒紀念群像雕刻等等。此外，他那些神采飛揚、衣褶飄動的肖像雕刻和造型生動、妙趣橫生的噴泉群像雕刻，也是巴洛克藝術最吸引人的園地。我們不難想像，隨著貝爾尼尼和他同時代的眾多高手以及他的學生們卓有成效的活動，羅馬和義大利各地將隨處可見水平不低的各類巴洛克雕刻作品，和巴洛克建築一起構成了義大利文化景觀中令人難忘的主題。

貝爾尼尼也精於繪畫，但終其一生，他沒有機會完成一幅

正式作品，而且在他之前已有兩位大師作出了極爲傑出的貢獻，巴洛克繪畫的歷史可說與他緣分較少。這兩位大師就是卡拉瓦喬（Caravaggio, 1573-1610）和卡拉齊（Annibale Carracci, 1560-1609），他倆在十七世紀初年都在羅馬工作，使羅馬畫坊成爲義大利和歐洲注意的焦點。如前所述，就像雕刻的情況那樣，當時對繪畫的要求無論宗教畫還是古典畫，也皆重視寫實明快、技藝精湛，卡拉瓦喬和卡拉齊在這些方面都可說非常傑出，但兩人的藝術手法又截然不同。卡拉瓦喬更注意於寫實的徹底，他那種帶著草根泥土氣息的質樸，幾乎把基督和眾聖徒都畫成貧賤的布衣百姓甚至勞苦大眾，他的「聖母之死」一畫居然把聖母遺體畫得蓬頭垢面、鼓腹赤足，引起人們謠傳他是以台伯河中溺死的一位妓女當作聖母的模特兒。他這種極端地寫實使他的宗教畫帶有平民氣質，但他的藝術手法卻絕不粗糙，反而異常精審縝密，尤善用亮光與陰影的對比，畫面背景漆黑一片，前景人物則處在強烈光照之下，時人稱之爲明暗對照法（chiaroscuro），它能突出形象的眞實鮮明而去除蕪雜虛飾，是文藝復興以來寫實畫法的一大提高。由於卡拉瓦喬運用它非常成功，整個十七世紀的歐洲繪畫都受到這種新畫法的影響，善用強光濃影便成爲巴洛克繪畫的一大特色。卡拉齊的畫法也著重實景和模特兒的寫生，強調厚積而薄發，但他不像卡拉瓦喬那樣眼光向下，深入底層，而是眼光向上，力求擷取前輩大師的一切優點，致力於把米開朗基羅、拉斐爾、提香的畫風熔於一爐，故有選擇派之稱。他的選擇既不機械也不膚淺，而是吸收三家寫實畫法的精粹，以有助於新的巴洛克風格的形成。他的名作羅馬法爾涅塞宮的屋頂壁畫（1597-1605），以古典神話的愛情故事爲題材，人物健美而動感強烈，同時又有雍

容華貴的風度，被譽爲可和米開朗基羅的西斯廷禮拜堂壁畫和拉斐爾的梵蒂岡教皇宮壁畫相比，樹立了巴洛克壁畫藝術的典範。羅馬教會和各國宮廷、貴族最欣賞卡拉齊一派的畫風，他的弟子幾乎壟斷了十七世紀的羅馬畫壇，雖然他們也學習卡拉瓦喬的明暗法，卻把卡拉齊的綜合平衡當作最高準則。其中優秀者如圭多·雷尼（Guido Reni, 1575-1642）、多門尼契諾（Domenichino, 1581-1641）、古爾西諾（Guercino, 1591-1666），把羅馬重要的教堂、宮邸都畫滿了華麗輝煌的巴洛克壁畫。到十七世紀後期，在科爾冬納（Cortona, 1596-1669）帶領之下，壁畫藝術加強了運用透視技巧的傾向，尤善於把規模宏大的屋頂壁畫設計得開闊空遠，似乎畫面從建築本身而延展於藍天蒼穹，天使聖徒則在雲端飄遊，達到了巴洛克繪畫眩幻亂眞的極致，對歐洲各國的影響也最爲深遠。

　　義大利的巴洛克文化以建築、雕刻和繪畫唱主角，但在其他領域也不乏突出的成就。在科技方面，伽利略（Galileo, 1564-1642）作爲一位科學巨人，不僅在義大利如日中天，在全歐洲都有巨大影響。在義大利文化史上，他是繼列奧納多·達文西之後，標誌著近代自然科學凱歌高奏的劃時代人物，但他之時自然科學的專業化傾向已更見發展，他不像達文西那樣是科技與藝術無所不精的通才，而是一位名副其實的科學家。但他研究的學科和獲得的成就仍比後人廣泛得多，在天文、力學、物理、數學、醫學、生理學方面都有建樹，而他對實驗的重視和通過實驗取得的進展，更是歷史上一次偉大的科學革命。早在一五九〇年，當他在比薩大學任教時，在自己的論文《論重力》中首次提出自由落體定律，即物體不論大小輕重，自由下落時加速度完全相同，否定了希臘哲學家亞理斯多德提出的重物落

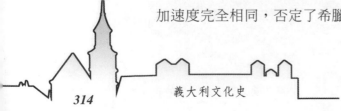

地快、輕物落地慢之說，而亞氏之說兩千年來一直被認為是真理，當時學術界也對之深信不疑。伽利略為了證明自己立論的正確，便直接求助於實驗，而著名的比薩斜塔也為落體實驗提供了最好的場地。他把一個一磅重的鐵球和一個十磅重的鐵球同時從斜塔放下，結果同時落地，使一切反對者啞口無言。這一次著名的比薩斜塔實驗，不僅證明了伽利略定律的正確，更是宣告科學實踐是真理標準的劃時代事件，它很快就傳遍義大利和整個歐洲。到一六〇九年，潛心研究天文學的伽利略聽到荷蘭人發明了望遠鏡，便自行設計製作了第一個天文望遠鏡，要用實際放大觀察天象所得作為新的天文研究的依據，經過努力，他把望遠鏡的放大功率提高了兩倍，破天荒地第一次看到月球表面上陵谷突兀幽深一如地球之景，並觀察到木星有四顆衛星，甚至還發現了土星的光環。這些成果對肯定以哥白尼日心說為主體的新天文學理論極有助益，尤能使人類對宇宙的認識豁然開朗，所以當時人說：「哥倫布發現了新大陸，伽利略則發現了新宇宙！」而伽利略尤為讚賞望遠鏡作為衛護科學真理新武器的威力，他針對那些執迷不悟的人們說：「我要揪住他們的腦袋，強迫他們用望遠鏡看看星星月亮，是非真偽就會一清二楚！」正是這種勇氣與遠見使他作為世界科學史上耀眼的明星，他也為此遭到教會的殘酷迫害，晚年在長期軟禁後雙目失明而死。可是伽利略的鑽研與鬥爭已為十七世紀的義大利文化留下了最珍貴的遺產，儘管教會勢力猖狂一時，科技領域在他之後仍續有發展，當時科技活動新起兩大渠道是學術通信和學術社團，由於道路交通和通信條件已初具規模，學術通信成為義大利各地與歐洲各國科學交流的主要方式和手段；科學社團則是新的科學研究的促進者，它們一般和保守的大學無甚

聯繫，提倡自由研究和理智解放，伽利略在這兩方面都起了帶頭作用，一六〇三到一六三〇年，義大利科學家在他周圍集聚起來，於羅馬成立著名的「山貓學會」（The Linean Academy），取名山貓即寓意於科學研究要有山貓般銳利的眼光和頑強的毅力，象徵新科學以不屈不撓探索自然深奧之謎爲己任。後來，伽利略的學生們又於一六五七年在佛羅倫斯成立「士敏土學會」（Academia del Cemento），用士敏土（水泥）喻科學界之團結與堅強。這兩個學會堪稱歐洲最早的科學社團。以後，從一六六八到一六九七年，在羅馬又出版了義大利最早的科學期刊《羅馬雜誌》，廣泛宣傳新的科學成果。因此，在整個十七世紀，義大利始終在歐洲學術界享有科學發源地和科技大國的榮譽。

音樂與歌劇也是十七世紀義大利文化中大顯光彩的領域。自文藝復興以來，義大利的音樂一直在歐洲領先，這兒最早使用五線譜並開展近代樂理的研究，和聲、對位諸法首先在此推廣。北義的克雷蒙納（Cremona）城是歐洲最優秀的小提琴生產之地，在十七世紀初期是阿瑪蒂（Amati）家族獨執牛耳，繼其衣缽的瓜勒里（Guarneri）與斯特拉底瓦里（Stradivari）兩大家族更有青勝於藍的美譽，他們製作的小提琴至今仍被西方各國奉爲稀世珍品，無一不是工精漆美，琴聲圓潤清朗，弦音柔和宏亮的最高層級的樂器。義大利這種在音樂上的領先地位，使得至今西方音樂術語仍多用義大利文。在十七世紀時，義大利音樂界的創作活動以各種歌劇最具巴洛克特色，當時的歌劇熔音樂、舞蹈、文學、繪畫、建築於一爐，場面宏偉壯觀，而巴洛克藝術的特點正是綜合多種文藝體裁以作激越動人之表演，因此有人說歌劇是最典型的巴洛克藝術，甚至巴洛克的建築、雕刻、繪畫從風格上看，都具有相當的歌劇表演的特色。義大

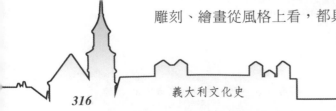

義大利文化史

利歌劇最早的名家有佛羅倫斯的卡西尼（Caccini, 約 1546-1618）和威尼斯的蒙特威爾地（Monteverdi, 1567-1643），前者作的《優麗狄斯》（1600）和後者的《奧爾菲歐》（1607）都是標誌歐洲歌劇藝術起步揭幕的名篇。在十七世紀中期，羅馬的歌劇演出最稱豪華，像貝爾尼尼這樣的藝術大師都親自主持從劇場建築到舞台設計、布景繪製等等工作，使羅馬歌劇成為體現巴洛克風味最壯觀的作品。威尼斯歌劇經蒙特威爾地首倡之後名家輩出，自成一派，舞台多彩而外，還以聲樂華麗豐富、管弦合奏昂揚著稱。到十七世紀後期，南義的那不勒斯也形成了一個新的歌劇樂派，創始者是普羅文沙利（Provenzale, 1610-1704）和斯卡拉蒂（Scarlatti, 1660-1725），歌劇體裁更見完善，使義大利歌劇音樂進入百花齊放的盛況，也奠定了日後十八世紀義大利歌劇藝術進一步繁榮的形勢。

十八世紀的義大利文化通稱為後期巴洛克文化。在建築和繪畫、工藝美術中，後期巴洛克風格又有一個專名——洛可可（Rococo），它首先並主要在法國使用，指當時特別流行的纖巧艷麗，同時又靈便飄逸不求對稱的裝飾風格。顯而易見，洛可可之追求小巧靈便與巴洛克強調宏偉壯觀有針鋒相對之勢，因此藝術史和文化史上喜歡把它們看作兩種對立的不同風格。但洛可可的表現只限於裝飾性的局部，就整體而言仍在巴洛克的範圍之內，所以近來學術界認為仍以稱後期巴洛克為宜，而且洛可可的特色是巴洛克藝術的合乎邏輯的發展，即由盛期的宏偉轉向後期的靈巧。從歷史背景看，十七世紀巴洛克的宏偉壯觀是天主教改革後教會勢力鼎盛的反映，十八世紀洛可可的靈巧則是啓蒙運動加強後教會勢力漸微（例如解散耶穌會）和開明君主專制流行的結果，帶有較多的溫馨閒適而不太重視禮儀

的豪華，但作爲宮廷的、貴族上層的文化兩者又是共通的。實際上義大利十八世紀的整個形勢和十七世紀沒有什麼區別，國家仍然分裂，而且不少地區在外國統治之下：北部以米蘭爲中心的大片地區歸奧地利統治，南部和西西里島則歸屬西班牙，連佛羅倫斯所在的托斯卡納公爵國這時因美第奇家族絕嗣，也落入與奧地利關係密切的德國洛蘭家族之手。不過總的說來時代是在前進，啓蒙之風遍及全歐，哲學思想和科學技術都較前大有進步，雖然這些進步主要出現於英、法等國，義大利在歐洲的文化領先地位漸告喪失，但仍使義大利的後期巴洛克文化有別開生面的漸進之美。

　　義大利的後期巴洛克建築在羅馬的三大代表是西班牙梯道（1721-1725）、特雷維噴泉（1732-1762）和拉特朗諾聖喬凡尼教堂的新門面（1733-1736）。它們的作者都不是很著名的大師，但所作皆有秀巧靈通之美，拉特朗諾教堂的新門面在秀美之餘還很有氣魄，說明當時建築界總的水平不低，新風格的要點都能得到較好的領悟和應用。其中西班牙梯道（它因位於西班牙大使館附近而得名）接連羅馬鬧市區坡度很陡的一個地段，下通大街，上達高坡頂端的教堂，先後負責這一工程的兩位建築師爲它設計了層級開闊而路線曲折的梯道，輪廓自由變化且有優美的橢圓曲線，極具靈巧秀逸之風，至今仍是羅馬城中一大勝景。特雷維噴泉則是一座展現於流泉雲天之間的建築雕刻綜合體，水上有海神群雕，背景則是以凱旋門爲中心的宮室建築，雕刻的活潑多姿與建築的清麗秀雅互相輝映，淙淙流泉的聲音更增添了它迷人的魅力，成爲羅馬最令遊人駐足、流連忘返之處。拉特朗諾教堂的新門面有意在氣魄上力追聖彼得大教堂，但卻巧加布置與修飾，更具韻律與靈氣，並以空透通敞的

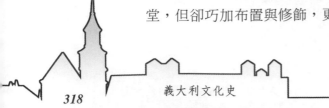

義大利文化史

▲ 西班牙梯道（圖片提供：李銘輝）

拱券擠占一切牆面，而產生了前所未有的輕盈朗爽的印象，極
得後期巴洛克風格的奧妙。這時義大利最著名的建築大師朱瓦
拉（Juvarra, 1678-1736）雖在羅馬學習成長，卻主要工作於北義
的都靈，他在這兒又受到以奇巧著稱的瓜里尼的影響，風格更
見秀逸精絕，他在都靈城內建造的馬達馬宮（1718-1721），規
模適中而氣韻不凡，被讚爲設計水平在巴黎的凡爾賽宮之上；
他在都靈城外建的一座教堂（蘇帕加教堂, 1717-1731）和宮堡
（斯圖匹里吉宮, 1729-1733），是公認的後期巴洛克建築的傑
作，前者雄踞山巔，前有圓頂高聳的殿堂，後有修道院的樓
房，但一切布置都有恰到好處之妙，俊逸秀雅，卻避免了盛期
巴洛克的強勁；後者廳堂主體採用罕見的Ｘ形布局，中央圓頂
以斜邊連通四方，結構奇巧而裝飾清麗，使豪華的宮邸帶有園

苑山林的爽朗風韻，在十八世紀建築中獨一無二。此外，北義的威尼斯和南義的那不勒斯此時也產生了不少優秀的建築，西西里島更可謂異軍突起，這兒在一六九三年發生了一次大地震，不少過去沒沒無聞的小城鎮在震後按新風格徹底重建，反而獲得展示後期巴洛克建築精華的一個大好機會。島上的卡塔尼亞、拉古薩、莫迪卡、諾托等城鎮，都建有秀雅端麗的教堂、官署乃至整個街區，因此很能反映後期巴洛克風格的玲瓏可愛、裝飾華麗的建築隨處可見。在繪畫方面，這時羅馬、那不勒斯畫壇都很繁榮，人才輩出，但威尼斯尤爲突出。這些後期巴洛克畫家皆喜用明色淡彩，筆觸飄逸輕快，其中最著名的威尼斯大師是提埃波羅（Tiepolo, 1696-1770）。他對油畫、版畫和壁畫都無所不精，構圖新奇大膽，色調明麗清爽，畫面在俊美的人物之外，常見宏偉的建築背景或者大片的藍天白雲，因而有處處光彩照人之譽。他的壁畫尤受歡迎，他除了爲許多威尼斯地區的教堂、宮邸畫滿壁畫外，還遠赴英、德、西班牙等國作畫，他最著名的傑作之一就是德國維爾茨堡主教宮的壁畫。此時義大利繪畫中一個在國內外都很受人喜愛的新題材是城市風光畫，以描繪名勝古蹟和街坊市景爲主，和專畫鄉野山林的自然風景畫不同，可謂義大利的特產。它運用精到的透視法寫城市實景，布局著色都維肖維妙，因此最宜作爲慕名而來義大利旅遊的外國人士帶回家鄉的紀念品，在歐洲各地流傳極廣。這類城市風光畫在羅馬的主要代表是帕尼尼（Panini, 1691-1765），他筆下的羅馬名勝古蹟既有一絲不苟的精確，又能充分顯露這個名城博大寬宏的氣質；在威尼斯的名家則是卡納萊托（Canaletto, 1697-1768）和瓜爾迪（Guardi, 1712-1793），前者喜作水城全景遠眺之圖，天光水色的美景和市民生活風俗皆一一

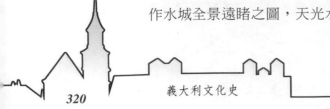

▲ 特雷維噴泉（圖片提供：李銘輝）

入畫，後者則醉心於以微妙的筆觸表現煙霧迷濛之景，富於詩意。因此他們的作品無論巨幅小件都有其令人難忘之美。

　　十八世紀的義大利音樂在歐洲仍有舉足輕重的地位，儘管這時德國古典音樂已有後來居上之勢，義大利的歌劇音樂和器樂作曲仍相當繁榮、優秀。這時是那不勒斯歌劇樂派的黃金歲月，它在世紀之初以發展正歌劇（opera seria）為主，題材多用古典神話與歷史故事，音樂側重抒情，獨唱尤為重要，在此基礎上形成了舉世聞名的義大利美聲唱法。但從十八世紀中期起，它又轉向喜歌劇（opera buffa），帶民間曲藝生動活潑的特點，劇情詼諧而較多地反映了市民生活情趣，音樂質樸又具有較強的民間氣息，很受群眾歡迎。喜歌劇的著名作者有佩戈萊西（Pergolesi, 1710-1736），他雖在二十六歲即去世，卻以《女傭作主婦》一劇蜚聲全歐；另一名家是帕伊西埃羅（Paisiello,

1740-1816），他的喜歌劇在國內外都最受歡迎。器樂創作大師中最著名的是維瓦第（Vivaldi, 約 1675-1741），尤精於爲小提琴配曲，所作各類協奏曲和婉清麗而又富於生活氣息，其中以春夏秋冬四季爲題的一套樂曲最負盛名。他爲快—慢—快三板遞進的三樂章協奏曲的組成作出重大貢獻，在此基礎上，西方音樂最重要的曲式——交響曲（或譯交響樂）便漸有眉目，所以不少人認爲他也是交響曲的發明者之一。歌劇的發達也推動了戲劇文學的發展，義大利十八世紀最傑出的抒情詩人梅塔斯塔齊奧（Metastasio, 1698-1782），便以各種歌劇劇本的創作爲其主要作品，據說一生所寫劇本有七十部之多。他的劇本劇情緊湊結構嚴密，詩句則優美流暢且富有音韻。另一位更多產也更受歡迎的劇作家哥爾多尼（Goldoni, 1707-1793），終生劇作竟達二百五十部，他強調喜劇反映現實生活，於貴族則諷刺其愚昧醜惡，於市民則稱讚其機智善良，代表作如《一僕二主》、《女店主》等，至今仍受到各國人民的熱烈稱頌與喜愛。在學術思想方面，十八世紀的義大利前有維科（Vico, 1668-1744），後有維里（Verii, 1728-1797），都在發揚啓蒙主義理性思想方面有突出貢獻。維科自學成材，終生貧困坎坷，但他對人類社會和歷史發展的考察堅持達到理性的、科學的高度，他的主要著作《新科學》，實際上是第一部西方有科學自覺的歷史哲學。他認爲「民族世界」、亦即人類社會乃人類自身創造，因而人類就能認識它並發現它的規律[2]；他強調所有民族皆有其共性，因而歷史規律也是共同的。儘管他的歷史觀帶有循環論的缺陷，他卻注意到歷史演變乃由於社會不同集團之爭鬥。這些看法使他對社會歷史的考察在十八世紀可謂居高而望遠，因此他被譽爲「近代歷史哲學之父」。維科之後，維里更以理性眼光思考社會

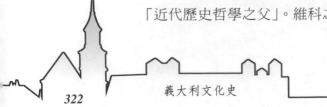

經濟問題，要求發展對外貿易，發展民族工業，可謂近代民族主義經濟理論之先聲。他們的學術思想活動，反映了義大利雖然已不是當時最先進的國家，卻由於擁有文藝復興以來的巨大文化遺產，而在各方面續有貢獻，因此它的科學技術在十八世紀也有不少值得一提的成就，尤為突出的是在當時新興的學科——電磁學方面。繼德、英、法等國科學界探討了靜電學和靜磁學之後，義大利科學家首先突破靜電學範圍，而接觸到動電亦即電流的問題。伽爾伐尼（Galvani, 1737-1789）在其神經生理學和物理學的研究中，發現了在放電火花附近和雷雨來臨時，蛙腿若與金屬環相接便會發生痙攣，後來又進一步發現不同金屬環亦可使蛙腿痙攣，從而產生電流的概念。伏特（Volta, 1745-1827）在十八世紀的最後一年製成了能維持一定電流的、銅鋅片分別組合的「電堆」，後來又發展為「電池」，從而開啟了電學研究的電化學和電磁學的新方向，為十九世紀電動力學的發展奠定基礎，而伏特作為電學開創大師的功績，也鼓舞了日後的義大利科學家不斷在這方面努力。

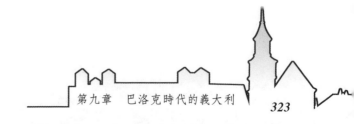

註釋

1 巴爾齊尼，《義大利人》，中譯本三聯書店，1986 年版，第 308 、 339
頁。

2 維科，《新科學》，中譯本人民出版社，1986 年版，第 331 、 349 頁。

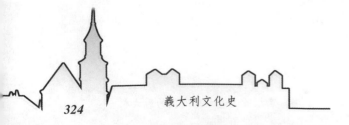

義大利文化史

第十章

十九和二十世紀的義大利文化

在十九世紀，義大利社會與文化都經歷了深刻的變化，革命浪潮風起雲湧，文化陣營也恪盡推波助瀾的歷史使命，在完成義大利近代化過程中作出貢獻。所以這一百年間的義大利文化史是相當有聲有色的，它的生氣蓬勃和豐富多彩遠遠超過十八世紀。總的說來，義大利的近代化過程在歐美各國中雖然起步最早，卻也遇到許多曲折艱難，它在文藝復興時代遙遙領先，十七、十八世紀的巴洛克時代卻有步履蹣跚之態，落後於英法等國，其中主要的原因就是國家分裂，未完成民族統一，南北都有大片地區歸外國占領。進入十九世紀，義大利一度歸入拿破崙帝國版圖之內，拿破崙的統治雖有繼法國革命的餘緒而推行資產階級法權之利，卻絕無助於義大利的民族統一。法軍占領既殘暴又掠奪成性，大批義大利的極珍貴的藝術文物被劫運巴黎，義大利人莫不視為奇恥大辱。所以隨著拿破崙的統治，義大利人的民族意識有了覺醒與高漲，反法的秘密團體紛紛建立，其中最著名的是起源於義大利南部的燒炭黨（以其成員在山林中扮作燒炭工人而得名）。這是一個地下活動而帶有浪漫色彩的組織，深得群眾支持。拿破崙帝國破滅後，義大利又恢復到原來的分裂割據局面，奧地利占有米蘭、威尼斯等最重要的地區，南方又是一個由西班牙王室統治的王國，民族災難更見深重。但燒炭黨這類革命組織已成星火燎原之勢，人員大增，鬥志更旺，他們把矛頭指向捲土重來的奧地利、西班牙等外國勢力，更受到社會各階層的歡迎。所以，進入新世紀的頭二十年，義大利就一改過去的消極忍耐，而開始以戰鬥的姿態出現於歷史舞台。

　　一八二○年的義大利革命是民族覺醒的悲壯序曲。當時燒

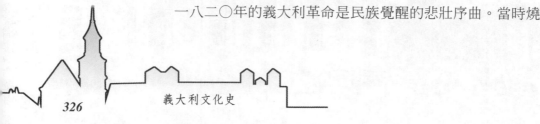

炭黨人在南北皆舉起革命義旗，南部的那不勒斯和北邊的都靈都組成新的立憲政府，全國紛紛響應。可是當時歐洲是在奧、俄爲首的極力維護反動統治的「神聖同盟」主宰之下，義大利革命立即招致奧地利軍隊的殘酷鎮壓，那不勒斯與都靈皆被奧軍占領，過去的統治秩序再度復辟。然而義大利民族卻不會再忍受了，民主革命和民族統一的呼聲已深入人心，對文化界人士和廣大知識分子影響尤甚。

一八三一年二、三月間，義大利中部的莫德納、帕爾瑪甚至羅馬城內，又再次爆發燒炭黨人的起義，雖然都因奧地利武力鎮壓而失敗，但此起彼伏的鬥爭也鍛煉人民走向更有威力的道路，把燒炭黨的地下密謀轉爲聲勢更爲浩大的政黨活動和民族民主運動。在洶湧的革命浪潮中，出現了民主派的政治領袖馬志尼（Mazzini, 1805-1872）和堅定勇猛的愛國志士加里波底（Garibaldi, 1807-1882），可謂一文一武兩大民族英雄。馬志尼除了在國內吶喊鼓吹而外，還在英、法和歐洲各地奔走呼號，所到之處無不以其正義的呼聲引起巨大的回響；加里波底則是成千上萬義大利熱血青年的代表，他們爲了拯救祖國萬死不辭。馬志尼組織了第一個義大利政黨「青年義大利」，並在一八三〇年代掀起幾次武裝鬥爭；加里波底像許多愛國者那樣參加了「青年義大利」，並奮不顧身地投入起義鬥爭，失敗後遠走南美洲，繼續參加當地人民的革命活動，隨時準備接受祖國號召回國效勞。以他們爲代表的民族民主運動，受到義大利社會各階層的熱烈支持，從知識分子到城市貧民，從資產階級到軍政官員，無不響應其號召而形成爲一股不可阻擋的洪流；甚至那些有王侯公爵封號的義大利貴族、宰輔將帥和教會豪門，儘管視民主共和如洪水猛獸，卻在民族大義面前無可迴避，他們也多

少不等地願意投身到這個有更廣闊含義的「民族振興」（Risorgimento）[1] 運動之中。無論強調民主共和還是認同於民族復興，總之它是合而為一的義大利社會不可逆轉的歷史狂潮。正是在這一點上，馬志尼的名字具有那種扭轉乾坤的力量，以至於使奧地利首相梅特涅這個神聖同盟的總軍師不得不驚嘆：「我雖曾和拿破崙這個軍事偉人作過戰，曾使皇帝、國王、沙皇和蘇丹俯首合作，曾數十次解決宮廷政變之亂，但世界上卻從來沒有一個人像馬志尼這個義大利造反派更使我害怕。」梅特涅這番話既表明義大利民族振興之不可阻擋，也表明要在梅特涅之流老奸巨猾的外國盤據勢力之下解放義大利的困難。然而，不管鬥爭如何複雜，道路如何曲折，義大利的統一和振興終於經過數十年苦鬥而實現了，即使在文化史上，這個實現也是十九世紀的義大利最值得大書特書的事件。

馬志尼鼓吹的革命在一八三〇年代雖然幾起幾伏，義大利全國卻是「於無聲處聽驚雷」般朝著醞釀更大規模鬥爭的形勢發展。到一八四〇年代末，空前壯烈的起義鬥爭終於在全國各地爆發，首先是一八四八年一月，西西里首府巴勒爾莫人民高舉義旗，很快解放整個西西里島。接著在三月，米蘭和威尼斯先後爆發反奧武裝起義，都靈、佛羅倫斯、羅馬、那不勒斯也紛紛響應。義大利全國一片歡騰，過去受奧地利統治的米蘭、威尼斯自組臨時政府，都靈的薩丁尼亞王國，佛羅倫斯的托斯卡納公爵國，羅馬的教廷，那不勒斯的西西里王國，也都被迫公布憲法，讓新人組閣議政。尤其令人興奮的是，義大利各邦都公開向奧宣戰，開始了真正的全民族的反奧戰爭。這時奧地利國內也爆發革命，梅特涅被轟下台，形勢對義大利非常有利，可是反奧戰爭的指揮權卻落入義大利各邦中面積最大的薩

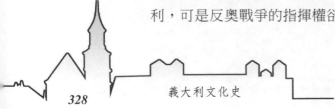

丁尼亞王國手中，他只知乘機拓土攫利，卻無心對奧決戰，當奧軍反撲時，薩丁尼亞所部節節潰退，立即投降議和。第一次反奧戰爭竟以國王的怯懦草草收場，北義米蘭、威尼斯等地又歸奧地利統治。這種局面當然是義大利人民不能接受的，馬志尼憤而高呼：國王的戰爭結束了，民族的、人民的戰爭開始了！在一八四八年夏秋之際，威尼斯首先再舉義旗，成立共和國，佛羅倫斯、羅馬相繼爆發起義，遠在南美的加里波底回到羅馬投入鬥爭。一八四九年春，羅馬建立了以馬志尼為首的共和政府，佛羅倫斯也成為共和國，薩丁尼亞國王也不得不再次對奧宣戰。然而這時國際形勢已趨惡化，除了奧地利捲土重來而外，法國也應教皇之請出兵羅馬。儘管加里波底及其義勇部隊保衛羅馬鬥志高昂，在北部與奧軍作戰的國王軍旅卻依然故我，不堪一擊，在諾瓦拉一役大敗之後即投降乞和，第二次反奧之戰僅經歷半個月便以失敗告終。國王和教皇的腐敗軟弱再一次出賣了義大利的民族革命，佛羅倫斯、西西里島的共和政府相繼被顛覆，到一八四九年夏天，只有羅馬和威尼斯分別面對法奧大軍堅持作戰，但處境已非常困難。加里波底統率一萬五千名共和軍在羅馬進行了非常英勇的保衛戰，但共和政府卻沒有採納加里波底出擊擴展外線作戰全國聯合的戰略，終以孤軍無援而在七月失敗。接著威尼斯也在八月被奧軍攻陷，歷經兩年的壯烈革命幾番起伏仍未能成功。但是義大利民族振興的歷史洪流絕難阻擋，並且隨著工業革命的開展和資本主義經濟的增長，更有蓬勃再起之勢。這時馬志尼和革命黨人仍在國內外積極活動，加里波底在羅馬保衛戰失敗後流亡美國，也像上次旅居南美那樣，隨時準備回到祖國掀起更大的鬥爭，他倆之外，還出現了另一位有影響的人物——加富爾（Cavowr, 1801-

1861），他已位居薩丁尼亞王國首相，但思想比較開明進步，主張自由貿易，發展工商業，推行君主立憲，讚揚議會民主；他還善於觀察形勢，利用矛盾，制定有利於民族振興大業的軍政外交策略，把打擊重點集中於奧地利，不惜割地於法國以求其支持，又利用奧德矛盾，孤立對手，在國內則鼓吹以薩丁尼亞王朝為首統一全國的路線，得到各地上層人士的支持。因此，加富爾的活動也使義大利走向統一的道路更趨成熟。一八五九年四月，義法聯合對奧宣戰，奧軍退出米蘭，革命風暴立即席捲北義中義各地，佛羅倫斯人民起義，各小邦相繼響應。雖然法國出於私利背棄諾言，與奧停戰講和，使威尼斯仍留在奧軍占領下，義大利北部和中部的廣大地區卻統一在同一個義大利王朝——薩丁尼亞王朝之下，這是統一運動的一個巨大勝利。剩下的只有威尼斯、羅馬和南義猶待解放，而把它們納入祖國懷抱則是加里波底及其熱血遠征軍的曠世奇勳。一八六○年，南義西西里島爆發農民起義，盤據那不勒斯的王國軍隊橫加鎮壓，這時由美國回到義大利的加里波底義憤填膺，立即率領千人紅衫志願軍馳援起義農民。他坦言自己的部隊既乏軍需亦無錢糧，只有滿腔熱血和艱苦犧牲奉獻祖國，但這支部隊卻戰無不勝，很快解放西西里島全境，又渡海北上攻克那不勒斯，整個南義經公民投票，遂歸屬薩丁尼亞統一大旗之下。這時義大利全國可說已基本統一，威尼斯和羅馬不過是奧、法軍隊占領下的孤島，但也須流血犧牲才能把它們奪回來。一八六一年三月，義大利王國宣告成立，定佛羅倫斯為首都。一八六六年德奧開戰，義大利站在德國普魯士一邊，奧軍敗後收回了威尼斯地區。加里波底曾多次進軍羅馬，終於在一八七○年乘普法戰爭之機長驅直入，解放全城，義大利統一便大功告成。綜上所

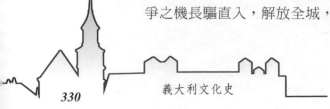

義大利文化史

述，可見義大利的統一在歐洲各國中歷時最久、波瀾最甚，在這場偉大的鬥爭中，整個民族的精神和文化得到振奮與提高，義大利文化的各領域亦莫不以鬥爭的火花增其光彩，無怪乎巴爾齊尼形容這時期的義大利文化說：「最後終於出現了一批新的詩人和小說家，他們認為義大利人民能夠起來反抗使人窒息的、恥辱的命運，能夠改正自己民族的弱點，也能夠改善自己的精神條件和物質條件；他們高度評價精神的價值、宗教的忠誠、高尚的理想：崇尚愛國主義、堅強的性格、勇敢、誠實、公正和真理。有些作家預言，古人的大丈夫氣概將得到恢復，義大利將出現精神上的復興。他們的感情強烈的詩篇和歷史小說，就像威爾第的英雄音樂一樣，是一場道德、政治、軍事大變動的伴奏曲，為民族振興的革命伴奏，為爭取民族獨立和統一伴奏。」[2]

義大利文學不愧是民族振興運動中的一支重要生力軍。早在十八、十九世紀之交的年頭，詩人、小說家和文藝評論家福斯科洛（Foscolo, 1778-1827），便將歌詠愛情、讚美人性的文藝復興以來的古典文學傳統予以新的發展，從人性之愛而轉向祖國之愛，寄託著愛國主義的激情、憂國憂民的悲憤和渴望鬥爭的召喚。他在世紀之交寫的十餘首十四行體歌和兩首頌歌，都不愧為發出義大利民族復興呼聲的最早號角，而他的書信體小說《雅科波‧奧爾蒂斯的最後書簡》（1798）則流傳極廣，幾乎可和歌德的《少年維特的煩惱》相比。但這不是因愛情而自殺的少年，而是一位在義大利各地遊歷，看到祖國大地處處蒙羞受難而悲憤自殺的愛國志士。與福斯科洛同樣著名的愛國詩人佩利科（Pellico, 1789-1854），則積極參加了燒炭黨人的革命鬥爭。他寫的長詩《雷米尼的弗蘭切斯卡》，題材取自但丁《神曲》

中歌詠的一段最感人的愛情故事，既有發揚民族文化遺產激勵愛國熱情之意，又用新的浪漫主義熱情頌揚了男女主角的愛情和他們的悲劇，並觸景生情描寫了義大利現狀的悲慘和外族統治的黑暗，一八二〇年他參加了燒炭黨人的起義，被捕後被判死刑，後改為十五年徒列，一八三〇年出獄，兩年後他寫了《我的獄中生活》，揭露反動當局的罪行，但也有悔罪之意，反映了上層知識分子的動搖和徬徨。另外兩位高舉浪漫主義大旗同時又熱烈頌揚復興運動的詩人白爾謝（Bershet, 1783-1851）和萊奧帕爾迪（Leopardi, 1798-1837），不惜以「萬人皆醉我獨醒」的激情，向義大利人民發出拯救民族的最強音，萊奧帕爾迪的〈致義大利〉和〈但丁紀念碑〉皆寫於一八一八年，都以古國歷史的榮光與文明業績的輝煌反襯當時處境的灰暗可恥，極富雄渾悲壯之氣。和浪漫主義的詩歌相呼應，曼佐尼（Manzoni, 1785-1873）則以其歷史悲劇、歷史小說以及大量的文史專著，在漫長的鬥爭中立下豐功。他十六歲即發表〈自由的勝利〉一文，堅信自由必戰勝專制，一八一五年的〈雷米尼宣言〉更公開號召一切愛國者聯合起來，為義大利的民族振興而鬥爭。此後他積數年之功寫成歷史悲劇《卡馬尼奧拉伯爵》（1816-1820）和《阿德爾齊》（1822），分別以十五世紀和八世紀的義大利歷史故事抒發愛國豪情，譴責異族統治。他的歷史小說《約婚夫婦》則被譽為義大利最重要的浪漫主義小說，實際上是以十七世紀西班牙統治下農村青年的婚姻悲劇影射當時奧地利對義大利的奴役。曼佐尼在義大利文學領域辛勤耕耘達七十餘年，而爭取義大利的自由、獨立與統一始終是其文學活動的主題。慶幸的是，他終於親眼看到了這個鬥爭的勝利，晚年出任義大利王國語言統一委員會主席。在十九世紀後半期，

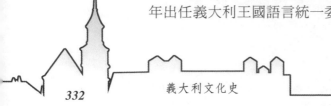

義大利民族振興運動高潮迭起之際，詩人卡爾杜齊（Carducci, 1835-1907）的《撒旦頌》最能鼓舞人心，他以撒旦代表一切造反勇士和愛國英雄，既頌揚馬志尼、加里波底的不朽功勳，也歡呼人民的叛逆、復仇的勝利，卡爾杜齊後來終於成為第一個獲得諾貝爾文學獎的義大利人（1906）。此外，由曼佐尼開創的歷史小說在十九世紀後期，也有一個偉大的繼承者喬凡尼約利（Giovagnoli, 1838-1915），他曾任加里波底參謀，軍旅閱歷豐富，其小說也最能體現民族民主思想。

在繪畫和雕刻方面，十九世紀的義大利已不能像文藝復興和巴洛克時代那樣，在全歐洲起領導作用，這一百多年間歐洲經歷的五大藝術浪潮——新古典主義、浪漫主義、現實主義、印象主義和後印象主義，帶頭的都不是義大利的藝術大師，但義大利在追隨這五大浪潮之時也有自己的獨創，尤其是在一八五○至一八八○年代現實主義與印象主義風靡歐洲之際，義大利正處民族振興運動高漲和統一鬥爭風起雲湧之時，它的藝術在與歐洲各國同步之餘，更有突出的成就。上述五大浪潮的第一個——新古典主義，是以古典精神和莊靜風格的再度昂揚來反對巴洛克的豪華與狂熱，它盛行於十八世紀末和十九世紀初，雖然它最早的理論旗手溫克爾曼是德國人，幾位最著名的新古典主義畫家如大衛、安格爾等都是法國人，義大利卻還能保持新古典主義溫床的榮譽，因為溫克爾曼的主要工作地點是在羅馬，而大衛和安格爾也在義大利度過十年之久的學習成長階段，所以在新古典主義運動中，義大利尚不失其燈塔的作用，不過它不是靠當代人的成果而主要憑藉過去的榮光了。但在雕刻方面，義大利卻產生了一位即使不是最優秀也是技藝最嫻熟的新古典主義大師卡諾瓦（Canova, 1757-1822），他特別擅

長用純淨的大理石雕刻完美和諧而又寧靜光潔的人像，無論宏偉的紀念碑群像，還是各類個人肖像，他都能以高度的理想加工和精細的修琢令人嘆爲觀止，這種爐火純青的技藝也奠定了義大利的雕刻行業在歐洲首屈一指的傳統。在義大利文化史上，卡諾瓦的另一特出功績，是他積極參加了在拿破崙帝國敗亡後將其從義大利擄掠的藝術珍品歸還祖國的工作。繼新古典主義之後，浪漫主義在十九世紀的二〇至五〇年代成爲歐洲藝術的主流，浪漫主義針對古典的莊重冷靜而提倡個性的自由與感情的奔放，可說與那些年間在義大利馳騁南北的燒炭黨人的運動氣息相通，尤爲可貴的是，義大利的浪漫主義繪畫在風景方面獨闢蹊徑，它的代表皮西奧（Piccio, 1804-1873）致力於描寫樸實寧靜又有溫馨平易之感的自然風光，林木豐茂，青枝綠葉，山嵐霧靄，遠天蒼茫，詩情畫意之間洋溢著對祖國山川的熱愛。到了一八五〇、六〇年代，隨著義大利民族鬥爭的高漲，促成了一個更有革新壯志的畫派誕生，它就是以佛羅倫斯爲中心的「斑點畫派」〔亦可音譯爲馬奇亞伊俄利（Macchiaioli）畫派〕。「斑點」是指他們用色大膽，筆觸點塊縱橫，色彩鮮明耀眼，這種斑點技法實際上是對學院派的四平八穩的反抗，使作品更能反映生命的活力和鬥爭的熱情。在政治上，這個畫派的藝術家都熱烈支持民族振興運動，它的主要代表法托里（Fattori, 1825-1908）還親自參加了反奧的民族戰爭。在強調藝術接近生活和服務於社會方面，斑點畫派是歐洲現實主義繪畫中的佼佼者，而其斑點技法和實景寫生又不失爲日後在法國流行的印象主義的先驅，不少斑點派大師在一八七〇年代以後也直接採用印象主義畫法，與法國交流密切。在當時歐洲各國，能把現實主義與印象主義這兩股新美術潮流兼收並蓄又創造性

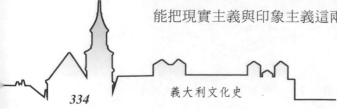

地加以發展的榮譽，可以說只有這個義大利畫派能當之無愧。法托里的名作「脫韁狂奔」以一匹甩掉騎者而昂首怒嘯、自由飛奔的駿馬，象徵義大利民族擺脫奴役走向獨立統一的歷史形象，馬的大塊重色和造型的粗獷簡略，都不失爲這種創造性寫實新風的典型體現，因此這幅畫馬的神韻之作在西方繪畫中可謂獨步，它和幾十年後中國的徐悲鴻以奔馬象徵中華民族的振興，倒有異曲同工之妙。和法托里齊名的點彩派大師還有西尼奧里尼（Signorini, 1835-1901）和阿巴蒂（Abbati, 1836-1868），西尼奧里尼首倡以點彩刻畫當代城市風貌，後來又融以印象主義筆法，無論是畫佛羅倫斯的貧民窟，還是英國工業小鎮的住宅區，他都能以生動鮮明的筆觸反映現代社會基層生活的實況；阿巴蒂也是擅長以闊筆強光抒寫基層群眾，在記錄其勞苦辛勤的同時還帶著一絲同情詩意，所以他們的作品都被目爲十九世紀義大利藝術的高峰。反映著義大利畫壇和法國印象主義密切聯繫的，還有占多梅尼吉（Zandomeneghi, 1841-1917），他自一八七四年後即長住巴黎，多次參加印象派畫展，但畫風又很有義大利特色，例如他筆下的巴黎舞場酒廳之景雖有繽紛的色彩，卻保持穩定的構圖，情調接近於斑點畫派。到十九世紀末，相當於法國後印象主義風起雲湧之際，義大利也出現了一位從印象主義之中脫胎換骨而另闢新天地的大師賽甘蒂尼（Segantini, 1858-1899）。他出身貧寒，學藝時也因經濟困難輟學，但他卻立志終生爲農民作畫，晚年遷居阿爾卑斯山區農村，以雪山農牧之景入畫，在西方繪畫中獨樹一幟。他襲取了印象主義用色鮮明、效果強烈的特點，又多用逆光空遠之景，配以凝重的筆觸和安詳的構圖，在描寫高山景色和農村風情上，特具一番樸實朗爽的意境和深沉溫厚的情調，因此十九世

紀的義大利藝術最後是在賽甘蒂尼手上得其人文詩意的回歸，這在歐洲後印象主義的潮流中可說獨一無二。

　　十九世紀的義大利音樂也很有特色。作為天下名琴的出產地，義大利眾望所歸地在十九世紀初出現了最偉大的小提琴演奏家和作曲家帕格尼尼（Paganini, 1782-1840），但他出神入化、富於即興的演奏和他把琴音發揮到妙不可言之境的天才，卻是和他的浪漫激情與奔放的自由思想相呼應的。他初出茅廬的公開演奏，是在法國大革命的熱浪波及義大利之時，只有十來歲的他敢把革命歌曲作為主題推出美妙的變奏，從此也決定了他終身堅持的反傳統、反保守的創作和演奏方向。成名之後他到歐洲各地演出，所到之處皆受到萬人空巷的熱烈歡迎，他充滿激情的音樂對德、法等國的浪漫派也有巨大的影響。在小提琴的演奏技法上，他首創雙泛音、飛跳弓、並有右手跳弓左手撥弦、單弦清音等絕技，加上他富於變化而又風急電掣的手法，可以說是把小提琴的表現性能發揮到極致，無怪乎人們認為，帕格尼尼的音樂代表著人的雙手所能達到的最為神奇微妙的創造意境。十九世紀的義大利音樂以帕格尼尼為榜樣，各家各派皆或多或少貫徹著這種反傳統、同情革命、支持民族振興運動的方向。歌劇大師羅西尼（Rossini, 1792-1868），以其名作《塞維爾的理髮師》，高舉反封建、反權貴的旗幟，他根據瑞士民間傳說的自由鬥士威廉退爾的故事而作的歌劇，則寄託著對祖國擺脫外族壓迫，走向統一振興的厚望。這種情感在下一位更偉大的歌劇作曲家威爾第（Verdi, 1813-1901）身上，就發展為氣貫長虹的革命豪情，正如前引巴爾齊尼的評語所說，威爾第的英雄音樂是名副其實的民族振興的革命伴奏。他在一八四〇年代創作的許多歌劇無不洋溢著愛國思想和反抗精神，到一

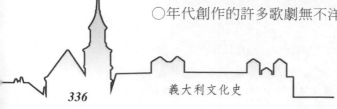

義大利文化史

八四八年，他應馬志尼的委託而寫的革命歌曲〈把號角吹響〉，更是那幾年如火如荼的民族戰爭中響徹雲霄的戰歌。此後他的歌劇創作藝術水平更高，其最著名的代表就是中國人民也非常喜愛的《茶花女》，晚年之作如《阿伊達》等，也始終堅持著思想上的通達和藝術上的創新，熔博大精深與富麗完美於一爐。以威爾第為首的義大利歌劇家的努力與成就，奠定了這個國家在歌劇藝術領域的領先地位，直到今天它仍然保持這種榮譽。

在十九世紀，義大利的自然科學與人文學術研究，與歐洲各國基本上是同步發展，全面推進，因為十九世紀正是西方近代科學取得最為積極的成果的世紀，故有科學世紀之稱，它以實證實驗分析推理的精神使所有學科皆得其令人矚目的突破。在科學成果國際共享的情況下，作為西方近代文明發源地的義大利自能深受其惠，而在各類學科的建設方面取得迅速的進展。在自然科學中，無論物理力學、天文數學、地質生物、聲光化學等等學科，義大利的發展都是比較平衡的，而尤為輝煌的則是電磁學與電機技術。前已提到，在十八世紀末，伏特之發明電池已為電動力學的研究提供基礎，因此至今電壓計量單位以伏特取名。義大利科學界繼伏特之後在整個十九世紀於電學創樹殊多，例如費拉里（Ferraris, 1847-1897）開展了旋轉磁場原理的研究，對交流電機的製造具有決定意義，他還進一步設計了二相異步電動機的模型，後人繼之由二相發展為三相，交流電機便日新月異地生產出來，電力的應用逐漸取代蒸汽機，形成工業革命浪潮中的第二次技術大革新。電力之集中生產、分散使用、轉化靈活、傳輸高效等優點，使社會生產力得到極大的提高，義大利科學界和歐美各國一道為此作出了巨大的貢獻。義大利在電學研究方面的最大光榮，則是它開創了無

線電的應用，這是青年學者馬可尼（Marconi, 1874-1937）的不朽功績。他作爲十五歲的少年在波隆那大學學習時，便自行設計開始無線電通訊的實驗。他作出了簡陋的發射與接收裝置，並發明天地線，結果在人類歷史上破天荒地以無線相連而第一次收到兩英里以外的信號，後來無線通訊距離發展到五英里，再進一步達十英里，使人們認識到無線潛力之無限，從而震驚世界。無線電的發明是預告人類歷史上第三浪潮——資訊革命的來臨的第一隻春燕，它的巨大意義無論怎樣估價皆不爲過。爲此馬可尼於一九〇九年獲諾貝爾物理學獎，這既是對個人業績的肯定，也是國際學術界對義大利科學發展的褒獎。在人文學術方面，十九世紀的義大利在歷史、哲學、經濟、法學等領域皆有相當的進展，各學科圍繞民族振興的主旨，對文藝復興這個時代的研究受到公衆熱烈關注，從城市經濟到文化藝術，從資料發掘到考訂綜合皆有相當成績。但這時義大利人文學科中獨放異彩的首推考古學，因爲早在十八世紀中葉開始了龐貝古城的發掘之後，義大利一直是西方近代考古學的搖籃。龐貝的發掘使人們得以直接面對古羅馬的城市及其日常生活環境，它在文化思潮中既是對新古典主義的一個巨大推動，也開啓了新史學的實證研究。十九世紀的百年間，龐貝及其周圍城鎮的發掘不斷進行，成果益見豐厚，方法更有提高。在這方面有重大貢獻的是考古學家費奧雷利（Fiorelli, 1823-1896），他幾乎主持了整個十九世紀下半期的龐貝發掘工作，把考古研究建立在周密計劃、完整實錄、審愼分析的科學基礎上，不僅讓龐貝遺址全面如實保存下來，也使考古學成爲科學性極高的人文學科。龐貝而外，羅馬城的古蹟在十九世紀也得到科學的發掘與整理，羅馬廣場的廢墟經整頓而成爲眞正的古蹟博物館，萬神

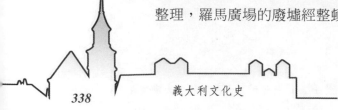

▲ 龐貝遺址（圖片提供：李銘輝）

祠恢復了古典的榮光，義大利各地的考古文物工作也陸續全面
展開。義大利考古學界在國外的活動也很突出，埃及、巴比
倫、希臘等古代文明地區是他們注意的重點，早在十九世紀
初，貝爾佐尼（Berzoni, 1778-1823）便在埃及大量發掘古墓，
收穫頗豐，不過他的方法還比較幼稚。十九世紀中葉以來，義
大利赴國外各地的考古考察使用類似費奧雷利的科學方法，成
果更為顯著，幾乎地中海古文明地區的各國皆有義大利考古學
者的蹤跡與貢獻，義大利也從考古學的搖籃而進一步成為國際
考古學界的巨擘。

　　二十世紀的義大利文化對於我們說來似乎並不陌生，但要
作個簡略介紹卻又一言難盡。我們今天已站在二十一世紀的開
端，若回顧二十世紀百年來義大利文化的發展，便難免頭緒甚
多、起伏甚大之感，遠不如十九世紀之線條清楚和主題突出。
可能要總結二十世紀文化是個世界難題，各國學術界對之都有
身在廬山不識廬山真面目的困惑，於義大利則困惑尤甚了。不
過，就全世界而言，二十世紀文化發展的大勢，例如科技的大
發展，進入以資訊革命為標誌的人類歷史的第三次浪潮，現代

派文藝到後現代主義的轉化，國際交流的加強等等，表明其主流仍是前進和向上的，但也有兩次世界大戰的幾乎是滅頂之災的大倒退，和各種反動逆流的負面影響，使二十世紀忽明忽暗，有進有退，評者見仁見智，爭論就多起來了。義大利作爲西方文化諸大國的一員，基本形勢雖不會和上述情況出入太大，卻因其自身的特點而有較複雜的反差。二十世紀開頭的二十年，義大利一方面猶能繼續民族統一以後昂揚振奮的餘緒，在城市建設、紀念性建築、歌劇音樂以及科學技術方面保持穩步發展，另一方面則由於上升爲統治階級的資產階級日趨保守妥協，王公貴族和教會勢力依然存在，再加上政府的腐敗、國力的貧弱，義大利統一後的邁步就不免跟蹌不穩，乃至陷於新的徬徨，因而文學中的頹廢傾向有所加強，藝術中現代流派的活動也帶虛無主義色彩。因此這開頭二十年已顯示了相當的矛盾焦慮，文化的發展已無一帆風順之態。一九二〇年代以後，以墨索里尼爲首的法西斯勢力猖狂活動，一九二二年得獨裁組閣之權，隨即使義大利成爲第一個法西斯統治的國家，比希特勒在德國上台尚早十一年。從此直到第二次世界大戰結束，在墨索里尼魔爪肆虐之下的義大利暗無天日，文化出現全面的倒退。二戰結束以後，義大利作爲法西斯戰敗國之一，雖然不像德國那樣東西分裂且受盟軍管制，戰後的重建卻困難極多。王朝統治結束了，義大利成爲共和國，可是政局不穩仍爲全歐之最，官府和司法的腐敗黑暗更是臭名遠揚，因此整個二十世紀後半期義大利文化的步伐仍是比較零亂的。一方面它參加到歐洲經濟復甦、歐洲聯合統一運動以及世界科技大發展的洪流中去，並作出自己的貢獻，使義大利一直是每年擁有數千萬遊客的歐洲最稱風光明媚、人文薈萃的國家；另一方面卻又存在著

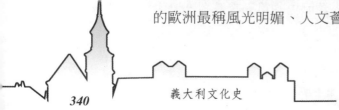

一個骯髒、悲慘和烏煙瘴氣的義大利，巴爾齊尼爲它總結出貧窮、愚昧、不公正、無安全感四大特點 ³。所以總觀二十世紀的義大利，各階段各方面的強烈反差眞令人有眼花撩亂之感，我們下面的簡介也只能說是一些很不成熟的意見。

在二十世紀開頭二十年中，義大利城市的建設，尤其是羅馬的建設，贏得口碑其衆，以致人們喜歡說這些年頭是「美好的時代」（Belle Epoke）。但實際上這是一八七〇年代以來民族振興大功告成之後建設熱潮的繼續，許多這時完成的項目其設計、動工都在十九世紀，而其風格、精神也和十九世紀流行的新古典或新巴洛克建築相接近，當然也有新的綜合與發展。這個建設熱潮是隨著鐵路的開通，工商業、旅遊業的發展和城市現代化規劃的推行而興起，這一點和歐洲其他國家並無不同。但是，民族統一的實現和振興運動的成功，卻給它那些有意作時代表率的紀念性建築自有一種昂揚振奮的精神和雄渾莊重之美，這卻是西方同時代的作品所罕見的。其中尤爲著名的是羅馬的三項大工程：一九〇一年完工的半圓形廣場及其中央噴泉（La Piazza dell'Esedra），一九一一年同時竣工的司法宮（Palazzo Giustizia）和維克托・埃馬努埃爾二世紀念堂（Monumento a Vittorio Emanuele II）。半圓形廣場是在古羅馬皇帝戴克理先的大浴場半圓凹廳地基上蓋起的商用大樓，圓弧的曲線與樓廊的古典柱式結合得很好，既有帝國風貌，也能適應近代社會的生活需要（它正好位於羅馬火車站的對面，成爲每個來羅馬的旅客首先接觸到的有羅馬氣魄的新建築）。司法宮則是台伯河畔新開闢的濱河大道上的宏偉大廈，全用大理石興建，古典的莊重又伴隨著巴洛克式的豪華，譽之爲新時代的瓊樓玉宇並不爲過。上述兩座一爲商用一爲官用的建築，分別代表了當時如雨後春

筍般出現於羅馬和佛羅倫斯、米蘭、杜林、那不勒斯等地的新建築類型，它們的勃起反映了義大利城市走向現代化的步伐，儘管彼此之間難免雷同，它們在歐洲同時代的同類建築中卻是很有特色的。至於三大工程中的國王埃馬努埃爾二世的紀念堂，則無論從功能還是從形式看都是絕無僅有的，它達到的高品質也如鶴立雞群般遠遠超過同時代的作品（包括三大工程中的其他兩項）。原來，埃馬努埃爾有幸成爲義大利統一過程中的在位國君，他的名字也就代表著義大利的民族振興運動，他的紀念堂實際上是這個偉大運動的紀念堂，其中名正言順地設置民族振興歷史檔案館和展覽室，整個建築就把紀念碑似的崇階巨廊和內部的展覽廳堂完美結合起來〔它的設計者是薩孔尼（Sacconi, 1854-1905）〕。這座潔白如玉的大理石建築坐落在羅馬古城的中心——羅馬廣場的旁邊，背靠卡彼托林山崗，面向現代的羅馬鬧市區，它的風格也是熔鑄羅馬古今文明的精華：迴旋曲折的階梯圍繞著彎若蛾眉的主體雕刻基座，最上層的柱廊也保持微妙的曲線，其靈活多變反映著巴洛克的精神，但柱廊的柱子直接仿效羅馬廣場上凱撒神廟的遺物，令人驚奇於純淨的古典風貌的再現。所以自它完工揭幕以後，就像艾菲爾鐵塔之於十九世紀末的巴黎那樣，它立即成爲羅馬城新的標誌，不僅遊人必在它面前拍照以作羅馬的紀念，據說以它爲背景拍攝的影片即有數十部之多。實際上，世人對它如此喜愛，正是因爲它有把藝術之美與時代之美巧妙結合起來的驚人力量，因此它被名副其實地譽爲體現美好時代的最完美建築。在同時期的其他文化領域中，可以和建築的輝煌相比的，當首推義大利的歌劇音樂。普契尼（Puccini, 1858-1924）的歌劇創作以其情節生動、音樂迷人而使觀眾如醉如癡，卡魯索（Caruso, 1873-1921）

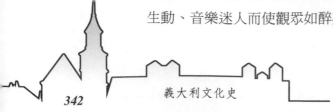

義大利文化史

的男高音歌劇演唱則以其空前宏亮高昂的美音，而令人有繞梁三日之嘆。普契尼在他臨死之時，還在爲他最後一部歌劇《杜蘭朵》辛勤譜曲，此劇用了一個中國公主的傳奇故事，其音樂也引進了中國的民間小調如茉莉花之類，無論劇情之離合悲歡、旋律之明媚流暢，都不失爲普氏作品中的上乘。一九九八年，《杜蘭朵》由佛羅倫斯歌劇院特在北京太廟作露天實景演出，更爲源遠流長的中義文化交流史增添一段佳話[4]。

像埃馬努埃爾紀念堂這類以發揚傳統風格爲主的作品，我們今天對之評價甚高，但當時卻被激進的藝術評論界批斥得體無完膚。原來，西方藝術在十九世紀末到二十世紀初這個「世紀之交」的當口，已孕育著一場拋棄一切傳統的現代派藝術風暴。它的到來卻非偶然，應看作西方近代藝術（以及廣義上說的西方近代文化）推陳出新的一個有規律的發展。藝術與文化的演變或多或少都遵循著向對立面轉化的規律，如古典之變爲巴洛克，巴洛克又變爲新古典之類，然而藝術在人類歷史上的轉化還有兩個更根本的對立面：寫實的（具象的）和寫意的（抽象的），在西方文明中，希臘羅馬藝術是寫實，到中世紀轉爲抽象，文藝復興又復歸寫實，由此一直貫徹到十九世紀末。上述古典與巴洛克之變，實際上仍是在寫實這個總傳統內進行的，十九世紀的新古典主義──浪漫主義──現實主義──印象主義的風格變化，仍不離這個總傳統，但它們變化的頻繁卻也表明這個總傳統已有點山窮水盡或山雨欲來風滿樓的危機感，下一步的後印象主義就有從寫實這個總傳統跳出來而走向抽象的根本轉變，所以後印象主義的塞尚、梵谷等，被人目爲現代派藝術的先驅。這個從寫實到抽象的根本轉變，使二十世紀的現代派對從古典和文藝復興以來的傳統，採徹底擯棄的態度，

自然會對埃馬努埃爾紀念堂這類作品不屑一顧了。現代派的藝術風暴首先在法國掀起，但義大利的響應也極快，一九〇五年法國的野獸派畫家首舉不受任何傳統束縛的大旗，一九〇七年畢卡索推出大膽抽象之作，緊接著在一九〇九年義大利文藝界就發起了「未來主義」運動，儘管第一篇〈未來主義宣告〉是在巴黎的報紙上發表，現代藝術的洪流卻很快就在義大利土地上洶湧澎湃起來，一九一〇年新畫家們群集米蘭，發表了〈未來主義繪畫宣言〉，一九一二年是雕塑界，一九一四年是建築界又相繼發表同樣的革命宣言。未來主義的藝術家不要過去只看未來，他們把一切過去的遺產和現存的傳統都斥爲腐朽、僵死之物，號召鏟除一切博物館、圖書館和藝術學院，反對一切仿眞寫實的作品，顯而易見，他們在反傳統這一點上較法國的野獸派、立體派都走得更遠，但這只是爲了表明他們要求新藝術走向未來的空前決心，實際上這種否定一切的豪言壯語是行不通的，所以博物館、圖書館和學院依然存在，對傳統的評價也隨二十世紀歲月的增長而有回潮之勢，在我們今天，繼現代主義又出現「後現代主義」的新流派，他們對過去就比較公允，尤其對古典傳統尊重有加，便和廣大群眾的愛好相接近了。若就現代派藝術有其規律性發展的合理基礎而言，那麼它們毅然與寫實決裂而轉向抽象乃至極端的抽象，在整個二十世紀文化的發展中，是不可避免的、也是可喜的現象。今天我們回顧百年來的發展，應該說文藝中眾多的現代流派歸根結底是豐富了二十世紀的文化，寫實與抽象、古典與現代、現代與後現代、西方與東方，乃至各民族各地區的流派，都會包容於歷史上最具世界性和全球性的現代文明中，這種趨勢在二十一世紀當會更爲明顯。從這個角度看現代流派的造反，我們將會發現他們

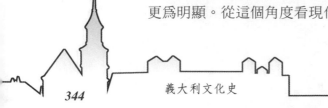

的抽象創新確實也有符合現代生活、現代心理需求之處，也同樣受到群眾的喜愛，因此今天世界各地著名的博物館、美術館中，總是把古典與現代作品公平對待、共同展出。就義大利的未來主義藝術而言，他們在創作上也自有其特色，他們認定機器、速度、熱能與力量、鬥爭與競賽是新時代的主要標誌，也是未來文明的精華，要用前所未見的藝術手段表現它們、歌頌它們，所以在一九〇九年的〈未來主義宣言〉中留下了這樣的警句：「如機關槍子彈般風馳電掣的一輛汽車，要比帶翅膀的薩莫色雷斯的勝利女神雕像更美！」而他們的創作實踐也確實揭示了義大利藝術新的一頁。

　　義大利未來主義畫家的主要代表有巴拉（Balla, 1871-1958）、卡拉（Carra, 1881-1966）、波菊尼（Boccioni, 1882-1916）和塞韋里尼（Severrini, 1883-1966），其中波菊尼還同時是一位主要的未來主義雕刻家；未來主義建築家中最出色的則是聖鐵利亞（Sant'Elia, 1888-1916）。巴拉作為這批青年畫家的長輩，曾是波菊尼和塞韋里尼的老師，他的藝術素養屬於後印象主義一派，然而，自未來主義形成後，他也積極投入，以自己跨世紀的筆法為未來主義樹立豐碑。他的名作「拴著皮帶的狗」（1912）只畫牽狗貴婦之腳及她腳旁拴著皮帶的小狗，可是為了突出未來主義熱中的運動與速度，貴婦行走的腳和小狗奔跑的腿都變成無數搖擺相連的重影，看起來人和狗似乎都有數十隻腿腳，連那條拴狗的皮帶也擺來擺去成了四、五條帶子了。這可說是在畫布上表現運動的極致，由於構圖巧妙而簡潔，加以狗的形象嫣然有趣，這幅畫立即成為未來主義的代表作，後來他又畫了「兩燕之飛」（1913）和「悲觀樂觀」（1923）等畫，皆被譽為未來主義繪畫之典範。卡拉則醉心於以光怪陸離的色

彩表現動感，畫面自有一種朦朧、模糊之美，他體現表現主義的最早作品「無政府主義僧侶之葬禮」（1911），同時也是他最成功的傑作，其中但見線條交叉、色塊雜亂、混沌中略可窺辨人騰馬跳、群眾示威之景，與畫題含義的模稜兩可互為表裏。波菊尼被認為是未來主義最有才華的核心成員，他兼工繪畫與雕塑，他的「騷動的城市」（1910）以鬃毛如火而又狂奔如飛的近似馬的造形，代表城市中騷亂不寧卻又無可抗拒的力量，我們說「馬的造形」即是指他畫中的形體看來似乎像馬但又不是真馬，其實只是藝術家心中那種劇烈運動的物質的乃至生物的力量，因此雖可略辨馬頭鬃毛，卻無具體形象可言，似乎作者也只想突出一個「動」字而不及其他。波菊尼的雕塑名作「空間中的連續形體」（青銅，1913），以一雙腳跨開飛奔的人體作原型，但正如巴拉圖畫中的人和狗那樣，這件青銅雕塑中的形象由於要表現運動而作了大量的附加，似乎衣衫被風吹起飄舞輕颺而變成了連續運動的形體本身，人們所見也只是抽象的運動而非任何具體物件了。就這一點而論，它被譽為最成功的現代雕刻作品之一。塞韋里尼的名作「塔巴林舞廳中象形符號的律動」（Geroglifico dinamico del Bal Tabarin, 1912），畫題的怪誕一如其形象的離奇，作者把舞廳中狂舞的人群轉化為類似埃及象形文字般神秘的符號，在各種亂七八糟的三角形、圓弧形，帶形色塊的漩渦中，人們偶爾可辨一兩個舞女的面孔或男士的嘴臉，其中還幡然可見幾個寫得清楚卻又毫無意義的拉丁字母，這種夢幻般的雜亂景象由於用色精到和立意怪奇，而對日後的現代繪畫產生很大影響。作為未來主義建築的主要代表的聖鐵利亞，他的作品也主要是「未來式」的——它們都是未能實現的幻想設計，年輕的作者在二十八歲時就因參加第一次世

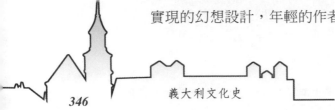

界大戰而在前線陣亡。然而，正因爲他建築設計的幻想性，卻非常鮮明地預見到未來的現代建築的特徵：它們都是明窗高牆的摩天大樓，在高樓林立的城市中，汽車、火車分別在高低分隔的專用車道上川流不息地疾馳，交接之處則有多層次的立交橋。聖鐵利亞的幻想設計無疑爲未來的現代城市提供了最理想的藍圖，日後各現代建築流派實際建造的高樓大廈雖然數以萬計，卻無人能達到他那樣的美麗。他按未來主義的原則，設想新的摩天大樓將拋棄一切傳統建築制式，包括西方奉爲神聖的古典柱式，所有結構均按功能要求示其本色，建築形體只呈素樸幾何狀的方形、條形與錐形，這種作法也爲日後各現代建築流派所遵奉。

墨索里尼法西斯專政統治義大利的二十年（1922-1943），在文化史上可說只留下漆黑一片，除了某些民主鬥士在文化戰線上的反抗鬥爭，可說是黑暗中的閃光而外，被法西斯摧殘殆盡的各個文化領域能看到的，就只有那些染上法西斯色彩的文化垃圾了。墨索里尼的法西斯政權比希特勒的建立得早，但他被推翻也比希特勒早，當一九四三年七月盟軍在西西里島登陸，義大利人民的反抗鬥爭也與之配合而如火如荼展開時，義大利國王乘機將他逮捕。在全民一片歡騰而盟軍勝利挺進的形勢下，法西斯統治在義大利已敲響喪鐘，雖然希特勒的特種部隊還是用空降偷襲之法，把墨索里尼從高山幽禁處救出，並讓他在德軍卵翼下在北義一角搞了個傀儡政權，但誰都知道法西斯的末日已在眼前。一九四五年，在盟軍攻克柏林，希魔自殺而德國投降之前不過九天，墨索里尼想化裝逃往瑞士，而被人民游擊隊抓獲並立即處死，最後倒懸陳屍於米蘭，表明義大利人民對他的深惡痛絕。由於有這最後一幕的曲折變化，義大利

總算掙得一個懸崖勒馬終於向德國宣戰的虛名，戰後受盟國寬大對待，戰敗的慘禍不像德國那樣酷烈。更重要的是，民主力量在反抗運動中有了很大的增長，義大利共產黨也有很大增強，許多反抗志士和文化名人成為共產黨員。一九四六年六月，全國公民投票，贊成廢除君主制，建立義大利共和國。這是義大利人民和民主力量的偉大勝利，因為早在百年之前，馬志尼、加里波底等終身奮鬥，為之灑熱血、拋頭顱的建立義大利共和國的理想，當時由於種種原因而未能實現，結果義大利雖然統一，卻仍然是一個義大利王國。現在共和建立，國王退位，既是在戰勝法西斯基礎上水到渠成的勝利，也為義大利文化擺脫法西斯的陰影重獲新生帶來巨大的推動。因此戰後的幾十年，義大利文化在繼續發揚現代新風格的同時，民主與進步的潮流也在不斷加強，文藝中有新現實主義，建築界有新理性主義，雖然義大利文化由於法西斯的摧殘，較之英、美、法等國較顯貧弱落後，在民主創新方面卻也蔚為壯觀。繪畫中的新現實主義大師是庫圖索（Guttuso, 1911-1987），他在法西斯統治下始終堅持進步方向，一九四〇年加入義共，並積極投入反法西斯的抵抗運動。他在一九四〇年代初作的「在十字架上受刑」，藉宗教畫中盡人皆知的題材，描繪了法西斯暴政對人民群眾的鎮壓和屠殺，犧牲在十字架上的人不再是聖徒而是普通卻又堅強的戰士，他們雖死卻怒目圓睜，雙手緊握拳頭，來悼念他們的群眾也在極度悲憤中迸發出奮鬥到底的決心，連馬匹也高昂起憤怒的頭。但這幅畫也借用了未來派和其他現代流派的一些筆法，光影紛繁而誇張變形，因而不是回復到過去的現實主義，而是走向新的、開放的現實主義。這種傾向也主宰著他戰後的作品，其中既有表現抵抗運動的戰鬥場面，又有反映青

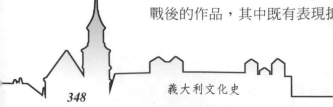

年生活和農民鬥爭的情景,例如他的名作「西西里農民奪回棄耕荒田」(1949-1950),直接描繪貧苦農民攜家帶口在田野上和地主反動當局展開鬥爭,人物形象簡明朗爽卻又不失現代氣息,被譽爲反映當代生活最爲眞實生動之作。文學中新現實主義的主要代表是帕索里尼(Pasolini, 1922-1975),他既是詩人、小說家,也從事電影劇本創作,既揭露現代生活的陰暗面,例如城市貧民區的苦難和當權者的腐敗、污濁,也批斥種族主義和殖民主義的罪行。另外兩位原屬於現代流派的著名詩人,由於他們在法西斯統治期間同情和參加抵抗運動,而走向了更爲寫實的新方向,他們的新作品尤其是戰後的作品,更能反映義大利的生活並充滿強烈的時代感,因此受到全世界人民的歡迎而先後獲得諾貝爾文學獎,這兩位詩人就是蒙塔勒(Montale, 1896-1981)和瓜西莫多(Quasimodo, 1901-1968),前者以詩抒情,詠物寫景寄意深遠,因此他的詩由於藝術敏感之強和洞察生活之深而獨樹一幟,於一九七五年獲諾貝爾獎;後者之詩則熱情洋溢而意境高雅,在參加反法西斯抵抗運動之後,更使其憂國憂民之心發展到高峰,因此人們稱讚他的抒情詩「以高貴的熱情表現了我們時代生活的悲劇經歷」,爲此他獲得一九五九年的諾貝爾獎。在戰後義大利的建築界方面,能和文藝中的新現實主義媲美的則有新理性主義,它是建築家羅西(Aldo Rossi, 1931-1997)於一九六〇年代提出來的,但實際上戰後建築界的新思想和文藝界的新現實主義運動,都推動了建築家們探索現代建築中的理性之美,例如奈爾維(Nervi, 1891-1979)在他的水泥結構設計中,力求把強有力的韻律和華麗的圖案結合在一起。羅西提倡的新理性主義,則明確要求城市規劃與建築設計皆應與當地生活環境和歷史傳統具體結合,以糾正現代建築的

反傳統和片面性。但羅西也承認二十世紀以來，現代流派的建築實踐仍有其適應當代生活的合理性，因此關鍵在於傳統形式與現代意識的交融匯通，例如他設計的米蘭加拉納特斯公寓樓房，既有現代的方窗白牆和簡潔輪廓，又保留了米蘭傳統建築的基層拱廊，這種既重視傳統又不失現代色彩的雙重性，成為西方後現代主義建築乃至整個後現代文化的特色。

在戰後義大利文化中獨放異彩的，還有它的新現實主義的電影藝術。電影是在二十世紀才發展起來的最有群眾性的藝術，墨索里尼的法西斯統治對它也控制最嚴，墨魔令其親子掌管電影業與影片的製作，又大建羅馬電影廠，推出一大批宣揚法西斯、歌頌對外侵略的所謂「白色影片」，而反法西斯的進步文化工作者也在電影領域與之展開激烈鬥爭，他們不僅製作了揭露法西斯統治下人民生活悲苦的影片，還鮮明地提出〈新現實主義宣言〉。戰後的新形勢下，他們的新現實主義電影更有突飛猛進的發展，一九四五年，羅塞里尼（Rossellini, 1906-1977）導演的《羅馬，不設防的城市》大獲成功，以其直拍實景，面向基層，不事雕琢，採用非職業演員等徹底寫實手法，奠定了新現實主義電影的基礎。參加到這一新流派和新運動中的，都是當時義大利最有才華的電影大師，因此接著幾年內佳作如雲，不僅在義大利受到熱烈歡迎，對全世界的電影界都有巨大影響。其中羅塞里尼的主作有《游擊隊》（1946）和《德意志零年》（1948），狄西嘉（Vittorio de Sica, 1901-1974）則推出了他的不朽影片《單車失竊記》（1948），維斯康提（Luchino Visconti, 1906-1976）拍攝了《大地的波動》，最後是薩瓦提尼（Zavattini）在一九五二年完成了為這個運動畫上句號的代表作《都市裏的愛情》。由於政府當局的阻撓和美國好萊塢商業電影

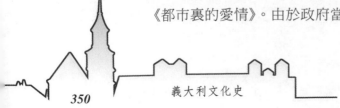

的侵蝕，使大師們要繼續保持新現實主義的各種具體作法已不可能，所以人們認為義大利的新現實主義電影在一九五〇年代後期便告結束，但這只是指其實景拍攝或多用非職業演員等特點而言，實際上現實主義精神卻通過這一運動而深深植根於義大利電影之中，成為它在西方電影史上擁有特殊榮譽的主要緣由。羅塞里尼等大師發揮各自創作特色而繼續出新建業，也大大豐富了義大利的電影藝術，例如，羅塞里尼在一九六〇年代轉向拍攝歷史題材的電視片，威斯第發展了「小說派」電影，巨片《豹》（1962）以西西里一貴族世家之變故演繹義大利歷史，曾和羅塞里尼合作的費里尼（Fellini, 1920-1993）更以現實與幻想、過去與現在交錯套合而開創意識流電影的新模式，使他的作品多次獲得國際大獎（包括美國的奧斯卡最佳外語片獎）。另一位大師安東尼奧尼（Antonioni, 1912-　）也從寫實的平淡而進入反情節的深奧，他的名作《放大》（1966）以英國倫敦街道與公園中的瑣事實景經過「放大」，而發現了無從判其真偽的罪行，代表著義大利現代電影的新手法和新主題。從電影這個二十世紀的新事物在義大利得到突出發展的情況看，我們不難想到，二十世紀的義大利文化中享有世界聲譽的，還有不少是像電影那樣以高度的美學設計和現代科技產品結合起來的，例如時新的電子產品、辦公用具乃至新潮服裝、高級成衣之類，而最為著名的則是那些獨出心裁卻又效果極佳的汽車造型，它們被譽為人類造型藝術與現代科技文明的完美結晶，這也可說是義大利民族善於以悅人之美和驚人之巧形成珠聯璧合的傳統的一大發揚，因此，無論是飛雅特車的小巧實用，還是法拉利車的高貴飛速，它們都由於洋溢著義大利特有的美的氣質而備受青睞。由此看來，當我們展望二十一世紀時，世界文

明綜合發展的大勢必將進一步推動美學設計與科技發明的結合，而義大利文化也將會在這些方面作出更巨大的貢獻。

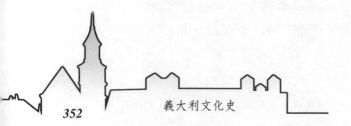

註譯

1 此詞也有譯爲「復興運動」的，它最初是一雜誌之名，我們認爲在中譯文中爲避免與「文藝復興」相混，仍以用「振興」爲宜。

2 巴爾齊尼，《義大利人》，中譯本第 175 頁。

3 巴爾齊尼，《義大利人》，中譯本第 103-113 頁。

4 筆者在周一良先生主編的《中外文化交流史》（河南人民出版社，1987年版），寫了中義文化交流的一章（該書第 266-305 頁），可供參考。

揚智叢刊

義大利文化史

作　　者／朱龍華

出　版　者／揚智文化事業股份有限公司

發　行　人／葉忠賢

總　編　輯／林新倫

執行編輯／陳怡華

登　記　證／局版北市業字第 1117 號

地　　址／台北市新生南路三段 88 號 5 樓之 6

電　　話／(02)2366-0309

傳　　真／(02)2366-0310

郵撥帳號／ 19735365　葉忠賢

網　　址／ http://www.ycrc.com.tw

E-mail ／ service@ycrc.com.tw

印　　刷／鼎易印刷事業股份有限公司

法律顧問／北辰著作權事務所　蕭雄淋律師

I S B N ／ 957-818-604-5

初版一刷／ 2004 年 5 月

定　　價／新台幣 400 元

國家圖書館出版品預行編目資料

義大利文化史／朱龍華著. - - 初版. - - 臺北
　市：揚智文化，2004〔民93〕
　　面：　公分.

　ISBN 957-818-604-5（平裝）

　1. 文化史－義大利

745.3　　　　　　　　　　　93001632